dtv
premium

CHRISTINA BERNDT

Individuation

Wie wir werden, wer wir sein wollen

Der Weg zu einem erfüllten Ich

dtv

Ausführliche Informationen über
unsere Autoren und Bücher
www.dtv.de

Dieses Buch ist auch als eBook erhältlich.

Bei dtv ist von Christina Berndt außerdem lieferbar:
Resilienz – Das Geheimnis der psychischen Widerstandskraft
Zufriedenheit. Wie man sie erreicht und warum sie lohnender
ist als das flüchtige Glück

MIX
Papier aus verantwortungsvollen Quellen
FSC® C083411

Originalausgabe 2020
dtv Verlagsgesellschaft mbH & Co. KG, München

Dieses Werk wurde vermittelt durch
die Literarische Agentur Michael Gaeb
dtv Verlagsgesellschaft mbH & Co. KG, München

Umschlaggestaltung: buchgut.com
Gesetzt aus der Melior
Satz: Fotosatz Amann, Memmingen
Druck und Bindung: CPI books GmbH, Leck
Gedruckt auf säurefreiem, chlorfrei gebleichtem Papier
Printed in Germany · ISBN 978-3-423-26236-1

Für meine Mutter,
die mich meinen Weg gehen ließ

Inhaltsverzeichnis

Einleitung

»In jedem von uns ist auch ein anderer,
den wir nicht kennen.«
Carl Gustav Jung

Am Anfang war da nur Ähnlichkeit. Als Paul und Jan Holst* 1982 geboren werden, ist die ganze Familie entzückt. Zwillinge! Kaum auseinanderhalten lassen sich die beiden Jungen, auch in ihrem Wesen nicht. Zupackend sind sie und lebensfroh. Die gehen schon ihren Weg, denkt die Mutter, da muss man sich keine Sorgen machen. Doch in der Pubertät werden die Unterschiede zwischen den beiden größer. Paul entwickelt Ehrgeiz, macht Abitur, studiert. Jan aber lässt sich mit zwielichtigen Typen ein, wird kriminell, schlägt auch mal zu. Vorläufiger Höhepunkt seiner Karriere: eine zweijährige Haftstrafe.

Wie nur kommt es, dass die beiden jungen Männer mit ihren so ähnlichen Startbedingungen dann doch so unterschiedliche Lebensgeschichten haben? Was macht aus dem einen den strebsamen, gesellschaftlich tragfähigen und die Gesellschaft mittragenden jungen Mann und aus dem anderen einen rücksichtslosen Egoisten, der sich zur Befriedigung seiner eigenen Interessen über Eigentum und Rechte der anderen hinwegsetzt? Reicht ein falscher Freund zur falschen Zeit, um unsere Zukunft einschlägig zu bestimmen, oder müssen schon viele Faktoren zusammenkommen, damit der Lebensweg eine andere Biegung nimmt?

Wie wir werden, wer wir sind: Die Frage beschäftigt fast

jeden Menschen – spätestens an den großen Wendepunkten im Leben oder wenn er in eine Krise gerät. Was hat mich zu dem gemacht, der ich bin? Wäre ich ein anderer geworden, wenn die Bedingungen bessere gewesen wären? Weshalb reagiere ich so sentimental, aggressiv oder verletzt, wenn mir jemand Vorwürfe macht? Wie könnte ich ein besseres, glücklicheres Leben führen? Und wie kann ich mich gegen die negativen Einflüsse schützen, die mich in einer Weise verändern, die mir selbst nicht gefällt?

Auch Wissenschaftler beschäftigen sich mit diesen Fragen derzeit besonders intensiv. Psychologen, Hirnforscher und Soziologen fahnden danach, wie das Wesen eines Menschen Gestalt annimmt. Dabei müssen die Experten einräumen: Sie sind viele Jahre lang von völlig falschen Voraussetzungen ausgegangen. Lange glaubten sie, dass die Persönlichkeit jedes Menschen im Kern festgelegt sei. Dass er – in seinen jungen Jahren womöglich verformt und aus dem Tritt gebracht – später nach sich selbst suchen und sich dann auch selbst verwirklichen könne. Ob Psychoanalytiker, Kommunisten, Existenzialisten oder Hippies: Sie alle waren fasziniert von der Idee der Selbstverwirklichung. Doch mittlerweile müssen die Experten einräumen: Sie sind viele Jahre lang von völlig falschen Voraussetzungen ausgegangen.

Zweifelsohne kommen wir mit einem ausgeprägten Charakter zur Welt, der schon bald nach der Geburt für andere zu erkennen ist. Aber wie sich dieser entwickelt, wird erheblich von dem beeinflusst, was wir erleben und wem wir begegnen. An einem anderen Ort, zu einer anderen Zeit oder von einer anderen Familie aufgezogen, wären wir ein ziemlich anderer Mensch geworden.

»Vom Augenblick der Geburt an verändert sich der Mensch in seinem Wesen«, sagt Werner Greve, Professor für

Entwicklungspsychologie, »das beginnt schon in der allerersten Sekunde.« Jeder Mensch unterliegt tagtäglich immer neuen Einflüssen. Noch dazu zimmert er sich das, was er für sein Ich hält, im Zusammenspiel mit seinem Umfeld, seinen Lebenserfahrungen, seinen Unterstützern und Widersachern so hin, wie es für ihn passt. Er erfindet sein Ich mehr, als dass er es findet. Das Ergebnis ist ein Ich, das sich in das große Puzzlespiel des Lebens eingefügt hat und das sich spätestens dann wieder verändert, wenn es die umgebenden Teilchen tun.

Das Zauberwort dabei heißt Resonanz: Das Phänomen bezeichnet ursprünglich das Mitschwingen eines Systems in der Akustik. Doch Resonanz findet tagtäglich nicht nur in unserem Innenohr statt, sondern auch in unserem sozialen Miteinander. Zunehmend wird sie daher von den Humanwissenschaften entdeckt. Der Soziologe Hartmut Rosa hat die Bedeutung der Resonanz zuletzt für das Leben in einer Gesellschaft herausgearbeitet. Er beschreibt Resonanz als das Gefühl, das sich einstellt, wenn Menschen eingebunden sind in eine »Weltbeziehung«. Wir erfahren Resonanz, wenn wir eine sinnvolle Aufgabe erfüllen, auf die wir womöglich auch noch positive Rückmeldungen erhalten, wenn uns beim Blick aufs Meer oder oben auf einem Berg das Herz aufgeht, wenn wir uns mit engen Freunden die Ohren heißreden, wenn Musik unsere Seele berührt oder wenn unser Team ein Tor schießt. Und wenn die Resonanz fehlt, werden wir unserer Welt entfremdet.

Mehr und mehr beschäftigt das Thema Resonanz inzwischen die Psychologie. Auch die Seele des Menschen ist schließlich ein mitschwingendes System. Sie entwickelt sich in Reaktion auf äußere Einflüsse weiter. Begegnungen, Erlebnisse und Erfahrungen klingen in ihr nach, verändern sie und werden wieder nach außen getragen. Der Mensch tauscht sich ständig mit seiner Umgebung aus, wird beeinflusst in seinem Sein und seinem Bewusstsein.

Das Phänomen wirkt auf uns weit über den Moment hinaus. Am Ende verankert sich Resonanz sogar in den Genen, wie der neue Forschungszweig der Epigenetik eindrücklich gezeigt hat. Was immer wir erleben, wird als chemisches Signal ins Erbgut geschrieben. Und wenn das Resonanzempfinden besonders groß ist, sind die molekularen Veränderungen an unseren Genen später kaum mehr zu löschen.

Dabei ist Resonanz keineswegs immer positiv. Der Mensch ist eben nicht nur mitschwingfähig im Gespräch mit anderen, wo man sich gegenseitig Bestätigung und Wohlfühlmomente zollt, oder in seinem Konferenzstuhl, wo er dem Chef regelmäßig zunickt und karrierefördernde Zustimmung signalisiert. Der Mensch schwingt auch mit der negativen Umwelt mit. Als soziales Wesen nimmt er auf, was um ihn herum passiert. Ein liebevolles Umfeld kann für ein fröhliches Welterleben sorgen, ein bösartiges dagegen kann bewirken, dass negative Erfahrungen in manchen angstbesetzten Situationen immer wiederkehren. Selbst Fremdenfeindlichkeit und Faschismus sind Resonanzereignisse, und zwar starke.

Im Laufe der Jahrzehnte bekommt ein Mensch jede Menge Schwingungen zu spüren. Manche erschüttern ihn, andere berühren ihn zart. So macht er bereichernde Erfahrungen, erlebt mitreißende Bestätigung und erleidet Verletzungen. Kurz: Er wird zu dem, was wir einen reifen Menschen nennen. Reif ist jemand, der viel erlebt hat und der sich von diesem Erleben verändern ließ. Reif ist nicht der, der darauf beharrt, so zu sein, wie er schon immer war, sondern jemand, der sich entwickelt hat, der durch seine Erfahrungen klüger geworden ist. Reifen ist also ein Prozess. Es bedeutet nicht, sich selbst zu finden, sondern sich im Widerhall auf das Leben zu verändern.

Bevor die Idee von der Selbstfindung die westliche Welt eroberte, hatten Philosophen bereits eine Ahnung davon, dass sich der Mensch in seinen selbstgewählten oder hingeschubsten Platz in der Welt einfügt. Schon in der Antike sprachen die Stoiker davon, wie sich der Mensch »selbst im Tun entwirft«. Moderner ausgedrückt: Wie man etwas wird. Wie man man selbst wird. Oder wie man sich sein Ich schafft. Es ist ein Prozess der Ich-Werdung, der Individuation.

Häufig geschieht dies passiv und unbewusst. Wir werden geprägt, schwingen mit, übernehmen Ideen anderer Menschen und passen uns an. Aber natürlich nehmen wir auch aktiv Einfluss. Wir sind nicht nur ein Spielball unserer Erlebnisse. Wir steuern schließlich auch, was wir erleben. So entscheiden wir uns gegen Freunde, die uns nicht guttun, oder wählen einen Beruf, der uns den ersehnten sozialen Status gibt, anstatt unseren Begabungen zu folgen. Wir gründen eine Familie oder verbringen viel Zeit im Ausland, wo wir uns ganz neuen, bisher unbekannten Schwingungen aussetzen. »Je nachdem, wie wir die Weichen für unseren Lebensweg stellen, stehen wir vor ganz unterschiedlichen Anforderungen, denen wir uns naturgemäß anpassen – und das hinterlässt Spuren in der Persönlichkeit«, sagt Jule Specht, die Inhaberin des Lehrstuhls für Persönlichkeitspsychologie an der Humboldt-Universität Berlin ist und zu den ausgewiesensten Kennern ihres Fachs gehört.

Jeder etwas in die Jahre gekommene Mensch weiß von sich, dass er sich in einem gewissen Maße verändert hat. Man begeistert sich plötzlich für Dinge, die einem früher egal waren. Und umgekehrt lächelt man nur noch müde über etwas, das einen in seiner Jugend faszinierte. Das muss nicht zwingend einen grundlegenden Wandel der Persönlichkeit bedeuten. Man muss als Mittvierziger nicht mehr auf jede Party gehen, wie man es als Mittzwanziger noch tat, und kann doch weiterhin ein extrovertierter, gesprächiger Zeitgenosse sein. Vielleicht plauscht man jetzt auf dem Weg zum Supermarkt an jedem Gartentor statt bis tief in die Nacht in der Disko. Aber es gibt sie eben auch, die Veränderungen, die aus einer einstmals menschenscheuen Person eine kommunikative Persönlichkeit machen und aus einem ordnungsliebenden, korrekten Menschen jemanden, der Rechnungen verschlampt und seine dreckigen Socken nicht mal dann wegräumt, wenn Besuch kommt.

Menschen ändern sich, und sie können an ihrem Wesen arbeiten. Dabei ist natürlich eine Portion Realismus sinnvoll: »Mit 55 kann man noch tanzen lernen, aber nicht jeder hat in diesem Alter noch das Potenzial zum Flamencotänzer«, sagt der Entwicklungspsychologe Werner Greve. Weniger als körperliche Einschränkungen sabotieren uns dabei Klischees: Schwierig ist das Arbeiten am eigenen Selbst nämlich vor allem dann, wenn man von den Menschen in seiner Umgebung auf einen bestimmten Charakter festgelegt wird. In der Kleinstadt, am alten Arbeitsplatz, wo sich andere längst ein Bild gemacht haben, ist es schwierig, aus gewohnten Vorstellungen auszubrechen. »Es sind oft die Rückmeldungen der anderen, die uns hindern, uns zu verändern«, sagt Greve. »In einem neuen Kontext sind Veränderungen leichter.«

Was also macht uns zu dem, wer wir sind? Und welche Möglichkeiten haben wir, diesen Prozess aktiv zu steuern? Können wir werden, wer wir sein wollen? Spannende neue Forschungsarbeiten helfen uns, den Prozess unserer Individuation immer besser zu verstehen. Sie zeigen, welche Lebensumstände, welche Entscheidungen uns am stärksten beeinflussen. Es sind nicht unbedingt nur die ganz großen Herausforderungen im Leben, die uns reifen lassen. Und wir müssen uns auch nicht sorgen, dass negative Erfahrungen und unerwünschte Einflüsse von außen uns auf Dauer zwangsläufig negativ prägen. Selbst die Bedeutung der Kindheit wurde bislang überschätzt. Wie sich die eigene Persönlichkeit entwickelt, haben wir zu einem guten Teil selbst in der Hand. Es ist nicht so wichtig, wer wir gestern waren. Viel wichtiger ist, was wir heute tun.

(* Namen geändert)

Was alles möglich ist

»Wir sind uns niemals so treu wie in den
Augenblicken der Inkonsequenz.«
Oscar Wilde

Dass sich sein Rabaukensohn einmal derart wandeln würde, das hätte der alte Herr Birbaumer wohl nicht gedacht. Drohen musste er seinem Sohn Niels, um ihn von der Straße zu kriegen und in ihm, dem pöbelnden Gangmitglied, die Menschlichkeit zu wecken. Dass ausgerechnet aus diesem Sohn einer wird, der sich für die Wehrlosen starkmacht? Abzusehen war das nicht, damals, in den 1960er-Jahren in Wien.

Heute ist Niels Birbaumer nicht nur ein bekannter Psychologe und Neurowissenschaftler, der mit seiner Forschung die Welt in Staunen versetzt. Vor allem ist er berühmt dafür, dass er sich für die engagiert, die nicht selbst für ihre Rechte eintreten können. Eigentlich ist Birbaumer, Jahrgang 1945, längst in Rente. Aber er kennt seit Jahren nur ein Ziel: denen Gehör zu verschaffen, die nichts sagen können, die nicht einmal zucken oder blinzeln können, die bei vollem Verstand komplett eingeschlossen sind in ihrem Körper, weil eine furchtbare Krankheit namens ALS ihnen jede Kontrolle über ihre Muskeln genommen hat. Der Professor will die Gedanken solcher Patienten, die unter einem »Completely-Locked-in-Syndrom« leiden, sichtbar machen, indem er ihnen eine Neoprenkappe mit Sensoren auf den Kopf setzt und ihre Hirnströme aufzeichnet. So, sagt er, finde er Zugang zu jenen, deren Geist sonst keine Ausdrucksmöglichkeit hat.

Ein Schluck Tee zum Abendessen? Ein bisschen Erdbeereis auf die Lippen? Die beschwerliche Reise zum Wallfahrtsort? Seine Technik verrate, ob die Patienten das wollen oder nicht, sagt Birbaumer. So will er den komplett Gelähmten helfen, ihre Wünsche und Bedürfnisse auszudrücken. Er will ihnen eine Stimme geben – und noch viel mehr als das: echte Partizipation.

Kann also jemand einfühlsamer sein als Niels Birbaumer?

Die Angehörigen seiner Patienten verehren ihn jedenfalls, als wäre er ein Heiliger. Doch die Menschen in dem Wiener Arbeiterbezirk, in dem Birbaumer aufwuchs, hatten eine ganz andere Meinung über ihn. In seiner Jugend sah es zunächst nicht so aus, als würde aus ihm eines Tages der weltbekannte und mit zahlreichen Ehrendoktorwürden belobigte Psychologieprofessor werden, der einen Preis nach dem anderen für die Erforschung des Bösen einheimst. Birbaumer war selbst, nun ja, böse. Als Jugendlicher hatte sich der Sohn eines überzeugten Kommunisten einer Bande von Kleinkriminellen angeschlossen, und statt hilflosen Menschen zur Seite zu stehen, war ihm die Hilflosigkeit der anderen völlig egal. Statt zu den Gedanken verschaffte er sich Zutritt zum Besitz Fremder: Er knackte Autos und klaute die Radios, um sich mit dem Geld ein neues Fahrrad oder Nächte mit Prostituierten zu leisten. Auch vor Gewalt schreckte er nicht zurück. Einmal kam er deshalb ins Gefängnis: Als ihm ein Mitschüler auf dem Schulhof ein Pausenbrot klaute, fackelte Birbaumer nicht lang. Er nahm eine Schere und rammte sie dem Dieb in den Fuß. Das brachte ihm zwei Tage Jugendarrest wegen Körperverletzung ein.

Heute lächelt Birbaumer über die Anekdoten von damals.

In seinem Arbeitszimmer an der Universität Tübingen sitzt er zwischen Papierstapeln, Ehrendoktorwürden aus aller Welt und Porträts des von ihm verehrten Franz Schubert und ringt um Aufmerksamkeit für die, die sich selbst nicht äußern können. »Diese Menschen haben ja keine Lobby, für die interessiert sich niemand außer einigen wenigen Angehörigen«, sagt der kleine Mann mit dem voluminösen grauen Haar, der sich immer noch am liebsten in Schwarz kleidet, so wie früher in seiner Gang. Doch abgesehen von der Farbe der Kleidung: Den empathischen Professor und den rücksichtslosen Autoknacker von einst, dem der Schmerz und das Leid seiner Opfer reichlich egal waren, trennen Welten. »Man kann doch diese Leute nicht einfach da liegen lassen, wenn man über diese Methoden verfügt«, sagt er.

Doch wie kam es zu seiner erstaunlichen Wandlung? »Druck von außen«, meint Birbaumer trocken. »Ich habe mich nur dank meines Vaters eines Besseren besonnen.« Sein alter Herr griff ein und topfte ihn in ein anderes Umfeld um: Er drohte ihm, dass er als Polstererlehrling anfangen müsse, wenn sich sein Verhalten nicht umgehend ändere, und ließ ihn zur Probe in einer Werkstatt arbeiten. »Das war mir dann doch zu anstrengend. Da habe ich mich entschieden, weiter auf die Schule zu gehen.« Also beschloss Birbaumer, seine Chance zu nutzen. Er wechselte auf eine andere Schule, machte Abitur und studierte schließlich an der Universität Wien Psychologie und Neurophysiologie. Schon mit 23 Jahren wurde er promoviert. Und mit 29 Jahren wurde er von den linken Studenten in Tübingen zum Professor berufen.

Sein neues Umfeld hat es ihm leicht gemacht. »In unserem Bezirk herrschte das Gesetz der Straße, aber dann bin ich auf die Stubenbastei gegangen, auf eine Schule im ersten Bezirk«, erzählt er. Da war die große Welt versammelt.

Es gab jüdische Lehrer, Lehrer aus Russland, Schüler mit den unterschiedlichsten Wurzeln. Plötzlich wurde die Welt des Lernens und Wissens interessanter als die Anerkennung der Jungs aus seiner Gang. »Der Mensch kann sich tiefgreifend ändern«, sagt Birbaumer, »wenn genügend Einflüsse von außen ihn dazu bringen oder wenn er es wirklich will.« Er kann vom Schläger zum sozial engagierten Wesen werden.

Ein Revoluzzer ist Birbaumer tief im Herzen trotzdem geblieben. Neuerdings hat er großen Ärger, weil ihm vorgeworfen wird, seine Daten über das Lesen der Gedanken von Completely-Locked-in-Patienten geschönt zu haben. Die Deutsche Forschungsgemeinschaft (DFG) schloss ihn für fünf Jahre aus, er darf dort keine Anträge mehr auf Forschungsförderung stellen und auch nicht als Gutachter tätig sein. Birbaumer habe in seiner aufsehenerregenden Veröffentlichung zum Gedankenlesen »Falschangaben« gemacht und Daten nur selektiv publiziert, stellte die DFG fest. Birbaumer räumt ein, dass er manche Daten nicht übermittelt habe – aber nur, weil er die Untersuchungen der schwer kranken Menschen immer wieder unterbrechen musste. Er bleibt dabei, dass er mit Menschen, die als »komplett eingeschlossen« gelten, kommunizieren kann.

60 Jahre nach seinem Jugendarrest in Wien legt sich Niels Birbaumer also immer noch mit Autoritäten an. Aber gewandelt hat er sich doch: Seit seiner Läuterung zu Schulzeiten nutzt er seine Fähigkeiten konstruktiv und nicht destruktiv. Er setzt sie für Patienten ein, und dabei hinterfragt er angestaubte Therapien und probiert Dinge aus, die niemand vor ihm erkundet hat. »Veränderung ist möglich«, betont er noch mal. Seine Geschichte sei gar nicht so spektakulär, viele Menschen nutzten das ihnen innewohnende Potenzial zu einem Neuanfang. Auch das hat er schließlich

in seinen Forschungsarbeiten belegt: »Erwachsensein bedeutet keinen Stillstand, das Hirn ist plastisch genug.«

Aber welcher Niels Birbaumer ist nun der echte? Der ruppige Gewissenlose von damals oder der einer starken humanistischen Überzeugung verpflichtete Kämpfer für Schwerstbehinderte von heute? Welcher von beiden verstellt sich? Hat sich hier einer angepasst, um doch noch Anerkennung und Erfolg zu erfahren? Oder ist er in Wirklichkeit derselbe geblieben, der sich nur anders verhält, weil er erkannt hat, dass er damit im Leben weiterkommt?

Die Wahrheit ist: Für Birbaumer wie für uns alle gilt – es gibt kein wahres Ich. Es gibt also gar nicht die eine Persönlichkeit zu entdecken, die man in seinen Ursprüngen ist. Es gibt nicht diesen unverrückbaren Kern in uns, den wir erkennen und dem wir mit unserem Dasein entsprechen sollten, wenn wir uns nicht verbiegen wollen. Die moderne Psychologie weiß vielmehr: Wir verbiegen uns jeden Tag. Oder, freundlicher ausgedrückt: Wir passen uns an. Wir entwickeln uns weiter. Wir lernen aus dem Leben. »Das Selbst ist keine stabile Größe, es ist nicht der unveränderliche Kern unserer Person, es ist nicht die Substanz unserer Identität«, sagt der Hildesheimer Entwicklungspsychologe Werner Greve. »Es wandelt sich vielmehr stets aufs Neue.«

Total authentisch

Diese Erkenntnis mag viele Menschen erschüttern. Schließlich glauben sie, genau zu wissen, wer sie sind. Sie haben sich ihr ganzes Leben lang mit sich selbst auseinandergesetzt, in sich hineingehorcht, ihre Bedürfnisse ergründet und Ideale geformt, und sie glauben fest daran, nach diesen Erkenntnissen auch zu leben. Sie wollen sich treu sein, jeden Tag. Und sie wollen stets der Überzeugung folgen, die ihnen in ihrem Innersten entspricht. »Menschen streben danach, authentisch zu handeln«, sagt der Sozialpsychologe Roy Baumeister von der University of Queensland in Australien. Nur so meinen sie in den Spiegel blicken zu können, ohne sich vor sich selbst schämen zu müssen.

Ganz man selbst, also wahrhaftig zu sein, ist in unserer Gesellschaft ein hoher Wert. Kein Wunder. Authentizität gibt der Gemeinschaft Sicherheit. Wer authentisch ist, auf den ist Verlass, der ist in gewisser Weise berechenbar. Ohne Authentizität gibt es kein Vertrauen.

Aber die Hochachtung vor der Authentizität ist auch tief in unserer Kultur verwurzelt. Für die Existenzialphilosophen von Sartre über Camus bis Heidegger ist Wahrhaftigkeit gar die Voraussetzung für Moral. »Werde das Selbst, das wirklich wahr ist!«, empfahl Sören Kierkegaard. Moral entsteht, so die Grundidee dieser Überzeugung, weil Menschen authentisch handeln, weil sie sich nicht von kurzfristigen Vorteilen oder Versprechen von dem Weg abhalten lassen, den ihre hehren Ansprüche an ein korrektes Leben vorgeben. Weise, Philosophen und Lehrer mit besonders hohen moralischen Forderungen wie Sokrates und Jesus schieden sogar lieber aus dem Leben, als ihre Ideale zu verraten. Jesus ließ sich ans Kreuz nageln, obwohl er vor dem Hohepriester die Chance gehabt hätte, sich von seinen Überzeugungen zu distanzieren; aber er wiederholte im Angesicht des drohenden Todesurteils noch einmal, er sei der Sohn Gottes. Sokrates leerte den Giftbecher, obwohl er sich zu Unrecht verurteilt sah und aus dem Gefängnis hätte fliehen können. Doch das hätte seinen Prinzipien widersprochen. Zu sehr achtete er den Staat und dessen Rechtsprechung, sogar seine Fehlurteile.

Echte Persönlichkeiten, die bereit sind, für ihre Überzeugungen alles aufzugeben, faszinieren uns. Bis heute gehört es in unserer Gesellschaft zum guten Ton, authentisch zu sein. »Sei ganz du selbst«, raten uns von klein auf unsere Eltern, Lehrer, Gurus. So kann man aus den Höhen der Philosophie bis in die Niederungen der Popkultur herabsteigen und ganz ähnliche Ideale wie bei Sartre, Sokrates und Kierkegaard finden. Quer durch alle kulturellen Nischen der Republik rühmen sich Menschen, ganz sie selbst zu sein. »Ich bin authentisch, ich spiele den Leuten nichts vor«, sagt da die erfolgreiche Schlagersängerin Andrea Berg (Album: »Diese Nacht ist jede Sünde wert«) und unterscheidet sich darin kaum von dem einem ganz anderen Genre verpflichteten Berliner Gangsta-Rapper Deso Dogg (Songzeile: »Willkommen in meiner Welt voll Hass und Blut«): »Ich kann sagen, ich bin authentisch«, gab der Rapper zu Protokoll, bevor er im salafistischen Terrorwahn in Syrien sein Leben ließ. Die eine erheblich lieblichere Welt verkörpernde Chansonsängerin Mireille Mathieu, der »Spatz von Avignon«, war sogar der Meinung: »Authentizität zahlt sich am Ende immer aus. Ich bin immer ich.«

Man erkennt also leicht: Wer authentisch ist, hat die Fans auf seiner Seite. Abschätzig blicken wir dagegen auf alle jene herab, die unehrlich wirken, die sich verrenken oder die ihr Fähnlein nach dem Wind richten.

Auch unter Managern gehört das Wort mittlerweile »zum festen Phrasenbestand«, konstatiert die ›Wirtschaftswoche‹, quasi als Garantie für kernigen Erfolg. Bei seinem Amtsantritt als RWE-Chef kündigte Peter Terium im Jahr 2012 an, er wolle »führen, ohne an Authentizität zu verlieren«. Olaf Koch, CEO der Metro, sagte einmal im Interview: »Wichtig ist, sich selber treu zu bleiben.« Und Jamie Dimon, CEO der Großbank JP Morgan Chase, wurde von der Marktforschungsfirma Quantified Communications zum authentischsten Vorstandsvorsitzenden gewählt – weil er »sein Herz auf der

Zunge trägt«. In Stellenanzeigen und Jobbörsen wird nach einem authentischen Auftreten und authentischen Charakteren gesucht, weil Arbeitgeber denken, dass Authentizität für Erfolg steht und sowieso hoch im Kurs ist.

Gegenwind kommt nur von einzelnen Intellektuellen wie Susanne Breit-Keßler. Die evangelische Regionalbischöfin in Bayern kann das Gewese um die Authentizität schon nicht mehr hören. »Authentisch, das ist ein Modewort«, schimpfte sie vor Kurzem: »Manchmal kriege ich einen Koller bei dem Gedanken, dass jeder und jede authentisch sein könnte. Um Himmels willen! Das würde bedeuten, dass Männer und Frauen sich immer so zeigen und verhalten, wie sie sich im Innersten befinden. Eben nicht nur freundlich, intelligent und hilfsbereit. Sondern gelegentlich auch ausgesprochen ekelhaft, gemein, grausam, strohdumm und vollkommen gleichgültig.«

So streben wir letztlich (fast) alle nach dieser durch nichts zu erschütternden Art von Authentizität. Wenn wir meinen, uns nicht authentisch zu verhalten, fühlen wir uns unwohl. Wir haben den Eindruck zu lügen oder zu betrügen, unsere Prinzipien und damit auch uns selbst zu verraten. Sich selbst untreu zu sein, erzeugt ein schales Gefühl. Auch dadurch wurde Mitte des 20. Jahrhunderts die Idee von der Selbstverwirklichung in die Psychologie getragen.

Als Erster hat das Abraham Maslow, der Gründervater der Humanistischen Psychologie, 1954 getan. Selbstverwirklichung, so meinte er, sei das erhabenste aller menschlichen Bedürfnisse. Es sei ganz oben angesiedelt, setze dem Leben eine Krone auf, wenn alle anderen Bedürfnisse – von Nahrung über Sicherheit, Liebe, Zugehörigkeit bis hin zu Anerkennung und Wertschätzung – erfüllt seien. Allerdings ging es Maslow keineswegs darum, dass Menschen dazu ihr Selbst entdecken und ihren wahren Kern finden müssten. Er war lediglich der Meinung, dass in den Menschen Unruhe und Unzufriedenheit erwachen, wenn alle anderen Bedürfnisse befriedigt sind. Dann streben sie danach, ihre Talente und Potenziale zu entfalten. Sie wollen sich weiterentwickeln und ihrem Leben einen Sinn geben.

In den 1950er-Jahren hatten die Menschen in Europa und in den USA noch genug andere Sorgen, aber schon bald wurde Maslows Konzept begierig aufgenommen und neu interpretiert. Die Ideen von der Selbstverwirklichung passten in den 1960er- und 1970er-Jahren perfekt ins Konzept der jungen Menschen, die gerade gegen den Muff und die Verlogenheit ihrer elterlichen Kriegsgeneration rebellierten, welche sich so antisokratisch verhalten hatte. Schließlich hatten viele die Prinzipien der Menschlichkeit verraten, um in der Diktatur zu überleben. Umso überzeugter strebten die Jungen in der ebenso rigiden wie heuchlerischen Nachkriegsgesellschaft nach Befreiung, nach neuen, eigenen Ideen und Idealen, denen sie folgen wollten. Und aus der Selbstverwirklichung wurde bald noch mehr: die Selbstfindung, die Suche nach dem eigenen, dem wahren Ich.

Aber wie viel ist dran an dem Selbst, das man nach langer Suche – zum Beispiel durchs Meditieren, durchs Aussteigen oder indem man neue Wege einschlägt und muffige Talare abwirft – schließlich entdeckt? Ist das, was man in sich zu finden glaubt und mit Idealen füllt, alternativlos? Gibt es nur diesen einen Fund zu machen, diesen einen Weg zu gehen? »Hier stehe ich und kann nicht anders«, soll Martin Luther gesagt haben, als ihm Kaiser und Kirche in Worms eine letzte Chance gaben, seine aufrührerischen Thesen zu widerrufen. Doch der Reformator wollte – ebenso wie einst Sokrates – lieber die Konsequenzen für seine umstürzlerischen Ideen tragen, als sich von diesen zu distanzieren. Und auch wenn er den berühmten Satz vermutlich nie gesagt hat, so ist doch von ihm überliefert, dass er keinen anderen als diesen Weg sah; dass er glaubte, nicht anders zu können: »Daher kann und will ich nichts widerrufen, weil wider das Gewissen etwas zu tun weder sicher noch heilsam ist«, sprach Luther. Offenbar war er der Meinung, dass er, wenn er von seinen Überzeugungen ließe, sich damit auch selbst verraten würde.

Kann man also – wenn man ganz »man selbst« sein will – wirklich nicht anders?

Nein, sagt der Psychoanalytiker Paul Verhaeghe von der Universität Gent: »Wir haben als Menschen immer die Wahl.« Wenn wir ehrlich mit uns sind, gestehen wir uns auch selbst ein: Wir sind keineswegs so konstant, wie wir das gerne glauben wollen. Wer großzügig und empathisch ist, legt gewiss häufig einem Bettler am Straßenrand eine Münze in den Becher. Aber es gibt auch Tage, an denen man das nicht möchte. Weil man schlechte Laune hat, weil es regnet, weil man sich gerade seines bedrückend niedrigen Kontostands bewusst ist, weil man sich nur einigeln und mit niemandem Kontakt aufnehmen möchte oder weil man selbst nicht gut behandelt wurde.

Wo ist es in diesen Momenten, das angeblich so großzügige Ich? Hat es sich verkrochen und wurde von einer fremden Gewalt gekapert? Oder streitet es gerade mit einem anderen, in unseren Augen ebenso sozialen, aber intellektuelleren Teil unseres Ichs, das ihm sagt, dass man mit Almosen nur die Aufgaben des Sozialstaats torpediert oder osteuropäische Bettlerbanden unterstützt? Wir bleiben jedenfalls, obwohl wir bei genauer Beobachtung immer auch Gegenargumente zu unserem Bild von uns selbst finden könnten, in der Regel bei unserer Einschätzung unseres Ichs. Wir sind, auch wenn wir feststellen, dass wir mitunter keineswegs großzügig sind, weiterhin davon überzeugt, ein großzügiger Mensch zu sein. Eigentlich. Jedenfalls meistens. Nur jetzt mal ausnahmsweise nicht. Dieses Bild, das wir uns da gemacht haben, pflegen wir und verteidigen es mit Zähnen und Klauen – notfalls auch gegen die Realität.

Der aufgeklärte Mensch – er strebt nach seinem Ich. Denn es verleiht ihm Stabilität in einer unüberschaubaren Welt, es verortet ihn im Leben, sagt ihm: Du bist etwas Einmaliges, du bist in deinen Verhaltensweisen, Gefühlen und Entscheidungen anders als die anderen. Du bist ein Individuum. Und das ist ja auch wahr. »Identität ist letztlich das Bewusstsein dafür, dass ein Mensch seine Besonderheiten hat«, sagt die österreichische Psychologin Eva Jaeggi, die lange an der Technischen Universität Berlin gelehrt hat. Schon von dem Moment an, in dem sich ein Kind zum ersten Mal im Spiegel selbst erkennt, ist es neugierig auf sich selbst. Es beobachtet sich beim Wütendsein, beim Liebsein, beim Weinen – Letzteres besonders gerne vor dem Spiegel. Es möchte sich in all seinen Facetten näher kennenlernen und mit anderen vergleichen. Tagtäglich entdeckt es dabei mehr über sich, trifft immer neue Feststellungen und formt so ein Bild von sich selbst, das es als sein Ich begreift.

»Schon beim kleinsten Menschenwesen entsteht ein Gefühl dafür, dass es etwas Eigenes ist, etwas, das sich auch irgendwie wehren kann gegen das andere«, sagt Jaeggi. »Ich bin anders als die anderen« – genau das sei der Kern dessen, was Menschen auch noch als Erwachsene in ihrer Selbstreflexion empfinden. Von diesem ersten kindlichen Moment vor dem Spiegel an beobachten wir uns ein Leben lang weiter und basteln an unserem Selbstbild. Schließlich verändert sich das Wesen, das wir als kleines Kind im Spiegel sahen, fortlaufend. Es macht Erfahrungen und trifft andere Menschen, die jeden Tag wieder Einfluss auf dieses kleine, sich entwickelnde Ich nehmen (*siehe Die Vermessung der Seele, S. 90*). So kommt es manchmal zu kleineren, kaum wahrnehmbaren Veränderungen, manchmal aber auch zu größeren Weichenstellungen. Und mitunter gibt es einen dramatischen Umsturz – nämlich dann, wenn man etwas Einschneidendes erlebt.

Manche Menschen sagen nach so einem Ereignis von sich, sie fühlten sich wie neu geboren, seien ein ganz anderer als früher, ihre alte Identität gebe es quasi nicht mehr. Fachleute nennen das ein Damaskus-Erlebnis, benannt nach der Wandlung des Christenverfolgers Saulus, der auf dem Weg nach Damaskus zum gläubigen Christen Paulus wurde, weil er dort dem auferstandenen Jesus begegnet sein soll. Es muss nicht immer so drastisch sein. Manchmal ändert sich auch einfach nur die Lebenseinstellung – etwa nach einem schweren Unfall, der einen neuen Blick auf das eigene Dasein und die eigene Verletzlichkeit eröffnet, nach einer bedrohlichen Erkrankung, einer schmerzlichen Trennung. Oder wenn der Vater mit einer Polstererlehre droht.

In der Summe wandeln sich Menschen über die Jahre in erstaunlichem Maße. Unsere Vorlieben werden andere, die Art zu leben, die Dinge, die wichtig sind, das Aussehen sowieso. Sogar unser Gehirn und unsere Gene verändern sich – sie besitzen, anders als lange gedacht, eine beachtliche Plastizität. Das Gehirn, das zeigen immer neue Forschungsergebnisse, kann selbst beim Erwachsenen noch neue Zellen ausbilden und damit neue Verknüpfungen ermöglichen, die unser Denken und unser Bewusstsein durchaus mitbeeinflussen können. Und an den Genen finden durch die schon erwähnten epigenetischen Prozesse ständig molekulare Veränderungen statt, von denen manche unser Verhalten nachhaltig beeinflussen können. Über die

Jahre ergibt sich aus all dem eine immense Wandlungsfähigkeit.

Im Grunde ist es also wie bei Heraklit: »Panta rhei«, alles fließt. Wir steigen in denselben Fluss und doch nicht in denselben, wir sind es und wir sind es nicht. Wie die Welt, so ist auch der Mensch immer in Bewegung, konstruiert sich stets neu. Selbsterfahrung sei gar nicht der Blick nach innen, sagt Werner Greve. Es ist eigentlich nur eine Metapher für einen höchst komplexen und ständig andauernden Konstruktionsprozess eines Ichs.

Der Philosoph Thomas Metzinger schließt daraus gar: Ich bin »niemand«. Aber das wird dem Ich des Menschen auch nicht gerecht. Wenngleich wir uns ständig ändern, auch wenn wir immer im Fluss sind, so haben wir doch ein Bewusstsein dafür, dass wir ein Individuum sind: Wie unser Lebensfluss, so verändert sich zum Beispiel auch der Rhein ständig. »Der Rhein von gestern ist nicht mehr der Rhein von heute«, sagt Greve. Er ändert sein Flussbett, das Wasser darin wird andauernd ausgetauscht. Aber trotzdem würde niemand sagen, dass der Rhein heute ein bisschen wie die Donau ist. Er bleibt der Rhein. Das gleiche gilt für den Menschen – für seine Persönlichkeit und seinen Lebensfluss. Wir wissen ganz genau, dass wir das waren, die da vor 25 Jahren mit einer Freundin gemeinsam durch Sibirien zogen. Wir wissen, dass wir uns vor zehn Jahren bei der Anti-Atommüll-Demo in Gorleben den Castoren in den Weg gestellt haben, dass wir einmal einen Kater hatten, der Peter hieß, und wen wir einmal liebten. Und selbst wenn wir wissen oder ahnen, dass wir uns seither doch in so manchen Eigenschaften erheblich gewandelt haben, herrscht in uns das Gefühl vor, ein Leben lang dieselbe Person geblieben zu sein. Wir haben eine ununterbrochene Geschichte.

Das Gehirn: ein großer Erzähler

Doch dass wir dieselbe Person sind, heißt nicht, dass wir auch die gleiche Persönlichkeit haben wie der Schüler, die Studentin oder der Auszubildende von damals. Denn die genauen Umstände, zahlreiche Details, unsere Ideale und Ziele von früher und auch die Gefühle, die wir damals hatten, die haben wir längst einer Reform unterzogen. Und dabei haben wir uns unsere Erinnerungen so hingezimmert, wie wir sie heute brauchen, damit wir weiterhin überzeugt sein können: Das bin und war ich. Damit wir uns einreden können: Ich konnte damals nicht anders und kann es auch heute nicht.

Auch wenn wir uns als Dreißig-, Fünfzig- oder Siebzigjährige mit großer Gewissheit daran zurückerinnern, wie wir uns schon als junge Menschen für andere eingesetzt haben oder nichts lieber tun wollten, als einmal eine Weltreise zu machen, sind wir nicht dieselben geblieben. Die Ereignisse von früher, die unserem Selbstbild von heute widersprechen, haben wir nämlich längst vergessen. Oder wir haben sie in unsere Story vom Ich so eingefügt, dass sie unser Ich von heute erklären.

Denn besser noch als unser Gedächtnis funktioniert das damit einhergehende Vergangenheitsvergoldungsprogramm, das uns schmerzliche Erinnerungen vergessen lässt und zum Beispiel unsere Kindheit, so sie nicht unfassbar schrecklich gewesen ist, in sonnigem Licht erscheinen lässt. Unzählige Studien haben gezeigt, dass unsere Erinnerungen unser früheres Leben nur ausgesprochen punktuell beleuchten und dass wir sie immer wieder neu anpassen. So machen wir uns ständig selbst etwas über unsere Vergangenheit vor – und damit über unser Ich von früher. Unser selektives Gedächtnis trimmt unsere Vergangenheit so, dass sie zu unserem Leben von heute passt.

Was interessiert mich mein Geschwätz von gestern? Das sagt sich das Gehirn jeden Tag. Tatsächlich können wir unser Geschwätz von gestern nicht einmal richtig erinnern. Wenn sich unsere Ansichten ändern, sind wir uns dessen nicht bewusst, haben die US-Amerikaner Michael Wolfe und Todd Williams mit einem Experiment gezeigt, das ziemlich überzeugend ausfiel – auch wenn das Thema alles andere als angenehm war. Die beiden Psychologen fragten 548 Probanden online nach ihrer Meinung zur körperlichen Züchtigung von Kindern. Dabei ging es nicht um Moral. Ob Kinder geschlagen werden dürfen und welche Folgen das für ihre Entwicklung haben könnte, war nicht das Thema. Gegenstand der Meinungsumfrage war allein, ob Schläge wohl dabei helfen können, Erziehungsziele durchzusetzen. Die Teilnehmer sollten direkt, aus dem Bauch heraus antworten.

Erst nachdem sie ihre Meinung unwiderruflich kundgetan hatten, erhielten 128 der Befragten Informationen. Wenige Wochen nach der Online-Befragung lasen sie einen Text, der Argumente entweder für oder gegen die Wirksamkeit körperlicher Züchtigung als Erziehungsinstrument lieferte. Diese Argumente beeinflussten die Haltung der Probanden messbar: Wer zuvor die Meinung vertreten hatte, körperliche Züchtigung sei ein gutes Mittel, um die Disziplin von Heranwachsenden zu verbessern, trat plötzlich gegen die Gewalt ein, wenn er mit der konträren Ansicht konfrontiert worden war; wer umgekehrt Schlägen in der Kindererziehung nichts abgewinnen konnte, ließ sich durch Gegenargumente radikalisieren. Es ist an sich ja auch nicht verkehrt, sich von guten Argumenten überzeugen zu lassen. Peinlich für die Teilnehmer wurde es erst im zweiten Teil der Studie: Da wurden sie nämlich gefragt, welcher Meinung sie vor der Lektüre des Textes gewesen waren. Das frappierende Ergebnis: Die meisten waren felsenfest davon überzeugt, schon immer ihre aktuelle Meinung vertreten zu haben und von dem gelesenen Text nicht beeinflusst worden zu sein – ganz gleich, wie stark sich ihre Haltung zum Thema gewandelt hatte.

Belügen wir uns also selbst, weil wir uns nicht eingestehen wollen, dass wir manchmal Fehler machen? Nein, meinen Wolfe und Williams einhellig, diese Art von Vergangenheitsverklärung sei kein bewusster Selbstbetrug. Es sei nur einfach so, dass einem Menschen jene Argumente, die er zuletzt gelesen hat, schneller einfallen als die älteren Standpunkte. Deshalb akzeptiert er sie leichter als wahr. »Was ohne Mühe in den Sinn kommt, das fühlt sich gut und richtig an«, sagt Wolfe. Auf die Frage, welche Meinung man früher hatte, meldet sich als Erstes die aktuelle Haltung; auf das Gehirn wirkt das so, als habe man schon immer diese Meinung vertreten.

Das gilt nicht nur für kognitive Leistungen wie die Einstellung zu einem schwierigen Thema. Mit unserer objektiven Selbsteinschätzung ist es auch sonst nicht weit her. Schon vor langer Zeit haben die Psychologen Cathy McFarland und Michael Ross Menschen gefragt, wie zufrieden sie mit ihrem ersten Date waren und wie glücklich ihre Beziehung vor fünf Jahren war. Die Antworten hingen kaum davon ab, wie es den Menschen damals wirklich mit ihren Partnern ging. Sie richteten sich vielmehr danach, wie glücklich die Paare aktuell in ihrer Beziehung waren.

Jeder vergangene Moment kann im Nachhinein so erzählt werden, dass er sich völlig logisch in den aktuellen Lebensentwurf einordnet und dass er die Geschichte, die man gerade gerne von sich selbst erzählt, stützt. »Authentisch ist da nichts«, sagt der Kognitions- und Literaturwissenschaftler Fritz Breithaupt. Die Erinnerungen an vergangene Momente erscheinen uns nur deshalb als authentisch, weil sie irgendwie zur Erklärung unseres jetzigen Verhaltens zu passen scheinen. Und das tun sie, weil wir sie passend gemacht haben. Bereits im nächsten Moment kann die gleiche Erinnerung nebensächlich wirken. Nicht nur unsere Gegenwart verändert sich ständig, auch unsere Vergangenheit ist also im Fluss.

»Unsere Gehirne sind meisterhafte Erzähler, sie verstehen es ausgezeichnet, sogar aus eklatanten Widersprüchen eine stimmige Geschichte zu spinnen«, sagt der Hirnforscher und Neurowissenschaftler David Eagleman, der am Baylor College of Medicine in Houston (Texas) das Laboratory for Perception and Action leitet. Denn mit Hilfe von Geschichten ergeben verwirrende Informationen einen Sinn, das hilft dem Gehirn bei der Einordnung. »Also erzählen wir uns ständig Märchen«, sagt Eagleman. Auch das Ich sei so ein Märchen, »eine vom Gehirn aus Zweckpragmatismus erfundene Fiktion«.

Schon Benjamin Franklin witzelte im Jahr 1750 klug: »Drei Dinge sind extrem hart: Stahl, ein Diamant und sich selbst zu kennen.« Tatsächlich können wir uns in der Regel nicht einmal realistisch einschätzen. Das Bild vom eigenen Ich ist reichlich verzerrt. Im Vergleich zur Realität sehen wir uns dabei vor allem: viel positiver. Unzählige Studien haben gezeigt, dass wir uns vor uns selbst in günstigem Licht präsentieren. Erfolge schreiben wir, wenn wir psychisch gesund und nicht mit allzu vielen Selbstzweifeln ausgestattet sind, tendenziell uns selbst zu, Misserfolge eher den Umständen. Außerdem vergessen wir Misserfolge leichter als Erfolge, während schmeichelnde Rückmeldungen tief ins Gedächtnis sickern. Die Wissenschaft spricht vom »Self-Enhancement«. Das gilt für Männer und Frauen gleichermaßen, auch wenn der Alltagserfahrung nach Frauen ihre Erfolge häufig ihrem Team statt sich selbst zuschreiben und sich erschreckend häufig kleinmachen, während unter Männern mehr Hochstapler zu finden sind.

Wissenschaftler gehen inzwischen sogar davon aus, dass eine in Maßen übertriebene Selbstachtung zu einer gesunden menschlichen Psyche dazugehört: Die »positiven Illusionen« stärken unsere Zufriedenheit und unser Selbstwertgefühl, sagt die Sozialpsychologin Shelley Taylor. Wohl deshalb halten wir uns in der Regel für besser als die anderen – und zwar quer durch die verschiedensten Disziplinen. So meinen Studenten nicht nur, dass sie mehr Führungskompetenz haben als ihre Kommilitonen. Sie schätzen sich auch noch als sozialkompatibler ein und denken, dass ihr schriftlicher Ausdruck besser sei als der der anderen. Manager sind der Ansicht, sie seien fähiger als »der typische Manager«, und Fußballspieler glauben, mehr Fußballverstand zu besitzen als der Rest ihrer Mannschaft. Unnötig zu erwähnen, dass mehr als 85 Prozent der deutschen Autofahrer ihre Fahrkünste für überdurchschnittlich halten. Und dabei haben ausgerechnet männliche junge Autofahrer, die besonders viele Unfälle verursachen, das größte Selbstvertrauen.

Nun kann es, rein statistisch betrachtet, sogar sein, dass ein Großteil einer Gruppe besser ist als der Durchschnitt – sofern ein paar Kandidaten so schlecht sind, dass sie den Schnitt furchtbar runterreißen. Wenn man 85 Leistungsturner und 15 frischoperierte Hüftpatienten einer orthopädischen Klinik nach ihren aktuellen Künsten auf dem Schwebebalken befragt, dürfte die Aussage »Ich bin besser als der Durchschnitt« tatsächlich auf alle 85 zutreffen, die sich als Leistungsturner regelmäßig auf internationalen Wettkämpfen tummeln. Wie groß die Wahrscheinlichkeit ist, dass eine solche Statistik auch die Selbsteinschätzung der deutschen Autofahrer bestätigt, sei dahingestellt.

Mit Gewissheit entlarvt werden die positiven Illusionen jedenfalls, wenn man nach Eigenschaften fragt, die sich messen lassen. So kommen Menschen, die ihren eigenen IQ schätzen sollen, regelmäßig auf höhere Werte, als es die Testergebnisse am Ende zeigen – und zwar auf erheblich höhere: Sie überschätzen sich um rund 14 Punkte auf der IQ-Skala, was eine gehörige Menge ist, wenn man bedenkt, dass 100 Punkte als durchschnittliche Intelligenz definiert sind, ab 130 aber schon die Hochbegabung beginnt und man ab einem IQ von 70 und weniger von einer geistigen Behinderung spricht.

Nicht einmal unser Verhalten können wir realistisch einschätzen, obwohl wir das doch eigentlich unter Kontrolle haben könnten. Egal, welche Antwort ein Mensch auf eine moralische Alltagsfrage gibt – man muss nicht glauben, dass er sich auch entsprechend verhalten wird, sagt Martin Kocher von der Universität Wien. Gemeinsam mit Kollegen hat er mehr als 300 Menschen gefragt, ob sie das Geld zurückgeben würden, sollte versehentlich ein Betrag auf ihr Konto überwiesen werden, der ihnen gar nicht zusteht. Ein Jahr später passierte es dann: Die Menschen fanden tatsächlich zu viel Geld auf ihrem Konto und wurden per SMS gebeten, dieses zurückzuzahlen. Nun entlarvte die Realität die ein Jahr zuvor geäußerten Absichtserklärungen als Fehleinschätzung: Etwa ein Drittel der Probanden verhielt sich anders als für sich selbst vorhergesagt – allerdings betraf die Abweichung beide Richtungen. Zahlreiche Teilnehmer zahlten das Geld nicht zurück, obwohl sie das von sich geglaubt hatten; umgekehrt erstatteten aber ähnlich viele den Betrag, den sie ihrer eigenen Theorie zufolge eigentlich glaubten behalten zu wollen.

Alles eine Frage der Interpretation

Neben dem Self-Enhancement, dem geschönten Ich, haben wir noch weitere Strategien im Köcher, die uns gnädig mit uns selbst stimmen und die uns nebenbei helfen, die schöne Illusion vom eigenen Ich zu wahren. »Abwehrmechanismen gegen Bedrohungen der Identität«, nennt Werner Greve das. Wenn es Wahrheiten gibt, vor denen wir uns schlichtweg nicht mehr verstecken können, dann schalten wir die »Selbstimmunisierung« ein. Dabei deuten wir Dinge zu unseren Gunsten um. Nehmen wir an, wir waren immer stolz auf unser gutes Gedächtnis; nun aber müssen wir im fortgeschrittenen Alter einräumen, dass unser Erinnerungsvermögen nachlässt, weil uns manchmal schon die Namen von Ministern oder den Freunden unserer Kinder nicht mehr einfallen oder weil wir beim Einkaufen nicht mehr ohne Einkaufszettel auskommen.

Damit hadern wir dann meist. Aber um uns selbst zu schützen, tun wir noch etwas: Wir definieren einfach neu, was in unseren Augen ein gutes Gedächtnis ist: »Ich habe Wichtigeres zu tun, als mir solche Kinkerlitzchen zu merken«, sagen wir uns dann, »ich mache mir jetzt immer Notizen im Handy, das ist ja so praktisch, das habe ich auch dann dabei, wenn ich mal spontan auf dem Nachhauseweg in den Supermarkt gehe.« Und zugleich vergewissern wir uns unserer geschätzten Eigenschaft, indem wir sagen: Toll, dass ich immer noch Goethes »Erlkönig« und die ersten Verse von Schillers »Lied von der Glocke« aufsagen kann, die ich einst in der Schule gelernt habe. »Ich hatte eben schon immer ein gutes Gedächtnis.«

Aber es geht noch doller: Wenn sich eine Überzeugung auch mit den Methoden der Selbstimmunisierung nicht mehr halten lässt, hat unser Gehirn weitere Tricks parat. Dann definieren wir nämlich nicht nur neu, was ein gutes

Gedächtnis ist, sondern auch, was es für uns bedeutet. Wir schaffen uns also eine neue Identifikation. Ein gutes Erinnerungsvermögen ist doch gar nicht so wichtig, sagen wir uns dann. Die Notizen im Handy, sie zeigen ja: Ich bin wirklich gut im Organisieren, außerdem bin ich technikaffin. Und letztlich ist es doch, das hat mich das Leben gelehrt, viel wichtiger, eine verlässliche und der modernen Zeit gegenüber aufgeschlossene Person zu sein, als sich profane Dinge merken zu können. Und aufgeschlossen, ja, das bin ich wirklich.

Statt uns einzugestehen, dass die eigene Identität höchst wandelbar ist, definieren wir sie einfach neu. Das tun wir vor allem dann, wenn es drastische Entwicklungen gibt, die für unser Selbstverständnis bedrohlich erscheinen, so hat es Jochen Brandtstädter festgestellt, langjähriger Inhaber des Lehrstuhls für Entwicklungspsychologie an der Universität Trier und Autor des Standardwerks ›Zur Psychologie gelingender Lebensführung‹. Wenn uns zum Beispiel wegen einer Krankheit nur noch die Erinnerung an unseren einst durchtrainierten Körper geblieben ist oder wenn wir feststellen, dass wir im Beruf nicht mehr dieselben Erfolge haben wie noch vor einigen Jahren: Notgedrungen verabschieden wir uns dann von liebgewonnenen Überzeugungen und nehmen eine Neubewertung unseres Ichs vor. »Ach, was sind schon Äußerlichkeiten«, denken wir dann, wenn wir gesund mit diesen Herausforderungen umgehen und nicht darüber resignieren, »ich war ja immer schon ein Mensch, dem auch innere Werte sehr wichtig waren«. Oder: »Erfolg im Beruf? Eine schöne Sache, aber doch nicht auf Kosten der Familie. Die liegt mir noch viel mehr am Herzen.« Solche Neubewertungen sind klug: Sie machen zufriedener, sie erhöhen die Akzeptanz. Und zugleich tragen sie zu dem Gefühl bei, man sei weiterhin der, der man immer war.

Um sich klarzumachen, was man da eigentlich tagtäglich mit dem Selbstbild anstellt, muss man nur mal hören, was die anderen sagen. Die haben meist den besseren Blick. Bei der Einschätzung unseres IQ zum Beispiel liegen unsere Kollegen und Bekannten ziemlich oft richtig. Sie lassen sich eben nicht von den Erwartungen an das Selbst täuschen. Deshalb ist es durchaus klug, ab und an die Außenstehenden um ihre Meinung zu bitten. Allerdings sollte man nicht nur seine engsten Freunde fragen, denn in der Regel tauschen wir uns am liebsten mit Menschen aus, die ähnlich denken wie wir und denen wir sympathisch sind. Sie erkennen seltener die Abweichungen der Wirklichkeit von unserem selbstgebauten Ich, sondern zementieren mit uns zusammen das Bild, das wir von uns haben.

Außenstehende aber registrieren Dinge, die wir nicht wahrhaben wollen. Ihnen fällt auf, dass wir manchmal übertrieben schnell aus der Haut fahren oder dass wir viel klüger reagieren, als wir es selbst glauben. So hellen sie unsere blinden Flecken auf. »Die Sünden der anderen liegen offen vor uns, unseren eigenen wenden wir den Rücken zu«, schrieb der römische Philosoph Seneca. Das kann mitunter Leben retten. Studien haben gezeigt, dass nahe Angehörige die psychischen Indikatoren für einen Herzinfarkt erheblich besser erkennen als die Betroffenen selbst. Wie viel Angst, Ärger und Rückzug zeigt jemand? Frag am besten seinen Partner.

»Ich bin eben so« – das ist also genauso eine Illusion wie »Das habe ich schon immer gedacht« oder »Das war schon immer mein Ziel«. Und doch wollen wir das nicht gerne glauben. Wir leugnen unsere Veränderungen und schrauben nebenher heimlich und oft genug von uns selbst unbemerkt weiter an unserem Ich. Liegt die Suche nach sich selbst also womöglich in der Natur des Menschen? Brauchen wir das Ich als sinnstiftendes Element?

Wohl eher nicht. Denn das Ich ist eine relativ neue Erfindung. Es waren die Menschen des Sturm und Drang, die um 1770 als Erste ihre Existenz unter den Begriff »Ich« stellten, wie der Kognitions- und Literaturwissenschaftler Fritz Breithaupt sagt. Ein Johann Sebastian Bach, der von 1685 bis 1750 noch unbeeinflusst von dieser Epoche lebte, die das Genie als Urbild eines höheren Menschen und Künstlers verherrlichte, habe »immer nur abgewunken, wenn er auf sein Genie angesprochen wurde«, so Breithaupt. Bach habe »auf Gottes Gaben verwiesen«.

In den Jahren des Sturm und Drang aber wurde das Ich zu einer Erwartung, die sich zu erfüllen hatte. Die Menschen strebten jetzt erstmals danach, sich zu verwirklichen: Die ersten Extremtouristen bereisten die Alpen, die Liebe bekam ihre romantische Komponente, das Lotterleben als Künstler wurde sentimental verklärt. Missbilligend stellte Jean-Jacques Rousseau 1774 fest: »Der Wilde lebt in sich selbst; der gesellschaftliche Mensch ist immer außerhalb seiner selbst und weiß nur in der Meinung der anderen zu leben.« Seine Forderung: dass die Kultivierten mehr auf ihr Selbst hören und sich auf das besinnen, was ihnen von innen heraus befohlen wird.

Aber hieß es nicht schon über dem Eingang zum Orakel von Delphi »Erkenne dich selbst«? Ja, das berichten verschiedene Autoren der Antike. Doch mit diesem »Gnothi seauton« war sicherlich nicht im Geist der Selbstverwirklichung von heute gemeint, dass man nach sich suchen und dann auf ewig das bleiben sollte, was man da fand. Vielmehr zielte diese Aufforderung darauf, dass sich die Menschen ihrer eigenen Begrenztheit und Hinfälligkeit gewahr werden. Jeder solle sich die körperliche und geistige Verletzlichkeit des Menschen vergegenwärtigen, schrieb Seneca. Nur manche Autoren lieferten eine positive Interpretation:

»Erkenne deine Möglichkeiten und entwickele dich dann zum Besten, was dir möglich ist«, schrieb Cicero. »Sei ein Ebenbild Gottes.«

Einmal in die Welt gesetzt, verblasste die Idee vom Ich nach der Zeit des Sturm und Drang aber wieder. In der angepassten Biedermeierzeit waren glänzende Individualisten eher nicht en vogue. Und Anfang des 20. Jahrhunderts kam das Ich dann vor allem im Plural daher. Da begannen die Menschen, statt eines identitätsstiftenden Selbst Idole zu erschaffen, die ihnen Identität verliehen. Sie mussten nicht mehr unbedingt selbst ein Ich erringen, so Breithaupt, »es genügte, eines zu verehren«. Die Filmdiva, der Weltklassesportler oder eben auch der nationalsozialistische Führer fungierten als Stellvertreter des eigenen Ichs. »Die Gruppe wurde zur ichfreien Zone.«

Breithaupt schließt daraus, dass das Ich viel weniger eine psychologische Notwendigkeit ist, als vielfach angenommen wird. Der Mensch braucht kein Ich, er kann auch ohne leben. »Es könnte sich vor allem um ein Phänomen unserer westlichen, deutschen Kulturgeschichte handeln, das uns auf Individualisierung einschwört«, sagt er. Womöglich wollen wir nur deshalb immer wieder unser Ich zeigen und beweisen, womöglich betonen wir deshalb so gerne unsere Erfolge in Beruf und Partnerschaft: damit die anderen ja mitkriegen, dass wir etwas Besonderes sind.

Das Selbst ist also letztlich nichts anderes als ein Selbstkonstrukt. In jedem Moment basteln wir in Zusammenarbeit mit unserer Umgebung oder im Widerstreit mit ihr und unter rücksichtsloser Behandlung unserer Vergangenheit weiter daran, polieren es ein bisschen auf, bauen an, und manchmal führen wir auch eine umfassende Renovierung durch.

Wie wandlungsfähig dieses Selbstkonstrukt ist, haben Margaret King und Jamie O'Boyle vom Center for Cultural Studies & Analysis in Philadelphia herausgearbeitet. Sie stellten fest: Das Bild, das ein Mensch von sich selbst hat, ändert sich etwa alle 20 Jahre. Die erste Rekonstruktion des seit Kindheitstagen erschaffenen Ichs erfolgt im Teenageralter, aber danach ist es noch längst nicht vorbei. Schon im mittleren Lebensalter, zwischen 35 und 40 Jahren, erfasst uns die nächste Identitätskrise. Wir fragen uns erneut, wo wir im Leben stehen, denn wir erkennen, wie viel in und um uns herum anders geworden ist. »Menschen, von denen wir dachten, sie würden stets unsere Freunde bleiben, verlieren auf einmal an Bedeutung«, schreiben King und O'Boyle. Die Perspektive ändert sich dabei: Während wir uns in der Jugend an Vorbilder angepasst und uns in eine Gruppe eingefügt haben, fragen wir uns jetzt viel häufiger: »Was passt eigentlich zu mir?« Ähnliches geschieht im frühen Alter zwischen 55 und 60 Jahren, da wird noch einmal Inventur gemacht. Und mit über 75 stellt man sich die Frage, ob das nicht alles ohnehin an den eigenen Interessen vorbeiging, was man da in den vergangenen Jahrzehnten so gedacht, getan und entschieden hat, oder ob man seinen Frieden damit schließen kann, wie man sein Leben geführt hat.

»Jedes Mal, wenn Menschen diese Übergangsphasen erreichen, überprüfen sie ihre Identitäten, ihre Beziehungen, ihr Leben – all das, was ihr soziales Ganzes ausmacht«, schreiben King und O'Boyle. »Sie verwerfen, was ihnen falsch, unecht, aufgezwungen erscheint, und sie halten an dem fest, was sie für authentisch halten.« Letzteres wird dabei aber lässig immer wieder neu definiert. Ansichten, von denen man bis dahin vollkommen überzeugt war, werden mitunter für absurd erklärt und durch neue ersetzt. Statt

»Ich bin ein solidarischer Mensch« heißt es dann »Ich will, dass es mir gut geht« – und der Widerspruch wird oft einfach hingenommen oder negiert.

Das biegsame Ich

Über die Aufforderung, dass man »sich selbst finden« solle, kann Sam Sommers, Professor für Sozialpsychologie, daher nur lachen. Er beschäftigt sich intensiv damit, wie Menschen handeln – und inwieweit ihr Verhalten eigentlich in ihnen angelegt ist. Auch sein Fazit lautet: »Wir haben keinen stabilen Charakter.« Identität sei sehr biegsam, und persönliche Vorlieben entstünden im jeweiligen Moment. Für welche Aktion wir uns entscheiden, wie wir uns benehmen, welches Wesen wir also gerade nach außen kehren, das komme vor allem auf die Situation an, sagt Sommers: »Situations matter!« Wir betrachten unser Verhalten als ein wesentliches Merkmal unserer Identität, aber letztlich ist es ein Reflex auf die äußeren Verhältnisse. Das, was wir in einem bestimmten Augenblick tun, wird oft weniger durch unseren Charakter bestimmt als durch die Gesellschaft, in der wir uns befinden, und ob wir gut gelaunt oder in Eile sind. »Ich denke, dass Persönlichkeit überschätzt wird, wenn es darum geht, unser Verhalten oder das unserer Mitmenschen zu erklären«, sagt Sommers. Oft könnten wir nicht einmal begründen, weshalb wir jetzt gerade was tun – weshalb wir uns also in dem einen Augenblick dafür entscheiden, zielstrebig eine Aufgabe zu erledigen, und in einem anderen dem Laissez-faire frönen. Unsere Vorliebe für Badeurlaube? Die Entscheidung, einen Freund ziehen zu lassen? »Wir wissen meist nicht, weshalb wir wann welchem Weg den Vorzug geben«, so der Professor.

Mitunter haben winzige Dinge einen überraschenden

Einfluss: Sommers war selbst erstaunt, wie leicht er seine Studierenden durcheinanderbringen konnte, indem er ihrer Arbeit nur ein etwas verändertes Motto voranstellte. »Wenn wir Collegestudenten unterschiedlicher ethnischer Zugehörigkeit in gemischten Gruppen Probleme lösen lassen und ihnen sagen, dass wir sehen wollen, wie gut sie zusammenarbeiten, so finden sie diese Aufgaben besorgniserregender und kognitiv anstrengender als in homogenen Gruppen«, sagt er. Wahrscheinlich, meint Sommers, sind die Studierenden unter solchen Voraussetzungen ängstlich bemüht, einen guten Eindruck zu machen. Sie wollen bloß nichts Falsches sagen, wodurch sie womöglich als Rassist rüberkommen könnten. Die Folge ist: Sie erscheinen weniger warmherzig, lassen sich leichter ablenken. Wenn ihnen aber vor ihrer Gruppenarbeit gesagt wird, dass es um ihre Effizienz geht und dass sie mehr Geld erhalten, wenn sie besonders zielstrebig arbeiten, dann sind die Ergebnisse der gemischten Gruppen sogar tendenziell besser als die der ethnisch einheitlichen. Ironischerweise finden sich die Teilnehmer hinterher sogar sympathischer.

Menschen passen sich also den Gegebenheiten an. Und wenn sie meinen, dass es die Umstände verlangen, werfen sie sogar die wichtigsten Säulen ihrer Identität über Bord – ihre Ideale. Das hat schon vor vielen Jahren ein einigermaßen hinterhältiges Experiment an der Universität Princeton gezeigt. Die dortigen Wissenschaftler baten einige Testpersonen, in einem anderen Gebäude auf dem Campus einen kurzen Vortrag zu halten. Nicht zufällig saß am Wegesrand ein mitleiderregender Mann. Er war schäbig gekleidet, stöhnte immer wieder auf und erweckte vor allem einen Eindruck: Er brauchte, ganz ohne Zweifel, ziemlich dringend Hilfe.

Die Testpersonen scherte das wenig. Nur sechs von zehn kümmerten sich um die Elendsgestalt. Und wenn ihnen gesagt worden war, dass sie sich auf ihrem Weg zum Vortrag beeilen sollten, nahm sich sogar nur jeder Zehnte Zeit für den armen Mann. Ein erschütterndes Ergebnis? Es wird nicht besser, wenn man die ganze Wahrheit erfährt. Bei den Probanden handelte es sich nämlich nicht um irgendwelche Testpersonen. Vielmehr waren es angehende Priester – und das Thema ihres Vortrags lautete: »Der barmherzige Samariter«.

So etwas Belangloses wie Zeitdruck reicht also, um aus einem engagierten jungen Geistlichen einen empathielosen Befehlsempfänger zu machen. Aber Menschen sind noch zu viel mehr fähig, was ihrem Menschsein eigentlich widerspricht. Das hatte 1961 an der Universität Yale das finstere Milgram-Experiment ans Licht gebracht. In diesem berühmt gewordenen Versuch des US-amerikanischen Psychologen Stanley Milgram waren ganz normale Menschen dazu bereit, andere mit schmerzhaften Elektroschocks zu malträtieren, wenn ihnen das ein vermeintlicher Lehrer befahl und es ihnen als Dienst an der Wissenschaft verkaufte. Sie wussten nicht, dass sie es mit einem Fake-Gerät zu tun hatten und mit Schauspielern, und trotzdem bestraften sie ihre »Schüler« in dem vorgeblichen Lernexperiment mitleidlos mit immer stärkeren elektrischen Stößen, wenn sich diese ein Wortpaar nicht merken konnten. Zwei Drittel der Probanden gingen gnadenlos bis zur höchsten Spannung von 450 Volt, selbst wenn ihr Schüler vor Schmerzen schrie und sagte, er habe Herzprobleme. Es genügte ihnen, dass ein angeblicher Wissenschaftler sie in ihrem Tun bestärkte.

Ach, das ist doch eine uralte Studie, die heute nicht mehr gültig ist, könnte man da einwenden. Die Menschen im 21. Jahrhundert folgen bestimmt nicht mehr so obrigkeitshörig Befehlen von Autoritäten wie Anfang der 1960er-Jahre. Ja, das könnte man meinen. Aber dem ist nicht so, wie der Psychologe Jerry Burger im Jahr 2009 zeigte: In seiner Studie mit dem Titel »Reproduktion von Milgram: Würden Leute heute noch gehorchen?« wiederholte er das Experiment seines berühmten Vorgängers und musste feststellen: Die Ergebnisse waren quasi die gleichen. Die Probanden machten sich immer noch genauso untertänig zu Folterknechten wie ein knappes halbes Jahrhundert zuvor.

Schon bei Milgram hatte sich gezeigt, wie sehr der Wille zum Gehorsam von äußeren Faktoren abhing. Wenn das Experiment nicht an der Universität stattfand, sondern in einem Bürogebäude, ging nur noch knapp die Hälfte der Probanden bis zur höchsten Voltzahl. Wenn der Wissenschaftler seine Anweisungen am Telefon gab, machte nur ein gutes Fünftel bis zum Ende mit. Und wenn zwei weitere Lehrer zugegen waren, die sich darüber stritten, ob es richtig sei, fortzufahren, dann legte nur noch jeder zehnte Proband den Hebel zum 450-Volt-Schlag um.

Zugegeben: Im wahren Leben gerät gottlob kaum ein Mensch in die Situation, im vermeintlichen Dienste der Wissenschaft schlimme Dinge zu tun, die sein humanistisches »wahres Ich« Lügen strafen. Kehren wir also zurück in unsere wirkliche Lebenswelt, die hoffentlich nicht von Foltermethoden und gewissenlosen Lehrern bestimmt wird. Allerdings ist unser Charakter dort genauso ein Spielball der äußeren Umstände. Und mitunter sind diese Umstände bestürzend trivial.

Manchmal reicht es schon, wenn es verführerisch riecht. Das belegten Wissenschaftler um den Psychologen Robert Baron in einer duften Studie: Menschen wurden darin von Fremden des gleichen Geschlechts gefragt, ob sie eine Ein-

Dollar-Note wechseln könnten. Wenn das vor einem ganz normalen Bekleidungsgeschäft geschah, willigten nur 20 Prozent der Angesprochenen ein. Doch die Bereitschaft der Passanten erhöhte sich erheblich, sobald guter Geruch ins Spiel kam: Wurden sie vor einem Kaffeeladen um das Wechseln des Scheins gebeten oder vor einer Bäckerei, aus der gerade der Duft von Plätzchen strömte, zückten 60 Prozent ihr Portemonnaie und kramten nach Kleingeld. Ein guter Geruch hebt die Stimmung, folgerten die Psychologen aus ihren Experimenten, und wer guter Laune ist, ist hilfsbereiter.

Sogar der Blick auf uns selbst wird von albernen Äußerlichkeiten beeinflusst. Das geht so weit, dass uns äußere Umstände darin beeinflussen, welche Charaktereigenschaften wir uns selbst zuschreiben. Zum Beispiel formt die Art unserer Kleidung unser Selbstbild – sogar dann, wenn wir sie nicht selbst ausgesucht haben, sondern sie nur deshalb tragen, weil wir dazu aufgefordert wurden oder weil wir gesellschaftlichen Konventionen entsprechen müssen. Das hat Bettina Hannover von der Freien Universität Berlin mit einfallsreichen Experimenten demonstriert. Sie hatte ihre Testpersonen mit erfundenen Gründen dazu gebracht, zu ihrer Studie entweder im Freizeitlook oder in formeller Kleidung zu erscheinen. Sobald die Probanden eintrafen, sollten sie ihre eigene Persönlichkeit beschreiben – und prompt nannten sich die formell gekleideten Personen besonders häufig »kultiviert« und »akkurat«, während die leger gekleideten sich eher als »easygoing« oder »tolerant« bezeichneten.

Und sehr wahrscheinlich stimmen diese Zuschreibungen sogar für diesen Moment. Kleider machen wirklich Leute: Wir verhalten uns lässiger, wenn wir lässige Kleidung anhaben, und wir benehmen uns zivilisierter im frisch gebügelten Anzug. Aber verstellen wir uns dann? Oder sind das nur Facetten eines Ichs, das eben nicht so festgelegt ist, wie man es zur eigenen Sicherheit und zur eigenen Gewissheit gerne hätte? »Menschen, die sich anders verhalten als sonst, gelten als unehrlich«, schreibt der Sozialpsychologe William Fleeson, oder ihr Verhalten gilt als ungesund. »Dabei leben wir erstaunlich selten im Einklang damit, wie es unsere Persönlichkeit vorsieht.« Wie wir uns verhalten und was für eine Person wir in einem Augenblick sind, hängt sogar mehr von diesem Augenblick ab als von den Eigenschaften, die wir zu besitzen glauben.

Typisch untypisch

Jeder Mensch hat Persönlichkeitsmerkmale, die sich mit Hilfe von Fragebögen recht sicher bestimmen lassen (*siehe Die Vermessung der Seele, S. 90*). Diese Merkmale sind auch über die Lebenszeit ziemlich stabil, wenn auch nicht so stabil, wie die Wissenschaft das lange dachte (*siehe Die Reifung der Persönlichkeit, S. 67*). Und doch verhalten wir uns die meiste Zeit des Tages gar nicht »typisch«, also nicht so, wie unsere Charaktereigenschaften es erwarten ließen. Zum Beispiel sind schlampige Menschen zwischendurch äußerst gewissenhaft und offene Menschen immer mal wieder zugeknöpft.

Das hat William Fleeson schon vor Jahren gezeigt. Damals bat er seine Studenten, drei Wochen lang fünf Mal am Tag aufzuschreiben, wie sie in den zurückliegenden Stunden denn so drauf waren. Was ihn damals wirklich erstaunte: Die Persönlichkeitsunterschiede, die ein und dieselbe Person im Laufe des Tages zeigte, waren fast genauso groß wie die Unterschiede zwischen verschiedenen Personen. Jeder Mensch sei »flexibel, dynamisch und reaktionsfähig«, folgerte der Psychologe und stürzte sich darauf, die Effekte genauer zu erforschen. Das brachte nicht weniger erstaunliche Erkenntnisse zutage.

Ein paar Jahre später konnte Fleeson dann nachweisen: Wie stark und wie oft man gegen seine Persönlichkeit handelt, richtet sich vor allem nach der jeweiligen Situation. Wieder sollten die Studenten, die an seinen Experimenten teilnahmen, mehrmals täglich aufschreiben, wie es ihnen kurz zuvor ergangen war. Von wie vielen Menschen warst du umgeben?, wurden sie gefragt. Wie viel Umgang hast du mit den anderen gepflegt? War das, was du getan hast, von dir selbst gewählt oder mehr von den anderen aufgedrückt? Wie sehr magst du die anderen, die da waren? Wie freundlich waren sie? Bevor die Studenten die Fragen beantworteten, hatten sie einen Persönlichkeitstest absolviert. So zeigte sich: Ihr wahres Verhalten und die Ergebnisse des Tests standen oft genug Spitz auf Knopf. »Die meiste Zeit verhalten sich Menschen ›out of character‹«, folgerte Fleeson – außerhalb ihres Charakters. Zum Beispiel werden selbst introvertierte Studenten in der Regel extrovertiert, wenn freundliche Menschen in ihrer Nähe sind. Gewissenhafte Menschen werden extrem effizient und lassen Fünfe auch mal gerade sein, wenn sie Aufgaben zu erledigen haben. Und besonders wenig verträgliche Zeitgenossen werden sympathischer, freundlicher und höflicher, wenn ihnen Menschen unfreundlich begegnen. In der Gegenwart freundlicher Menschen treten sie dagegen noch unsympathischer, rüder und unhöflicher auf als sonst.

Wenn aber schon unser Verhalten so beeinflussbar ist: Was ist dann eigentlich mit unseren Gefühlen? Sind die wenigstens echt-ehrlich-authentisch? Spirituelle Lehrer legen den Menschen nahe, sie müssten nur ihre eigenen Gedanken und Gefühle erforschen, in sich hineinhören, um sich selbst zu erkennen. Dabei werden wir ständig beeinflusst, sagt Sommers. »Selbst die Art, wie wir unsere eigenen Gefühle lesen, kann von einem Fremden auf der Straße diktiert werden.«

Das weiß die Wissenschaft eigentlich schon, seit zwei Forscher von der Columbia University, Stanley Schachter und Jerome Singer, 1962 ein wegweisendes Experiment durchführten. Die beiden Psychologen sagten ihren Probanden, dass an ihnen die Auswirkungen einer Substanz namens »Suproxin« auf ihre Sehfähigkeit getestet werden solle. In Wahrheit bekamen die Studienteilnehmer aber Adrenalin. Dessen Wirkung ist weithin bekannt: Das Stresshormon erhöht die Herzrate, die Atemfrequenz und den Blutdruck. Es bringt uns in den »Fliehe-oder-kämpfe«-Modus und macht uns, je nachdem, aggressiv oder euphorisch.

Nach der Injektion warteten die Männer auf ihren Sehtest und sollten derweil einen Fragebogen ausfüllen – und zwar einen mit ziemlich unverschämten Fragen, die nichts mit dem angeblichen Studienziel zu tun hatten. Oder welche Relevanz sollte es für die Erforschung des Sehvermögens haben, wenn man angeben sollte, welcher Verwandte am ehesten psychiatrische Betreuung brauche. Eine andere Frage war, auf welches Familienmitglied die Zuschreibung »badet oder wäscht sich nicht regelmäßig« am besten passt. Und die letzte Frage lautete: Mit wie vielen Männern (außer Ihrem Vater) hat Ihre Mutter außereheliche Beziehungen gehabt? Die möglichen Antworten: zehn oder mehr, fünf bis neun, vier oder weniger.

Bei dem dreisten Test waren die ahnungslosen Probanden aber nicht allein: Die Zeit im Wartezimmer verbrachten sie mit einem Mann, der – so sah es das Experiment vor – entweder hochaggressiv oder humorvoll-ausgelassen auf die Fragen reagierte. Und dieser Mann entschied letztlich darüber, wie die Probanden sich verhielten. Wenn ihr Counterpart über das Quiz schimpfte wie John McEnroe zu seinen besten Zeiten über die Linienrichter, dann zerrissen viele den Test und verließen wutschnaubend das Wartezimmer. Wenn der andere Proband über die Fragen lachte und mit dem Fragebogen ein Papierflugzeug bastelte, das er feixend durch die Luft gleiten ließ, waren auch sie ausgelassen.

»Selbst unsere eigenen Gefühlszustände sind also nicht so schablonenhaft, wie wir immer meinen«, sagt Sam Sommers. »Wenn der Körper physiologische Veränderungen wie die durch Adrenalin wahrnimmt, resultiert nicht automatisch die immer selbe Emotion daraus.« Vielmehr sehen wir uns um und schauen, was so in der Welt los ist, um diese körperlichen Veränderungen einzuordnen und um herauszufinden, welche der vielen emotionalen Möglichkeiten am besten in die Situation passt.

»Ich bin nicht ich, ich bin viele«, folgert daraus der Entwicklungspsychologe Werner Greve. »Ich bin viele Komponenten: Mein Denken, Fühlen, Handeln wird vielfach unterschiedlich reguliert.« Die drei Komponenten seien nicht einmal immer gut abgestimmt, fügt Greve seufzend hinzu. »Wir hören uns Dinge sagen, sehen uns Dinge tun, die wir nicht mögen, wir haben gemischte Gefühle. Wir sind oft uneins mit uns selbst.«

Das große Konstrukt

Wo ist es also, unser Ich, wenn uns Kleinigkeiten zumindest für den Moment zu einem anderen Charakter machen? Viele Menschen werden dem empört entgegenhalten, dass sie sehr wohl ein gutes Gespür für ihr eigenes Ich haben. Denn oft genug fühlen sie sich völlig im Einklang mit sich selbst, und umgekehrt ertappen sie sich mitunter dabei, wie sie sich verraten. Zweifelsohne erleben wir alle immer mal wieder, wie in uns das Gefühl aufsteigt, dass wir uns jetzt gerade verstellen, zum Beispiel weil wir unsere Prinzipien über Bord werfen. Dazu müssen wir gar nicht vor mächtigen Herrschern stehen, die uns unsere Überzeugungen rauben wollen, wie dies bei Luther, Sokrates und Jesus der Fall war. Es reicht auch, dass wir unsere Freude unterdrücken, um jemanden, der gerade Pech gehabt hat, nicht traurig zu machen. Dass wir unsere wahre Meinung über das Aussehen unseres Gegenübers zurückhalten. Oder dass wir unsere Wut kleinhalten, damit wir nicht die Stimmung in der ganzen Abteilung oder in der Familie herunterziehen.

Gewiss: Wir haben trotz aller Beschränktheit unseres Ichs in der Regel das Gefühl, authentisch zu handeln, und manchmal schämen wir uns auch für unser Verhalten und sind uns bewusst: Jetzt verbiegen wir uns aber gehörig, um bei unseren Vorgesetzten gut anzukommen oder den neuen Schwarm zu beeindrucken. Jeden Tag lassen sich Menschen auf faule Kompromisse ein, passen sich ins soziale Gefüge ein, indem sie Komplimente machen, sich in Hierarchien unterordnen oder einfach mal das tun, was alle tun. Schließlich gibt es ja auch noch die Höflichkeit und das soziale Miteinander.

Menschen erleben sich selbst aber gar nicht unbedingt als authentisch, wenn sie wild herumpöbeln, geradeheraus ihre Meinung sagen und sich ungehemmt über andere Menschen oder Situationen aufregen. Sondern? Das haben sich die beiden Sozialpsychologen Brian Goldman und der inzwischen verstorbene Michael Kernis viele Jahre lang gefragt. Am Ende haben sie einen Katalog des Authentisch-Seins herausgearbeitet. Demnach finden sich Menschen immer dann selbst authentisch, wenn sie ehrlich, reflektiert und unter Berücksichtigung ihrer Gefühle nach ihren Werten und Überzeugungen handeln und dabei auch noch wahrhaftig in ihren Beziehungen sind.

Wahrhaftig in der Beziehung, ehrlich und zugleich sozialverträglich – das kann sich manchmal heftig beißen, etwa wenn man von einer strahlenden Freundin nach seiner Meinung zu ihrem neuen Kleid gefragt wird, das man für einen furchtbaren Fehlgriff hält. Deshalb gehen Menschen meist einen Mittelweg zwischen entblößender Offenheit und einem gewissen Maß an Ehrlichkeit. Authentisch zu sein heißt, sich in dem Korridor, den die eigenen Überzeugungen und Werte bieten, an die erforderlichen Gegebenheiten anzupassen, sagt Roy Baumeister. Jahrelang hat der Sozialpsychologe das Selbstbewusstsein erforscht, weil er dachte, dass dies der Schlüssel zu einem psychisch gesunden Leben sei. Inzwischen sagt er: »Selbstbewusstsein ist wichtig, aber die größte menschliche Stärke ist die Selbstkontrolle.« Sie sei es schließlich, die einem Menschen das Leben in der Gemeinschaft erst ermögliche. Und die dabei helfe, die eigene Meinung, die Gedanken, die Gefühle und das eigene Auftreten so zu modulieren, dass ein gutes und gelingendes Leben möglich ist. Mit Selbstkontrolle lässt sich letztlich das ganze Leben so verändern, dass man es dank vernünftiger Ernährung und ausreichender Selbstfürsorge körperlich und psychisch gesund, freudig und im Einklang mit seinen eigenen Bedürfnissen und Überzeugungen leben kann.

Auch in der Wirtschaft ist nicht der erfolgreich, der authentisch ist, sondern der, der sich anpassen kann – wenngleich Manager gerne anderes behaupten. Es sind die sozialen Chamäleons, die eher befördert werden und mehr Geld verdienen. Auch sind sie die besseren Netzwerker, wie ein Team um den Netzwerk-Spezialisten Ajay Mehra zeigte. Als die Wissenschaftler des Gatton College of Business and Economics die Abläufe in einer Hightech-Firma mit 116 Mitarbeitern betrachteten, stellten sie fest: Wer die Gegebenheiten geschickt adaptierte, war im Unternehmensnetzwerk an zentralen, strategisch wichtigen Knotenpunkten beschäftigt. Wer sich selbst treu war, blieb tendenziell am Rand des Netzwerks.

Ob man sich authentisch findet, hat letztlich nur etwas mit einem selbst zu tun. Es ist ein Konstrukt, das im eigenen Kopf stattfindet. Jemand anders mag das, was wir für eine authentische Reaktion halten, mitunter als solche bewundern. Dann nämlich, wenn wir ganz offensichtlich gegen Widerstände bei unserer Meinung bleiben oder uns auch durch Lockmittel nicht von unseren Vorsätzen abbringen lassen. Aber mitunter hält ein Außenstehender unsere gelebte Authentizität auch einfach für eine Frechheit oder für blanken Starrsinn. Am Ende wissen nicht einmal wir selbst, ob wir gerade authentisch sind.

Lustigerweise empfinden Außenstehende einen anderen Menschen gar nicht dann als besonders authentisch, wenn er wirklich authentisch ist, sondern wenn er sich ihnen anpasst. Wenn sich unser Gegenüber so verhält, wie wir das erwarten, und möglichst noch in einem ähnlichen Tonfall spricht wie wir und sich in seiner Körpersprache der unseren angleicht, dann glauben wir ihm am ehesten. Hinreißend macht das der Gangster Otto im Film ›Ein Fisch namens Wanda‹ vor, als er das Vertrauen einer Aquariumbesitzerin gewinnt, indem er in den gleichen Singsang fällt wie sie. Wir finden also jene Menschen besonders sympathisch und authentisch, die uns gegenüber mit besonderem Talent eine Rolle spielen – oder, weniger negativ ausgedrückt, die am besten mit den von uns ausgesendeten Vibrations mitschwingen.

Aber auch das, was wir selbst an uns für authentisch halten, wird dem Anspruch nicht unbedingt gerecht. Authentisch zu sein heißt nicht, »man selbst« zu sein. Wir finden uns nämlich gar nicht besonders authentisch, wenn wir uns so verhalten, wie es unsere Persönlichkeit eigentlich erwarten ließe. Ein Fragebogentest mag uns als introvertiert oder offen beschreiben, doch wir glauben dann besonders authentisch zu sein, wenn wir ganz andere Verhaltensweisen an den Tag legen. Auch das hat William Fleeson mit seinem Team herausgefunden. Seine Probanden sahen ihr Verhalten immer dann als authentisch an, wenn sie freundlich, extrovertiert, gewissenhaft, emotional stabil und interessiert waren – also all jene Charakterzüge präsentierten, die in unserer Gesellschaft besonders hoch angesehen sind. Das war ganz unabhängig davon, wie ihre Persönlichkeit eigentlich war. So fühlte sich jemand nicht nur wohler, sondern auch authentischer, wenn er auf einer Party mit vielen Menschen ins Gespräch kam, obwohl er eigentlich schüchtern war – und sich auch selbst so beschrieb. Die Erklärung dafür steht noch aus. Sicher aber ist: Wer über diese fünf Charakterzüge verfügt, ist in seiner Autonomie gestärkt. Möglich, dass dadurch das Gefühl der Authentizität befördert wird, meint Fleeson.

Es ist kaum zu glauben, aber ein und derselbe Mensch kann sich sogar mit einander widersprechenden Verhaltensweisen sehr authentisch fühlen. So treten wir in der Regel in verschiedenen sozialen Rollen ganz unterschiedlich auf, wie der New Yorker Psychologe Kennon Sheldon herausgearbeitet hat. Er bat Studenten, die neben ihrem Studium jobbten, sich einmal in ihre verschiedenen Rollen zu versetzen und sich dann selbst zu beschreiben. Schließlich war jeder von ihnen Student und Angestellter. Aber jeder war auch Kind seiner Eltern sowie mehreren Menschen ein

Freund, und die meisten waren zudem Partner in einer Liebesbeziehung. Je nachdem, an welche Rolle sie gerade dachten, beschrieben sich die Studenten höchst unterschiedlich. So gaben sie sich als Freund besonders extrovertiert, als Student waren sie am neurotischsten, als Arbeitnehmer ragten ihre Gewissenhaftigkeit und Verlässlichkeit heraus. Offen für Neues waren sie vor allem, wenn es um ihre Liebesbeziehung ging, und sozialverträglich am wenigsten in der Rolle des Kindes. Und dabei fanden sie sich in allen Rollen … total authentisch.

Das Ich als Lotse

Aber auch wenn wir uns mit unserer Vorstellung vom eigenen Ich täuschen: Es hilft uns in unserem Alltag sehr, deshalb ist es nur logisch, dass wir uns ein Ich konstruieren. Denn zweifelsohne tragen uns Prinzipien und Überzeugungen durchs Leben. Sie helfen uns dabei, die Welt übersichtlicher zu machen und jeden Tag Hunderte kleine Entscheidungen zu treffen. Dem Homo sapiens 2.0 mit seinem ständig griffbereiten Smartphone machen seine mannigfachen Informationsmöglichkeiten sowieso gerade schwer zu schaffen. Schließlich erzwingt selbst ein Einkauf im Supermarkt unzählige dialektische Diskurse: Avocados … besonders gesund, sind ja so reich an ungesättigten Fettsäuren, noch dazu an gebogenen! Aber ökologisch … eine Katastrophe wegen des vielen Wassers, das bei ihrem Anbau in eigentlich trockenen Ländern verbraucht wird, in denen dadurch der Grundwasserspiegel immer weiter sinkt. Was nur ist zu tun, wenn man im Supermarkt vorm Gemüseregal ruft: »Hier stehe ich!«, aber dieses Ich sowohl gesundheitsbewusst als auch umweltbewusst ist und man deshalb keine Ahnung hat, was man jetzt nicht anders können soll – eine Avocado kaufen oder nicht.

Wer Prinzipien hat, die ihm in schwierigen Situationen klare Handlungsanweisungen geben, hat es leichter im Leben. Das bereitet ihm ein Gefühl von Frieden und Zugehörigkeit und stiftet Sinn. Ein authentischer Mensch ist somit vielleicht nicht unbedingt im Einklang mit dem, wie Gott oder die Genetik ihn einst schuf. Aber er glaubt das. Und das schafft viele innere Konflikte und Selbstzweifel aus dem Weg.

In jedem Fall gilt: Seinen Überzeugungen zu folgen und seinem Handeln einen Sinn zu geben, ist ausgesprochen wohltuend. So macht gefühlte Authentizität zufrieden, und verleiht einem Resilienz, die verheißungsvolle psychische Widerstandskraft. All das ist wichtig für die seelische Gesundheit. Deshalb ist es bei aller Fragwürdigkeit der Authentizität gut für die Seele, authentisch zu handeln – beziehungsweise dem zu folgen, was wir für authentisches Handeln halten. »Authentische Menschen sind psychisch stabiler«, stellten schon Kernis und Goldman fest.

Überrascht es da, dass authentische Menschen auch eher ihre Ziele erreichen, weniger depressiv sind und weniger Stress und Probleme in ihrem Leben wahrnehmen? Insofern muss man gar kein Philosoph wie Sören Kierkegaard sein, um das Authentisch-Sein zu empfehlen. Kenntnisse moderner Psychologie reichen aus.

Nicht so gut ist Authentizität nur in einem Fall: wenn sie dazu benutzt wird, sich nicht verändern zu müssen. »Ich bin eben so« – diesen Satz hören Ehepartner genauso häufig wie Psychotherapeuten, wenn diese ihre Patienten dazu anregen wollen, ihre mentalen Einstellungen oder Verhaltensweisen einmal zu überdenken. Viele Patienten nutzen ihre vermeintliche Authentizität als Schutzwall, wenn sie hören, dass es vielleicht hilfreich wäre, Probleme künftig direkt anzusprechen, negative Ereignisse nicht immer auf sich selbst zu beziehen oder in einer Veränderung auch mal etwas Positives zu sehen. Die Authentizität ist dann jedoch meist vorgeschoben.

Was die positiven Auswirkungen der Authentizität betrifft, ist allerdings eines noch unklar: Was begründet hier eigentlich was? Verfügen Menschen, die sich selbst als authentisch empfinden, über all diese erstrebenswerten Vorzüge, weil sie im Einklang mit ihren Überzeugungen leben? Oder sind sie authentisch, weil sie diese Eigenschaften besitzen? Das ist bis heute ungeklärt. Jedenfalls brauchen authentische Menschen in der Regel ein ausreichend großes Selbstwertgefühl, das es ihnen erlaubt, zu ihren Schwächen und Beschränktheiten zu stehen – sonst würden sie sich das Authentisch-Sein wohl nicht trauen. Und außerdem ist es gut möglich, dass widerstandsfähige, zufriedene und weniger gestresste Menschen es einfach leichter mit der Authentizität haben. Sie können schließlich mit Energie und Selbstbewusstsein ihre Ziele verfolgen und laut rufen: Hier stehe ich, ich tue dies, weil es meiner Überzeugung entspricht!

Authentizität könnte somit – von einem breiten Kreuz getragen – einfach eine Erfindung eines selbstbewussten Gehirns sein. Und all jene, die über dieses Selbstbewusstsein nicht verfügen, hadern damit und empfinden eine quälende Leere, wo andere mit ihren Prinzipien klare Lotsen im Leben haben. »Wir glauben nur, dass wir ein Kern-Selbst haben«, schreibt der Sozialpsychologe Mark Leary in seinem Buch ›The Curse of the Self‹ (Der Fluch des Selbst), »und dem wollen wir entsprechen.« Nur wer das nicht zu schaffen glaubt, leide an »dieser eingebildeten Unauthentizität«.

Wandel gehört zu unserem Wesen

Nun ist das Ich reichlich erschüttert worden. Psychologen wollen es uns stehlen oder es zumindest in zahlreiche Facetten aufspalten wie das Auge einer Fliege. Auch wenn der Gedanke ungewohnt ist, künftig ohne ein stabiles Ich durch die Welt laufen zu müssen: Das muss uns gar nicht betrüben. Es bedeutet keineswegs, dass wir alle schreckliche Lügner und Betrüger wären. Nur weil unser Wesen im Fluss ist, werden wir uns nicht untreu, denn der Wandel gehört zu unserem Wesen dazu, er ist keine künstliche Rolle, kein fremdes Mäntelchen, das wir uns umlegen. Das ist die eigentliche, wichtige Botschaft: Ein sich wandelndes Ich ist nicht negativ. Veränderung bedeutet schließlich vor allem, dass man seine Persönlichkeit entwickeln kann. Und darin liegen Chancen.

Sam Sommers jedenfalls findet die neuen Erkenntnisse prima: »Ich finde es erfrischend festzustellen, dass man kein fertiges Produkt ist«, sagt der Psychologe. Dass derjenige, der man im Hier und Jetzt ist, »nicht unbedingt dieselbe Person ist wie der, der man im Dann und Dort sein wird«. Was will man denn auch mit seinen alten Prinzipien, wenn die Welt eine andere geworden ist? Ein flexibles Selbst hilft uns dabei, uns in einer sich verändernden Umwelt anzupassen, damit wir handlungsfähig bleiben.

Abgeklärt und ironisch fragt Fritz Breithaupt daher, ob es sich nicht ohne Ich sowieso viel besser lebe. Dann müsse man auch nicht ständig der Selbstdarstellung verfallen und seine Erfolge präsentieren. »Hält man sich den Aufwand und nicht zuletzt die Investitionen vor Augen, stellt sich die Frage, ob sich so ein Ich wirklich lohnt«, so Breithaupt, »man darf sich ernsthaft fragen, ob es Alternativen gibt.« Menschen könnten verschiedene Formen der Existenz austesten, schlägt der Kognitionswissenschaftler vor, jenseits von fester Identität, Individualität und Ich-Kontrolle. Niemand hindere einen heute schließlich daran, seine religiösen, beruflichen, sexuellen, freundschaftlichen Neigungen von einem Tag auf den anderen zu wechseln und sich immer wieder neu zu erproben.

Die neue Generation hat das längst erkannt. Junge Menschen erschaffen sich jede Menge verschiedener Identitäten und fühlen sich wahrscheinlich in den meisten davon durchaus authentisch. Mit Hilfe von Tik Tok, Facebook, Youtube und Plastischer Chirurgie erstellen sie sich immer wieder ein neues Selbst – und wenn es sein muss auch 20 im Jahr, statt wie bisher alle 20 Jahre ein neues. Manche Jugendlichen nehmen in den sozialen Medien sogar mehrere Identitäten auf einmal an. Da sind sie mal als ruppiger Outlaw zu sehen, mal mit Hundewelpen auf dem Reiterhof und mal als Pop-Sternchen im knappen Mini. Je nachdem, mit wem sie es gerade zu tun haben, geben sie sich eine passende Identität. Hier bin ich – und kann jeden Tag anders, so scheint die neue Devise zu lauten.

Die Medienwissenschaftlerin Sherry Turkle, immerhin selbst Jahrgang 1948, will das gar nicht bewerten. »Es gibt dabei gute und schlechte Nachrichten«, schreibt sie in ihrem Buch ›Life on the Screen – Identity in the Age of the Internet‹ (Leben auf dem Bildschirm – Identität im Zeitalter des Internets). »Jedes Mal, wenn wir uns selbst in einem dieser Räume präsentieren, lernen wir etwas Neues über uns selbst, weil jeder dieser Räume ein Ort ist, an dem wir einen anderen Aspekt von uns zeigen.« Auf die Art sei die Schaffung multipler Identitäten eine Art Selbstreflexion. Turkle geht davon aus, dass es künftig die Norm sein wird, »von unserem Selbst als etwas Multiplem zu denken«. Ist das ein Problem, womöglich eine Krankheit? Nein, meint Turkle, Psychologen würden schließlich mehr und mehr erkennen, dass darin eine tiefe Wahrheit liege.

Wenn wir den Gedanken zulassen, wissen wir auch selbst, dass wir mehrere, sogar widerstreitende Ichs haben. Letztlich sei unser Gehirn ein Team von rivalisierenden Gegenspielern, sagt David Eagleman. »Es besteht aus konkurrierenden, parallelen Untersystemen.« Und es trägt sogar ständig innere Konflikte aus. Deshalb kann unser Gehirn zwei oder mehr Standpunkte gleichzeitig vertreten. Deshalb können wir uns über uns selbst ärgern. Wir können uns selbst Vorwürfe machen. Und sogar mit uns selbst in Verhandlungen treten. Dann sagt das Kontroll-Ich dem Faulenzer-Ich: Wenn du jetzt zwei Stunden fleißig arbeitest, dann darfst du eine halbe Stunde Pause machen und endlich den ersehnten Kaffee trinken. Für Sherry Turkle gibt es deshalb ein neues Ziel im Leben – fern von der alten Selbstfindung und Selbstverwirklichung. Wir sollten lernen, die vielen Aspekte unseres Selbst willkommen zu heißen und uns geschmeidig zwischen ihnen hin und her zu bewegen.

Test: Wie authentisch bin ich?

> »Der Mensch ist das Wesen,
> das wissen will, was oder wer es ist.«
> *Markus Gabriel*

»Ganz man selbst« zu sein, das ist zwar mehr eine Illusion als eine Tatsache. Aber trotzdem muss man feststellen: Menschen, die davon überzeugt sind, dass sie authentisch handeln, sind klar im Vorteil. Sie müssen sich gar nicht erst den Kopf darüber zerbrechen, ob sie sich vielleicht doch besser anders verhalten sollten, sie müssen sich nicht zwischen unterschiedlichen Wertvorstellungen zerreiben, und am Ende sind sie in der Regel zufrieden mit sich. Sie konnten ja schließlich nicht anders. So kommt es, dass Menschen, die sich selbst für authentisch halten, sogar psychisch gesünder sind – auch wenn es mit ihrer wahren Authentizität gar nicht so weit her ist. Deshalb ist es durchaus erstrebenswert, nach der eigenen Überzeugung authentisch zu sein. Und deshalb ist es auch gut zu wissen, wie es bei einem selbst darum steht.

Um die gefühlte Authentizität eines Menschen zu testen, verwenden Psychologen in der Regel den Test »Authenticity Inventory 3«, der von den beiden Sozialpsychologen Brian Goldman von der Clayton State University und Michael Kernis von der University of Georgia entwickelt wurde. Diesen Test kann man auch zu Hause machen, wenn man wissen will, wie hoch die eigene Authentizitätsüberzeugung eigentlich ist. Dazu muss man nur ein paar wenigen Anweisungen folgen.

▷ Unten finden Sie 45 Aussagen. Mit manchen werden Sie sehr einverstanden sein, von anderen werden Sie denken, dass sie überhaupt nicht auf Sie zutreffen.

▷ Nutzen Sie die Skala von 1 bis 5, um den Grad Ihrer Zustimmung oder Ablehnung auszudrücken, und schreiben Sie die zutreffende Zahl in das Kästchen vor die entsprechende Aussage.

▷ Es gibt keine richtigen und falschen Antworten, seien Sie offen und ehrlich in Ihrer Einschätzung. Nur so können Sie ein verlässliches Ergebnis erhalten.

Die 5-Punkte-Skala:

1 = Ich stimme überhaupt nicht zu.
2 = Ich stimme nicht zu.
3 = Ich stimme weder zu noch bin ich anderer Meinung.
4 = Ich stimme zu.
5 = Ich stimme stark zu.

Die 45 Aussagen:

01. Mich verwirren meine Gefühle häufig.
02. Ich gebe häufig vor, etwas zu genießen, wenn ich das in Wirklichkeit nicht tue.
03. Was auch immer geschieht: Ich bin mir bewusst, wer ich wirklich bin.
04. Ich weiß, warum ich die Dinge glaube, die ich über mich denke.
05. Ich möchte, dass Menschen, die mir nahestehen, meine Stärken erkennen.
06. Ich versuche aktiv zu verstehen, welche Aspekte meines Selbst mein wahres Selbst formen.
07. Ich fühle mich sehr unwohl dabei, geradeheraus an meine Grenzen und Defizite zu denken.
08. Ich war häufig still oder habe mit dem Kopf genickt, um Zustimmung zu einer Äußerung eines anderen zu vermitteln, obwohl ich eigentlich ganz anderer Meinung war.
09. Ich weiß sehr gut, warum ich die Dinge tue, die ich tue.
10. Ich bin bereit, mich für andere zu ändern, wenn die Gegenleistung erstrebenswert genug ist.
11. Ich finde es leicht vorzutäuschen, anders zu sein, als ich es in Wirklichkeit bin.
12. Ich möchte, dass Menschen, mit denen ich vertraut bin, sich über meine Schwächen im Klaren sind.

13. 2 Ich finde es sehr schwierig, mich selbst kritisch einzuschätzen.
14. 1 Ich bin nicht im Kontakt mit meinen tiefsten Gedanken und Gefühlen.
15. 3 Ich lege Wert darauf, mir nahestehenden Menschen gegenüber auszudrücken, wie sehr ich sie mag.
16. 2 Ich habe tendenziell Schwierigkeiten damit, meine persönlichen Fehler zu akzeptieren, deshalb versuche ich sie in einem etwas positiveren Licht erscheinen zu lassen.
17. 1 Ich neige dazu, nahestehende Personen zu idealisieren, statt sie so zu sehen, wie sie wirklich sind.
18. 4 Wenn sie gefragt werden, können Menschen, denen ich nahestehe, zutreffend beschreiben, was ich für eine Person bin.
19. 1 Ich ziehe es vor, meine dunkelsten Gedanken und Gefühle zu ignorieren.
20. 4 Ich bin mir dessen bewusst, wenn ich nicht ich selbst bin.
21. 2 Ich bin in der Lage, jene Aspekte meines Selbst, die für mein wahres Selbst wichtig sind, von solchen zu unterscheiden, die unwichtig sind.
22. 3 Menschen, die mir nahestehen, wären geschockt oder überrascht, wenn sie herausfinden würden, was ich für mich behalte.
23. 4 Es ist mir wichtig, die Bedürfnisse und Wünsche der Menschen zu begreifen, die mir nahestehen.
24. 5 Ich möchte, dass mir nahestehende Menschen mein wahres Ich verstehen und nicht nur meine öffentliche Persona oder mein »Image«.
25. 4 Ich versuche in einer Art und Weise zu handeln, die mit meinen persönlichen Werten übereinstimmt, auch wenn andere mich dafür kritisieren oder ablehnen.

26. 3 Wenn ein Vertrauter und ich eine Meinungsverschiedenheit haben, würde ich das eher ignorieren als konstruktiv daran zu arbeiten.
27. 3 Ich habe häufig Dinge getan, die ich nicht tun wollte, nur um Menschen nicht zu enttäuschen.
28. 4 Ich finde, dass mein Verhalten meine Werte üblicherweise zum Ausdruck bringt.
29. 5 Ich versuche aktiv, mich selbst so gut wie möglich zu verstehen.
30. 2 Ich fühle mich lieber gut mit mir selbst, als dass ich wirklich meine persönlichen Grenzen und Defizite ergründe.
31. 3 Ich finde, dass ich mit meinem Verhalten üblicherweise meine persönlichen Bedürfnisse und Wünsche zum Ausdruck bringe.
32. 3 Ich setze selten, falls überhaupt jemals, ein »falsches Lächeln« für andere auf.
33. 3 Ich verwende viel Energie darauf, Ziele zu verfolgen, die sehr wichtig für andere Menschen sind, obwohl sie unwichtig für mich sind.
34. 2 Ich weiß häufig nicht, was wichtig für mich ist.
35. 1 Ich versuche alle unangenehmen Gefühle über mich selbst zu verdrängen.
36. 4 Ich frage mich häufig, ob ich wirklich weiß, was ich in meinem Leben erreichen möchte.
37. 3 Ich finde häufig, dass ich übermäßig kritisch mit mir selbst bin.
38. 3 Ich bin mir meiner Motive und Wünsche bewusst.
39. 4 Ich wehre häufig Komplimente ab, die ich erhalte.
40. 4 Insgesamt ist es mir wichtig, dass Menschen, denen ich nahestehe, begreifen, wer ich wirklich bin.
41. 2 Ich finde es schwierig, mich über die Dinge zu freuen, die ich erreicht habe.

42. 3 Wenn jemand auf eins meiner Defizite hinweist, versuche ich das schnell aus meinem Kopf zu bekommen und es zu vergessen.
43. 3 Die Menschen, denen ich nahestehe, können darauf zählen, dass ich bin, wer ich bin, egal in welcher Situation wir uns gerade befinden.
44. 5 Meine Offenheit und Ehrlichkeit in engen Beziehungen sind sehr wichtig für mich.
45. 4 Ich bin bereit, die negativen Konsequenzen zu tragen, wenn ich meine wahren Überzeugungen ausdrücke.

Auswertung:

▷ Geben Sie sich bei folgenden Fragen jeweils so viele Punkte, wie Sie in die Lücke geschrieben haben: 2, 3, 4, 5, 6, 9, 12, 15, 18, 20, 21, 23, 24, 25, 28, 29, 31, 32, 38, 40, 43, 44, 45.

▷ Bei folgenden Fragen müssen Sie die Bewertung umdrehen: Aus einer 1 werden 5 Punkte, aus einer 2 werden 4 Punkte, aus einer 4 werden 2 Punkte und aus einer 5 wird 1 Punkt. Eine 3 steht für 3 Punkte: 1, 7, 8, 10, 11, 13, 14, 16, 17, 19, 22, 26, 27, 30, 33, 34, 35, 36, 37, 39, 41, 42.

▷ Addieren Sie dann die Punkte. Je mehr Punkte Sie haben, desto authentischer sind Sie. Der ursprüngliche Test von Kernis und Goldman sieht darüber hinaus keine detailliertere Auswertung vor. Die Ergebnisse lassen sich aber wie folgt interpretieren:

151 bis 225 Punkte: Sie sind sehr authentisch.
Wer eine so hohe Punktzahl erreicht, handelt in den meisten Situationen nach den Leitbildern, die sein Leben bestimmen. Natürlich passen Sie sich auch mal an, aber Sie sind grundsätzlich bereit, für Ihre Ideale einzustehen, auch wenn Sie dafür Nachteile in Kauf nehmen müssen. Sie haben aber nicht nur klare Wertvorstellungen, Sie sind auch mit sich selbst in gutem Kontakt. Sie kennen Ihre Bedürfnisse und Wünsche und möchten, dass Ihre Freunde und Angehörigen diese ebenfalls kennen und beherzigen.

76 bis 150 Punkte: Sie sind durchschnittlich authentisch.
Sie folgen zwar häufig Ihrem Gewissen, aber oft genug passen Sie sich auch an. Das kommt ganz auf die Umstände an. Manchmal ist es Ihnen eben wichtig, Ihre Prinzipien zu befolgen; oft genug können Sie aber auch gut Fünfe gerade sein lassen. Ständige Reibereien sind schließlich anstrengend und nicht gerade karrierefördernd. Da muss man nicht jedes Mal gegen Widerstände auf dem eigenen Standpunkt beharren. Außerdem ändert sich Ihre Meinung oft genug. Was Ihnen gestern wichtig war, muss heute nicht mehr gelten. Sie sind eben flexibel.

1 bis 75 Punkte: Sie sind wenig authentisch.
Werte? Moralvorstellungen? Leitbilder? Das halten Sie alles für ziemlich überkommen. Statt einem stabilen persönlichen Kompass zu folgen, richten Sie Ihren Kurs ganz bewusst immer neu aus. Ihnen ist schließlich daran gelegen, möglichst reibungsfrei durchs Leben zu kommen. Dabei ist es für Sie nicht so wichtig, in jeder Situation Ihren Kopf durchzusetzen. Sie passen sich gerne an, wenn Sie glauben, damit weiterzukommen. Ihr Herz tragen Sie auch im

Privaten nicht auf der Zunge. Ihre Freunde und Verwandten müssen schließlich nicht alles über Sie wissen – ohnehin gibt es genug, was Sie selbst gar nicht über sich wissen wollen.

Die Reifung der Persönlichkeit

»Wir sind die Summe unserer Entscheidungen.«
Albert Camus

Angeblich ändern wir uns also dauernd: Aber hat das letzte Klassentreffen nicht wieder an den Tag gebracht, wie sehr wir uns doch treu bleiben? Jörn war witzig wie immer, Anja plapperte genauso fröhlich, wie man sie seit der gemeinsamen Schulzeit kennt, und Karl-Heinz war auf den ersten Blick als der Karl-Heinz von damals zu identifizieren mit seiner ausladenden Gestik und seinem Schalk im Gesicht, auch wenn er in den 30 Jahren seit dem gemeinsamen Abitur wohl einen halben Zentner an Körpergewicht zugelegt und schätzungsweise ein paar hundert Gramm an Haaren verloren hat. Wieder einmal bestätigte sich für alle, die zu der Feier gekommen waren, wie stabil die Persönlichkeit eines Menschen ist. Wir sind, wer wir sind, dachte man und erfreute sich an der alten Vertrautheit, der Mensch ändert sich eben nicht so leicht. Nicht einmal, wenn zwischendrin drei Jahrzehnte vergehen.

Aber weiß man es nicht eigentlich besser, wenn man ehrlich mit sich ist? Hat man seit der Schulzeit nicht, zum Teil durchaus schmerzlich, zum Teil aber auch zur eigenen Erleichterung, viel von jener Persönlichkeit verloren, die man zu Abiturzeiten noch war? Man vermisst womöglich manche Charaktereigenschaften, die einem abhandengekommen sind – die Leutseligkeit vielleicht, den Entdeckerdrang. Und zugleich ist man gottfroh, dass man anderes endlich los ist – die ständige Selbstkritik etwa oder den allzu naiven Blick auf die Welt. Die einst so ausgeprägte Gewissenhaftigkeit, so muss man einräumen, ist doch ein Stück weit in den Hintergrund getreten, seit man einfach zu viel zu tun hat, um noch alles mit der Zuverlässigkeit, Akkuratesse und Pünktlichkeit zu schaffen, wie es einem früher Freude bereitet hat. Schließlich hat man in der Zwischenzeit bei der einen oder anderen Gelegenheit festgestellt, dass man auch mit Unpünktlichkeit ganz gut durchs Leben kommt und hat deshalb einiges Laissez-faire in seinen Alltag einziehen lassen. Oder vielleicht schafft man es umgekehrt auch – ganz anders als zu Schulzeiten –, seine Aufgaben endlich nach Plan zu erledigen, weil die Arbeit einem viel besser gefällt als einst Geschichte, Geografie und Physik?

Und doch, trotz aller Veränderungen, werden die anderen das über einen gedacht haben, was bei einem Klassentreffen fast jeder über den anderen denkt: »Genau! Das ist die Person, die ich kenne. Genau so ist sie. Genau so ist sie immer gewesen. Der Mensch bleibt sich eben treu.« Und wieder einmal hat sich bei diesem Wiedersehen die Überzeugung gefestigt: Menschen ändern sich eher wenig, wenn überhaupt.

Bis vor einigen Jahren dachte das selbst die Fachwelt. Wissenschaftler gingen davon aus, dass die Persönlichkeit eines Menschen ausgesprochen stabil ist. Die Faustregel lautete: Bis zum 30. Geburtstag entwickelt sich der Charakter noch, danach ist es im Prinzip vorbei, da ist die Persönlichkeit geformt. Man bleibt der, der man ist.

Was für ein Trugschluss! Menschen wandeln sich sehr wohl, und zwar oft genug, wie das Beispiel Niels Birbaumer zeigt, sogar drastisch – und das selbst in hohem Alter noch. »Es klingt ein bisschen so, als könnten Leoparden ihre Flecken verändern, aber es funktioniert wirklich«, sagt Chris Boyce von der University of Manchester. »Unsere Persönlichkeit kann sich mit der Zeit ändern, und sie tut es auch.«

Aber weshalb scheinen die Klassentreffen dann das Gegenteil zu zeigen? »Man fällt bei solchen Zusammenkünften schnell in die alte Rolle zurück«, erklärt die Persönlichkeitspsychologin Jule Specht. »Dann ist man wieder der Klassenclown, der Streber oder die Ordentliche.« Die Rolle, die man in der Klasse gespielt hat, ist das verbindende Element zu den Menschen von damals, sie stärkt die gemeinsame Erinnerung, das Vertrautsein, den Ausflug in die eigene Jugend – also all das, was bei Klassentreffen gepflegt wird. Deshalb schlüpft man willig in diese Rolle, auch wenn man sie in Wahrheit großenteils längst abgelegt hat. »Wenn ich auf einem solchen Treffen bin, fallen mir sogar die Witze ein, die ich 30 Jahre lang nicht erzählt habe«, sagt Werner Greve. Zugleich nehmen die anderen, die sich ebenfalls nach der alten Vertrautheit sehnen, die ihnen heimeligen Eigenschaften besonders wahr. Sie erfreuen sich an allem, was ihnen wohlbekannt erscheint, während sie die Veränderungen, die ein alter Bekannter in den vergangenen Jahren durchgemacht hat, zugunsten des innigen Miteinanders gerne übersehen.

Dabei sind diese Veränderungen zahlreich, und sie geschehen kontinuierlich. »Es gibt keinen Schlusspunkt, an dem die Entwicklung der Persönlichkeit fertig ist«, sagt Werner Greve. Fast jeder Mensch ändert sein Wesen zumindest ein Stück weit im Laufe seines Lebens noch, auch nach dem Erwachsenwerden. Einzelne durchlaufen sogar große, nahezu umwälzende Wandlungen. »Das Veränderungspotenzial unserer Psyche ist sowohl kognitiv wie auch emotional immens«, sagt die Alternsforscherin und

Entwicklungspsychologin Ursula Staudinger vom International Longevity Center an der Columbia University.

Der Psychiater Hans-Ludwig Kröber weiß das aus eigenem Erleben. Er ist ein erfahrener Gerichtsgutachter, der bis zu seiner Emeritierung zwanzig Jahre lang Direktor des Instituts für Forensische Psychiatrie in Berlin war. Dort baute er eine Ambulanz auf, wo Hochrisikotäter nach ihrer Entlassung betreut werden. Das große Ziel: Menschen, die über lange Zeit als hochgefährlich für andere Menschen galten, wieder in die Gesellschaft zu integrieren. Dass kriminell bleibt, wer einmal kriminell geworden ist? Das, so meint Kröber, gelte nicht einmal zwingend für vielfache Mörder. »Der Justiz geht es oft nur noch um Sicherheit«, bemängelt der Psychiater, »sie sucht nach dem letzten Restrisiko.« Dabei gehe der Blick darauf verloren, welche Ressourcen auch Straftäter haben, sich zu ändern. Wenn ihr Umfeld ein anderes wird, wenn die negativen Einflüsse ihrer Gangs oder ihres Elternhauses zurückgedrängt werden und wenn sie Anerkennung plötzlich für positives Betragen erhalten, dann kann ihre Bereitschaft zu Gewalt und Grenzüberschreitung schwinden, während Gewissenhaftigkeit und Verträglichkeit hervortreten. Auch im Strafvollzug gibt es mitunter biblisch anmutende Verwandlungen wie die vom Saulus zum Paulus.

Insgesamt gilt: Veränderungen der Persönlichkeit sind weitaus häufiger und drastischer, als man das gemeinhin annimmt. Wissenschaftler berichten von mitunter bizarren Wandlungen, wie etwa der des Briten Christopher Birch, der nach einem Schlaganfall vom konservativen Bankkaufmann zum schwulen Frisör wurde. Bekannt ist auch, dass der Tennisspieler André Agassi einst regelmäßig Tobsuchtsanfälle auf dem Tennisplatz bekam und eher schwierig zu handhaben war, bis er Steffi Graf heiratete. Seither führt er ein unauffälliges Leben als Familienvater in der Wüste von

Nevada und unterstützt mit seiner wohltätigen Stiftung den Bau von Schulen, die Kindern aus sozial schwachen Familien eine Chance geben, sich aufs College vorzubereiten. Und dann ist da noch der bekannte Mathematikprofessor Harald Lesch, der von sich selbst erzählt, dass er einst ein eher unterbegabter Nachhilfeschüler war. Erst als er durch einen Fahrradunfall einen Schädelbasisbruch erlitt, entwickelte er demnach die Hochbegabung, die ihn zum erfolgreichen Mathematiker und Wissenschaftskommunikator machte (*siehe Erstaunliche Einflüsse, S. 148*).

Solche extremen Wandlungen wie die von Birch, Agassi und Lesch mögen aufsehenerregend selten sein, aber deutliche Veränderungen sind häufig: Manche Leute verändern ihre Eigenarten so schnell und so umfassend, dass sie sich binnen weniger Jahre einem anderen der drei Typen zuordnen lassen, die die moderne Persönlichkeitspsychologie unterscheidet (*siehe unten*). Und kleinere Entwicklungen der Persönlichkeit sind sogar die Regel. Fast alle Menschen durchlaufen sie.

Wie man die Persönlichkeit bestimmt

Aus den extremen Lebensgeschichten kann auch der Laie die Veränderung der Persönlichkeit herauslesen. Doch wenn Wissenschaftler genauer wissen wollen, wie es um die Wandlungsfähigkeit von Menschen bestellt ist, brauchen sie verlässliche Methoden, die auch feinere Abweichungen erfassen. Wie so oft in der Psychologie verwenden sie dazu meist Fragebögen. Erst in jüngerer Zeit nutzen Psychologen zunehmend das, was Menschen der Öffentlichkeit unbewusst von sich verraten – indem sie zum Beispiel bei Facebook oder Instagram ihre Meinung über Nachrichten, Fotos und Mitteilungen kundtun, indem sie sie »liken«. Aus nur wenigen solcher Likes lassen sich mitunter erstaunliche Schlüsse ziehen (*siehe Die Vermessung der Seele, S. 90*). Doch in der Regel gilt: Wer die Seele eines Menschen genauer charakterisieren will, muss ihn oder sein Umfeld fragen, wie sich dieser Mensch verhält, wie er denkt und was er fühlt. Denn in unserem Denken, Fühlen und Verhalten sind unsere Unterschiedlichkeit und damit unsere Persönlichkeit verborgen.

Nun könnte man natürlich zur Beschreibung einer Person schier unendlich viele Ausdrücke benutzen – Tausende, um genau zu sein. Doch amerikanische Wissenschaftler haben schon in den 1930er-Jahren herausgefunden, dass sich die 17 953 Begriffe, die sie in englischen Wörterbüchern zur Charakterisierung von Menschen fanden, letztlich auf 4504 Adjektive reduzieren ließen. Andere Psychologen schrumpften die Liste weiter, weil sie der Meinung waren, dass zum Beispiel Eigenschaften wie »verständnisvoll« und »gutmütig« auch mit dem Begriff »verträglich« beschrieben werden können. So zeigte sich schließlich, dass sich die Wörter, mit denen Menschen über Menschen sprechen, auf fünf Gruppen aufteilen lassen. Es entstand das Modell der »Big Five« – der fünf Dimensionen, die die Persönlichkeit eines jeden Menschen hat (*siehe S. 88*).

Diese fünf Dimensionen, zu denen die Offenheit für Erfahrungen (die Aufgeschlossenheit also), die Gewissenhaftigkeit (Zuverlässigkeit, Verlässlichkeit), die Extraversion (Geselligkeit), die Verträglichkeit (Rücksichtnahme, Kooperationsbereitschaft, Empathie) und der Neurotizismus (die emotionale Labilität und Verletzlichkeit) gehören, werden etwa seit den 1990er-Jahren in der Fachwelt breit anerkannt. Ein Wissenschaftlerteam um Samuel Gosling und Oliver John aus den USA hat inzwischen sogar nachgewiesen, dass sich das Modell der »Big Five« auch auf Hunde anwenden und bei ihnen zuverlässig messen lässt. Nur mit der doch sehr rational beeinflussten Gewissenhaftigkeit klappte das nicht gut, sie scheint ausschließlich eine Eigenschaft von Menschen und Schimpansen zu sein.

Lange Zeit wurden die Dimensionen der Persönlichkeit als äußerst stabil angesehen. Der Mensch komme mit einem bestimmten Charakter zur Welt und reife dann nur noch aufgrund innerer biologischer Prozesse, nicht in Reaktion auf die Umwelt, befanden die Erfinder der »Big Five«, Robert McCrae und Paul Costa. Sie waren es auch, die die Idee vom 30. Geburtstag als Wendepunkt aufbrachten: Etwa zu dieser Zeit, so dachten sie, müsse die charakterliche Reifung langsam mal vorbei sein.

Womöglich war ihre Schlussfolgerung aber auch einfach eine persönlichkeitsbedingte Überreaktion, McCrae und Costa wollten ihre Theorie von den fünf Dimensionen ja erst einmal unters Volk und vor allem unters Wissenschaftlervolk bringen. Dort bekamen sie nämlich am Anfang reichlich Gegenwind. Allen voran die Vertreter der Sozialpsychologie wollten von festen Persönlichkeitseigenschaften nichts wissen. Menschen wandelten sich doch mit den Erfahrungen, die sie machen, sagten sie; sie passten sich an die Anforderungen ihrer Umgebung an. Und damit hatten diese Psychologen natürlich Recht: Es ist schließlich keine Frage, dass Menschen sich nach bestimmten Erfahrungen verändern. Sonst würden sie ja aus dem Erlebten nichts lernen. Schlimme Erlebnisse machen selbstverständlich vorsichtig. Positive Erfahrungen bestärken dagegen darin, weiter nach neuen Erfahrungen zu suchen, sich Herausforderungen zu stellen und andere Menschen kennenzulernen – sie machen offener.

Doch die Sozialpsychologen gingen noch weiter. Sie sprachen den Menschen sogar ab, überhaupt eine Persönlichkeit zu besitzen. Wie ein Mensch denkt, fühlt und handelt, sei doch nicht festgeschrieben, meinten sie; es sei jedes Mal anders – abhängig von der Umgebung, in der er sich gerade aufhält, von den Erwartungen, die das Umfeld an ihn heranträgt, und von der Rolle, die er einnimmt und erfüllen soll, auf dem Klassentreffen zum Beispiel. Je nach Situation verhalte sich ein und derselbe Mensch unterschiedlich. Diese Einstellung wurde in den 1970er-Jahren auch durch den damals herrschenden Zeitgeist befördert: Waren die Menschen nicht alle Opfer der spießigen Gesellschaft, in der sie lebten? Und war nicht, wenn die Bedingungen nur sozial und fair waren, jedem jede Art von Entwicklung möglich?

Erst mit der Zeit setzte sich die Erkenntnis durch, dass sich verschiedene Menschen durchaus unterschiedlich verhalten, wenn sie sich in der gleichen Situation befinden, und dass sich ihr individuelles Verhalten immer wieder abrufen lässt. Dass der eine tendenziell wegrennt, während der andere die Herausforderung sucht. Dass der eine gerne Kontakt aufnimmt, während der andere ihn eher meidet. Und dass dieses Verhalten für ein Individuum über viele Situationen hinweg einigermaßen stabil ist. Schüchterne Menschen gehen Begegnungen grundsätzlich eher aus dem Weg, als dass sie Kontakt suchen. Und Partylöwen quatschen mit jedem, der nicht rechtzeitig aufs Klo verschwindet.

Nach und nach belegten Forschungsergebnisse sogar eine erstaunliche Stabilität der Persönlichkeit: So konnten Avshalom Caspi und Phil Silva 1995 zeigen, dass die Kommentare, die Erzieher über Dreijährige schriftlich festhielten, immer noch zutrafen, wenn die Kindergartenkinder längst erwachsen waren: Als 18-Jährige waren sie noch genauso impulsiv, aggressiv, sozial oder abenteuerlustig wie sie von ihren Kindergärtnern beschrieben worden waren. Begeistert feierten die Persönlichkeitspsychologen solche Funde. So haben sie sich im Zwist mit den Sozialpsychologen am Ende »wohl ein bisschen verrannt«, meint Jule Specht. »Sie haben die Stabilität der Persönlichkeit so überbewertet, dass ihnen eine ganze Weile lang entgangen ist, dass sich diese durchaus ändert.« Am Ende haben also beide Recht, die Sozialpsychologen ebenso wie die Persönlichkeitspsychologen: Es gibt eine angeborene Persönlichkeit, aber die wird im Laufe der Zeit erheblich durchgerüttelt, in Frage gestellt und weiterentwickelt.

Wie stark sich das Wesen des Menschen ändert, hat für Deutschland erstmals eine Analyse des Sozio-ökonomischen Panels (SOEP) enthüllt. In diese große Erhebung, für die alljährlich 15 000 Haushalte zu allen möglichen Aspekten des Lebens befragt werden, schmuggelten Wissenschaftler immer wieder auch Fragen zur Persönlichkeit ein. Als ein Team aus Jule Specht, Boris Egloff und Stefan Schmukle diese Daten auswertete, wurden sie stutzig. Denn es zeigte sich, dass sich die »Big Five« nach dem 30. Geburtstag sehr wohl noch änderten – und das nicht nur bei einzelnen vom Schicksal gebeutelten oder gepamperten Zeitgenossen, sondern im Durchschnitt: So wächst die emotionale Stabilität von Menschen – also wie selbstsicher und gelassen sie zum Beispiel unter Stress reagieren – im jungen Erwachsenenalter leicht an. Dafür sinkt die Extraversion der jungen Leute, also der Hang zu Geselligkeit und Gesprächigkeit. Die Gewissenhaftigkeit wächst sogar bis zum 40. Geburtstag deutlich und zeigt selbst im hohen Alter noch Veränderungen. Die Offenheit für neue Erfahrungen sinkt dagegen immer weiter – also wie neugierig und unkonventionell eine Person ist und wie gern sie sich intellektuellen Herausforderungen und anderen Denkweisen und Meinungen stellt.

»Unsere Studie widerlegt die unter Psychologen vorherrschende Ansicht, dass sich die Persönlichkeit im Laufe des Lebens immer stärker stabilisiert«, sagt Jule Specht.

Es ändern sich aber nicht nur einzelne Eigenschaften oder manche der fünf Persönlichkeitsdimensionen. Menschen wechseln zum Teil sogar den ganzen Typus ihrer Persönlichkeit, wie Jule Specht später gemeinsam mit Maike Luhmann und Christian Geiser feststellte. Seit den 1990er-Jahren wird die Menschheit in drei große Persönlichkeitstypen unterteilt, die sich mit Hilfe der »Big Five« beschreiben lassen. Diesem Modell zufolge, das auf die beiden US-amerikanischen Eheleute Jack und Jeanne Block zurückgeht, gehören Menschen entweder zum »resilienten« (also widerstandsfähigen), zum »überkontrollierten« oder zum »unterkontrollierten« Typ. Wer resilient ist und damit über ein hohes Maß an psychischer Widerstandskraft gegen die Herausforderungen des Lebens verfügt, der ist in der Regel emotional stabil, extrovertiert, offen für neue Erfahrungen, verträglich und gewissenhaft. Menschen, die zum unterkontrollierten Typ gehören, sind dagegen wenig gewissenhaft und wenig verträglich, die überkontrollierten Persönlichkeiten wenig extrovertiert und wenig offen, dafür aber sehr gewissenhaft.

Persönlichkeits-typ	gewissenhaft	extravertiert	offen	emotional stabil	verträglich
resilient	+	+	+	+	+
unterkontrolliert	–	±	±	±	–
überkontrolliert	+	–	–	±	±

Doch zu welchem Typus man tendiert, verändert sich im Laufe des Lebens. Das sieht man schon an der bevölkerungsweiten Zuordnung: Während etwa 40 bis 50 Prozent der jungen Erwachsenen als resiliente Persönlichkeiten gelten, sind es im fortgeschrittenen Alter bis zu 60 Prozent. Dieser Shift hin zum Resilienten steht für das, was man umgangssprachlich als Reifungsprozess bezeichnet: Die resiliente Persönlichkeit gilt als gereift – Menschen lassen sich nicht mehr so leicht aus der Ruhe bringen, reagieren nicht so schnell gereizt, sind verlässlich. Denn sie haben gelernt, dass sie weiter damit kommen, wenn sie nötige Aufgaben auch erledigen, und sie wissen, dass Dinge, über die man sich gut und gern aufregen könnte, dieser Aufregung gar nicht wert sind, weil ohnehin nichts so heiß gegessen wie gekocht wird und sich Probleme mit Ruhe und Geduld leichter lösen lassen als mit hektisch-gestresst-erbostem Aktionismus.

Der Wechsel zwischen den Typen geschieht bisweilen mit atemberaubender Geschwindigkeit: Insgesamt wechselte jeder vierte Mensch in der Analyse von Specht, Egloff und Schmukle den Persönlichkeitstyp – dabei waren zwischen den Befragungen des SOEP nur vier Jahre vergangen. Im jungen Erwachsenenalter verändern sich demnach offenbar vor allem die unterkontrollierten Persönlichkeitstypen, die als wenig verträglich und gewissenhaft gelten. Sie reifen dann etwa nach dem 30. Geburtstag zu resilienteren Menschen heran. Damit sind sie leistungsfähiger, haben ein höheres Selbstwertgefühl und sind allgemein psychisch stabiler. Aber auch bis zu 25 Prozent der Älteren über 70 Jahren ändern noch einmal stark ihren Persönlichkeitstyp. »Anders als bei den jungen Erwachsenen folgen die Persönlichkeitsveränderungen bei den Senioren jedoch keinem typischen Reifungsmuster«, erläutert Specht – manche wechseln zum resilienten Persönlichkeitstyp, andere zum über- oder unterkontrollierten. »Es gab bislang bloß zu wenige Studien, die bis ins hohe Alter reichen«, folgert die Psychologin aus diesen Daten. »Wenn man auch diese Gruppe betrachtet, stellt man fest, dass die Veränderungen in späteren Jahren sogar wieder größer werden.«

Aber wie kann das sein, wenn es doch immer heißt, die Persönlichkeit sei zum Großteil genetisch bedingt? Wenn jedem Menschen, der einmal mit Kindern zu tun hat, klar ist, dass Babys schon mit einem ausgeprägten Charakter auf die Welt kommen, der ein Kind zum freudigen Erkunden seiner Umgebung einlädt und ein anderes Kind ständig Halt an Mutters Rockzipfel suchen lässt? Und dass es doch seit Sigmund Freud immer heißt, die frühkindliche Phase, also die ersten drei Lebensjahre, seien für die Entwicklung eines Menschen entscheidend?

Wer sich mit den Grundlagen der Persönlichkeit beschäftigt, muss feststellen: Das alles stimmt nur zum Teil. Zwar ist die Persönlichkeit in den Genen verankert – aber viel weniger, als von der Öffentlichkeit angenommen. Das weiß man aus Zwillingsstudien, in denen man die charakterliche Ähnlichkeit von eineiigen Zwillingen (100 Prozent genetische Identität) mit zweieiigen Zwillingen (50 Prozent genetische Identität) verglichen hat. Je ähnlicher das Wesen eineiiger Zwillinge im Vergleich zu zweieiigen ist, desto größer ist der erbliche Faktor. Im Jahr 2015 hat die Genetikerin Tinca Polderman von der Universität Amsterdam sämtliche Zwillingsstudien der vergangenen 50 Jahre neu ausgewertet. In die Analyse flossen Daten von mehr als 14,5 Millionen Zwillingspaaren ein. Und in Deutschland stammen die aussagekräftigsten Daten größtenteils aus der Bielefelder Längsschnittstudie, für die von 1993 bis 2008 mehr als 1000 gemeinsam aufgewachsene Zwillinge immer wieder befragt wurden. Das Fazit aller internationalen Untersuchungen: Etwa die Hälfte der Persönlichkeitsunterschiede zwischen Menschen sind auf Gene zurückzuführen. Am geringsten ist der Einfluss der Gene auf die Verträglichkeit: Diese ist nur zu etwa 42 Prozent erblich. Offenheit für neue Erfahrungen hat dagegen mit einer geschätzten Erblichkeit von 57 Prozent den größten genetischen Anteil. Extraversion gilt zu 54 Prozent als erblich, Gewissenhaftigkeit zu 49 Prozent und Neurotizismus zu 48 Prozent.

Es gibt sie also, die geborene Rampensau, und es gibt auch das geborene Mauerblümchen, den Fels in der Brandung und das Fähnlein im Wind. »Temperament zeichnet sich schon früh ab«, sagt die Neurowissenschaftlerin Nicole Strüber. Schließlich sind viele der Prozesse, die uns schüchtern oder zugewandt machen, die uns impulsiv oder besonders liebebedürftig werden lassen, in unserer Biologie angelegt. Wahrscheinlich werden diese Eigenschaften durch chemische Botenstoffe bedingt. Ob Menschen weniger ängstlich sind als andere, ständig Herausforderungen suchen oder sich gerne mit anderen unterhalten, hängt auch davon ab, wie stark Stressbotenstoffe oder Glückshormone in ihrem Gehirn wirken und wie schnell sie wieder abgebaut werden. Wie die Nervenzellen im Gehirn miteinander verschaltet sind und wie sie sich in ihrer Kommunikation von Nervenbotenstoffen beeinflussen lassen; wie sensibel wir auf Hormone reagieren und wie viel wir davon produzieren – vieles davon ist in den Genen angelegt. Auch andere biologische Faktoren spielen eine Rolle. So wird das Gehirn introvertierter Menschen einer Studie von der University of Virginia zufolge tendenziell leichter in Wallung gebracht. Durch diese erhöhte Erregung benötigen und suchen introvertierte Menschen offenbar weniger Anregungen aus der Außenwelt, bei einem Zuviel fühlen sie sich nicht mehr wohl.

Somit prägen unsere Erbanlagen uns deutlich, aber ausschlaggebend sind sie nicht. Unsere Gene bilden die Grundlage unserer Persönlichkeit. Sie beeinflussen, ob wir eher aufbrausend oder zurückhaltend sind, ob wir gerne eine Bühne betreten oder lieber die Party nach einer Stunde wieder verlassen und wie wir mit Druck umgehen und uns verhalten und fühlen. Aber dann kommen die Veränderungen.

Wenn die »Big Five« zu rund 50 Prozent erblich sind, bedeutet das eben auch: Es bleibt noch viel Raum für den Einfluss der Umwelt. Das Leben übt eine ebenso große Kraft auf die Persönlichkeit aus wie die Gene – und zwar über die ersten Lebensjahre hinaus. Die Idee, der Mensch werde vor allem durch seine ersten Lebensjahre geprägt, ist dabei offenkundig falsch. »Sigmund Freud hat die frühe Kindheit völlig überschätzt«, sagt Jens Asendorpf, der an der Humboldt-Universität in Berlin jahrzehntelang die menschliche Persönlichkeit erforscht hat und inzwischen emeritiert ist. Auch seine Nachfolgerin Jule Specht sagt: »Das scheint ein Relikt aus den Anfängen der Psychoanalyse zu sein.« Freuds Vermutung, wonach die Erfahrungen der allerersten Jahre das ganze Leben überschatten müssen, gilt seit Langem als überholt, es sei denn, das Kind hat tatsächlich Gewalt und Missbrauch erlebt. Die ersten Jahre seien »auf jeden Fall wichtig«, so Specht. »Aber alle anderen Jahre sind genauso wichtig.«

Für die Persönlichkeit, die ein Mensch heute hat, ist es viel relevanter, was in den letzten Jahren passiert ist, als das, was schon Jahrzehnte zurückliegt. Und besonders wichtig ist die Lebenssituation, in der man sich aktuell befindet. Womit verbringt man seine Zeit? Welchen Beruf hat man? Lebt man in einer Beziehung? Wenn ja, in was für einer? Welchen Hobbys geht man nach? In welchen Umständen lebt man?

Die Summe unserer Entscheidungen

Neue Forschungen zeigen somit immer mehr: Die Gene bilden zwar eine Grundlage. Aber die Umgebung, die Freunde, das soziale Netz, das Leben selbst formen erst die Persönlichkeit, die wir sind. Und im kommenden Jahr, wenn wieder andere Menschen in unser Leben getreten sein und wir neue Erfahrungen gemacht haben werden, werden wir schon wieder jemand anders sein. Deshalb gibt es kein unumstößliches Ich, und deshalb haben Menschen auch Einfluss auf ihren eigenen Charakter. »Wir sind die Summe unserer Entscheidungen«, sagte der französische Schriftsteller und Philosoph Albert Camus einmal. Auch Kierkegaard wird ein ähnliches Zitat zugeschrieben.

Tatsächlich sind es vor allem die Entscheidungen an den Gabelungen des Lebens, die uns verändern. Das hat Jule Specht gemeinsam mit Boris Egloff und Stefan Schmukle herausgefunden, indem sie anhand der SOEP-Daten den Einfluss von zwölf einschneidenden Lebensereignissen auf die Persönlichkeitsentwicklung untersuchten. Die SOEP-Teilnehmer hatten jeweils angegeben, ob es in den zurückliegenden vier Jahren seit der letzten Befragung in ihrem Leben einen bedeutenden Einschnitt gegeben habe. Vielleicht waren sie aus dem Elternhaus ausgezogen? War ein Kind geboren worden? Gab es eine Hochzeit, Trennung, Scheidung, den Tod eines Familienmitglieds, Arbeitslosigkeit oder den Eintritt in die Rente?

So zeigte sich: Menschen, die ein Kind bekommen, einen Job annehmen oder eine feste Beziehung eingehen, unterscheiden sich systematisch von Menschen, die diese Dinge nicht tun. Ob jemand nach der Schule eine Lehre macht oder studiert, bestimmt damit nicht nur über seine akademische Karriere und wahrscheinlich über die Art von Beruf, die er sein Leben lang ausüben wird: Die jungen Leute, die früh ins Arbeitsleben starten, nehmen sich zudem ein Stück weit ihre Offenheit, dafür legen sie an Gewissenhaftigkeit zu. Schließlich wird Letztere im Berufsleben in aller Regel verlangt: Man hat gefälligst pünktlich zur Arbeit zu kommen und dort einigermaßen ordentlich und gepflegt auszusehen. Und während man nach einer durchfeierten Nacht die Vorlesung auch mal sausen lassen oder in ihr den Nachtschlaf nachholen kann, wird der Chef eines Auszubildenden das eher nicht dulden. Dafür gewinnen Studenten an emotionaler Reife, weil sie stärker in die Selbstständigkeit gestoßen werden als junge Leute, die während ihrer Ausbildung oft noch zu Hause wohnen und außerdem im Betrieb meist an die Leine genommen werden.

Ähnliches gilt für andere große Entscheidungen: ein Jahr ins Ausland gehen, um dort als Au-pair zu arbeiten, zu studieren oder zu jobben? Das verspricht in jedem Fall einen Zugewinn an Offenheit. Schließlich lernt man, selbst wenn man bis dahin eher zurückhaltend und schüchtern war, automatisch: Neue Erfahrungen können toll sein, man erfährt aufregende Dinge, hat an nie gehörten Ansichten teil und lernt interessante Menschen kennen – also wird man auch in Zukunft leichter mal etwas Neues ausprobieren.

Eine feste Partnerschaft einzugehen reduziert dagegen die eigene Offenheit. Klar, man ist ja auch nicht mehr so daran interessiert, ständig neue Menschen zu treffen. Das könnte im Gegenteil – wenn man sich dann verliebt – sogar sehr negative Folgen für das gerade gewählte Konzept der Partnerschaft haben. Und wenn die vorbei ist, verändert die wiedererlangte Freiheit die früheren Partner erneut, ihre »Partnersuchpersönlichkeit« kommt wieder zum Vorschein: Menschen, die sich getrennt haben und sich gerne neu binden möchten, werden wieder extrovertierter.

Bis ins hohe Alter

Da die Persönlichkeit nicht automatisch umso stabiler wird, je älter wir werden, können sich auch Rentner noch bis ins Mark verändern. Manche krempeln ihr ganzes Leben noch einmal um. Aus einem Karrieristen kann im Alter ein fürsorglicher Opa werden, aus der Angriffslustigen ein umgänglicher Mensch, aus dem gesellschaftlich angepassten Zeitgenossen ein Rebell und aus der stets gewissenhaften Mutter eine freiheitsliebende Frau, die sich nicht um Konventionen schert. Auch das Gegenteil ist möglich.

Wenn Senioren die Zwänge ihres Berufslebens hinter sich gelassen haben, gehen sie ihr Leben oft sogar besonders locker an. Dann macht sich der »La-Dolce-Vita-Effekt« breit, wie Psychologen ihn nennen: Das eigene Anspruchsdenken sinkt, man wird unzuverlässiger und konzentriert sich mehr auf sich selbst. Ältere Menschen sind im Durchschnitt sogar besonders wandlungsfähig: »Manche Senioren verändern sich so stark wie Teenager«, sagt Jule Specht.

Aber der Eintritt in den Ruhestand ist nicht alles, dazu sind die Veränderungen von Senioren zu stark und zu vielfältig. Wissenschaftler vermuten die vielen einschneidenden Lebensereignisse, die einen Menschen in den späteren Jahrzehnten seines Lebens treffen, als mögliche Ursache – der Verlust von Angehörigen, der ihnen eine neue Rolle abfordert, auftretende Krankheiten, der nahende eigene Tod. So werden Witwer nach dem Tod ihrer Frau deutlich gewissenhafter, während Witwen unzuverlässiger werden. Ein Effekt, der sich möglicherweise mit der klassischen Rollenverteilung in der Partnerschaft erklären lässt. »Wenn man sich an eine neue soziale Rolle anpasst, kann man sich noch bis ins hohe Alter weiterentwickeln«, folgert die Psychologin Roos Hutteman von der Universität Utrecht, die lange in Berlin geforscht hat.

Umgekehrt gilt allerdings auch: Wenn wir dem immer gleichen Trott folgen, bleiben wir konstant. Sofern es keine Veränderungen oder keinen Druck von außen gibt, ändern wir nicht so viel an dem Leben, in dem wir uns als Erwachsener eingerichtet haben, meint Werner Greve. Wer seine Wohnung und seinen Beruf ausgesucht hat, packt nur selten etwas ganz Neues an. »Je älter wir werden, desto seltener ziehen wir um – wenn wir nicht müssen«, sagt Greve. Sind wir erst im selbstgewählten Leben angekommen, gibt es ja auch (meistens) keinen Grund mehr, etwas zu ändern. Dass in früheren Studien immer wieder festgestellt wurde, Menschen würden mit fortgeschrittenem Alter immer stabiler, könnte also einfach Ausdruck davon sein, dass unser Wunsch nach Stabilität immer effektiver realisiert wird.

Dabei werden ältere Menschen keineswegs engstirniger und festgefahrener, wie ihnen das so gerne unterstellt wird. Im Gegenteil, sie werden im Alter sogar tendenziell verträglicher – also gutmütig, vertrauensvoll, wohlwollend und bescheiden. Das Bild vom grummeligen Alten erfüllen die wenigsten. »Wenn man eine Gruppe junger Menschen und eine Gruppe älterer Menschen miteinander vergleicht, wird man sogar feststellen, dass ältere Leute im Allgemeinen nachsichtiger und hilfsbereiter sind als junge Menschen um die 30«, sagt Jule Specht.

Die Psychologin konnte es selbst kaum glauben, als sie diese Ergebnisse als junge Forscherin zum ersten Mal erhob. Nicht nur weil die Altersmilde, die sich da unter den Senioren breitmachte, dem gängigen Stereotyp vom mürrischen Alten widersprach. Sondern auch weil es bis dahin als quasi ausgeschlossen galt, dass sich alte Menschen überhaupt noch verändern. »Man ging davon aus, dass die Persönlichkeit immer stabiler werden würde, deshalb hat bei Alten lange keiner nachgeguckt«, sagt Specht. Umso erstaunter war sie selbst: »Ich saß vor den Ergebnissen und dachte: Das ist ja Wahnsinn, was passiert denn da?«, erzählt sie. Inzwischen weiß man: Ähnliche Alterstrends gibt es sogar im Charakter von Affen.

Junge Leute mögen uns auch deshalb wandlungsfähiger erscheinen, weil ihr Leben nun einmal stärkeren Neuerungen und Einflüssen ausgesetzt ist und sie oft gezwungen sind, eine neue, unbekannte Rolle auszufüllen. Sie lernen immer wieder neue Leute kennen, alle paar Jahre beginnen sie einen neuen Lebensabschnitt – vom Kindergarten zur Grundschule, zur weiterführenden Schule und so weiter. Sie haben immer neue Beziehungen – zu Freunden und den ersten Partnern. Das prägt, wie die Psychologin Wiebke Bleidorn herausarbeiten konnte. Sie verglich Menschen in verschiedenen Ländern und fand heraus: Dort, wo man traditionell später in eine Erwachsenenrolle schlüpft – also später heiratet oder eine Berufsausbildung beginnt –, dort bleibt man als junger Mensch auch länger offen für neue Erfahrungen. Man reift also durch die Aufgaben, denen man sich im Laufe seines Lebens stellt. Gerade im Alter könnten dafür aktive Veränderungen von Bedeutung sein: Je näher der zu erwartende Tod rückt, desto mehr hinterfragen Menschen wahrscheinlich, wer sie sein möchten – und ziehen ihre Konsequenzen.

Das heißt aber nicht, dass ältere Menschen psychisch dünnhäutiger und labiler werden – also mehr Neurotizismus zeigen, etwa weil sie körperlich und geistig unfitter werden. Diese Vorstellung beherrschte für lange Zeit sowohl in der Fachwelt als auch im Alltag das Bild von alten Menschen. Aber Wissenschaftler von der Universität Göteborg räumen auch mit diesem Vorurteil auf. Sie haben Daten einer großen schwedischen Langzeitstudie mit Zwillingen analysiert. 408 Frauen und Männer, die zu Beginn der Studie zwischen

80 und 98 Jahre alt waren, wurden über sechs Jahre hinweg vier Mal in ihrer Wohnung besucht und gefragt, wie es ihnen gesundheitlich geht und wie sie ihren Alltag bewältigen. Außerdem füllten sie einen Persönlichkeitstest aus. Das Ergebnis: Die alten Menschen wurden zwar kränker, aber keineswegs nervöser oder psychisch labiler. Die meisten Hochbetagten hatten ganz offensichtlich Freude an ihrem Leben. Was allerdings doch geschah: Sie wurden mit den Jahren introvertierter. Das hatte aber nur dann etwas mit ihrem Gesundheitszustand zu tun, wenn sie schwerhörig geworden waren. Auch gut hörende alte Menschen blickten ganz unabhängig von ihrem körperlichen Befinden stärker nach innen und interessierten sich weniger für Kontakte nach außen.

Der Wille zum Anderssein

Es gilt also: Bis zum 30. Geburtstag ist viel Bewegung drin in der eigenen Persönlichkeit. Sobald man einen Beruf ergreift, sich an einen Menschen bindet, als Vater oder Mutter Vorbild sein muss, bleibt man längere Zeit tendenziell derselbe, bis man nach einer Phase der Stabilität wieder größere Bereitschaft zur Veränderung hat und die Freude daran. »Dann kommt es zu Veränderungen, die vergleichbar mit denen im jungen Erwachsenenalter sind«, sagt Specht.

Aber wie alt ist ein Mensch eigentlich? Weshalb sind manche Zeitgenossen eher mit 40, andere dagegen mit 50, 60 oder 70 noch einmal auf neuen Wegen unterwegs? Viel wichtiger als das wahre Alter einer Person scheint ihr gefühltes Alter zu sein oder, noch wahrscheinlicher, die Lebenszeit, die ihr gefühlt verbleibt. Dieses »rückwärts chronologische Alter« weist Menschen nämlich ihre Rolle zu: Was wollen sie mit dieser Lebenszeit noch anfangen, welche Veränderung wünschen sie sich?

Immer wieder passen wir uns an die Herausforderungen des Lebens an. Zum Beispiel, wenn wir ein Ziel verfolgen und sich unsere Situation deshalb gerade ändert. Dann können bestimmte Persönlichkeitseigenschaften für uns wichtiger werden oder sich besser anfühlen oder belohnt werden. Diese Eigenschaften nehmen wir in der Regel unbewusst an, Psychologen sprechen von »Anpassungsmechanismen«.

Das heißt aber umgekehrt auch: Die Persönlichkeit lässt sich durchaus auch willentlich beeinflussen, indem man die geeigneten Entscheidungen trifft und sich aktiv den richtigen Situationen aussetzt. Zum Beispiel kann man sich bewusst neuen Herausforderungen stellen: ins Ausland ziehen, Urlaub an entlegenen, ungewöhnlichen Orten machen, eine neue Sprache lernen, statt zum Couchpotatoe zu werden. Das trainiert die Offenheit und die Extraversion. Gerade im Ruhestand, aber nicht nur da, kann man sich flexibel halten, indem man sich bewusst ein soziales Netz aufbaut, das man im Beruf ja quasi automatisch hat. Man kann Rätsel lösen, aktiv politische Debatten verfolgen, sich sozial engagieren, endlich das Instrument lernen, das man schon immer spielen wollte, auch wenn die Fingerfertigkeit vielleicht nicht mehr für die 64stel-Noten reicht. So können auch ältere Menschen die neuen Erkenntnisse der Persönlichkeitspsychologie nutzen, um ihr Entwicklungspotenzial gezielt einzusetzen und mit den oft großen Veränderungen und Herausforderungen des Alters zurechtzukommen (*siehe Selbsterfindung statt Selbstfindung, S. 189*). »Wir können am vorletzten Tag unseres Lebens noch etwas neu erlernen und uns weiterentwickeln«, sagt Werner Greve. Wohlbefinden, Selbstbestimmung, Partizipation? »Alles ist möglich«, betont Jule Specht. »Es ist nie zu spät für irgendwas, nicht für Stabilität und nicht für Veränderung.«

Die »Big Five«

Neurotizismus:
Menschen mit ausgeprägtem Neurotizismus gelten als emotional labil. Sie erleben häufiger und länger Angst, Nervosität, Trauer, Anspannung, Verlegenheit und Unsicherheit. Insgesamt machen sie sich mehr Sorgen um ihre Gesundheit, neigen zu Hirngespinsten und reagieren in schwierigen Situationen schnell sehr gestresst.
Menschen mit wenig ausgeprägtem Neurotizismus sind tendenziell stabil, entspannt, zufrieden und ruhig. Sie haben seltener unangenehme Gefühle – aber nicht unbedingt öfter positive Emotionen.

Extraversion:
Extrovertierte Menschen sind begeisterungsfähig, heiter und optimistisch. Im Umgang mit anderen sind sie gesellig, gesprächig und auch aktiv. Anregungen nehmen sie gerne wahr.
Introvertierte Menschen sind dagegen eher zurückhaltend und mitunter auch reserviert. Sie gelten als ruhig und unabhängig und sind gern allein.

Offenheit für Erfahrungen:
Menschen mit großer Offenheit lieben es, neue Erfahrungen zu sammeln, und freuen sich über neue Eindrücke, Abwechslungen und Erlebnisse. Oft sind sie intellektuell, haben viel Fantasie und nehmen ihre Emotionen stark wahr. Sie sind wissbegierig, experimentierfreudig und vielfältig interessiert. In ihrem Urteil sind sie unabhängig, probieren gerne Neues aus und hinterfragen auch gesellschaftliche Normen.
Weniger offene Menschen sind eher konventionell und konservativ.

Ihre eigenen Emotionen nehmen sie nicht so stark wahr. Sie sind realistisch und sachlich und führen oft ein bodenständiges Leben.

Verträglichkeit:
Menschen mit hoher Verträglichkeit sind oft sehr sozial eingestellt. Sie bringen anderen Mitgefühl und Verständnis entgegen. Sie setzen auf Vertrauen und Zusammenhalt. Meist sind sie gern bereit zu helfen, sie sind gutmütig und nachgiebig.
Weniger verträgliche Menschen sind dagegen tendenziell egozentrisch. Sie begegnen ihren Mitmenschen mit Misstrauen und Unverständnis und setzen eher auf Wettkampf denn auf Kooperation. Sentimentalität ist ihnen fremd.

Gewissenhaftigkeit:
Wer gewissenhaft ist, plant seine Handlungen sorgfältig, ist sehr organisiert, zielstrebig und effektiv. Für sein Handeln übernimmt er Verantwortung und erweist sich als zuverlässig und diszipliniert. Sehr gewissenhafte Menschen können auch pedantisch sein.
Weniger gewissenhafte Menschen handeln eher spontan und sind nicht besonders sorgfältig und genau. Sie gelten als locker und unbeständig, oft auch als unordentlich.

Die Vermessung der Seele

Wer sitzt einem da eigentlich gegenüber? Menschen sind erstaunlich gut darin, andere einzuschätzen. Ob jemand extrovertiert oder introvertiert ist, erkennen wir schon, wenn er nur einen langweiligen Wetterbericht vorliest. Aber allzu gerne wüssten wir mehr. Wie wird sich ein Mensch in einer bestimmten Situation verhalten? Ist er Stress gewachsen? Arbeitet er unter Druck zuverlässig weiter oder reagiert er unvorhersehbar? Ist er dann womöglich kaum noch zu kontrollieren? Macht ihn ein Misserfolg eher depressiv oder aggressiv? Fühlt er sich danach erst recht angespornt? Das interessiert vor allem Firmenbosse oder Arbeitgeber in sensiblen Bereichen wie der Armee. Im Auftrag der US Army versuchen Psychologen daher seit Jahrzehnten, Tests zu entwickeln, die es erlauben, Vorhersagen über die Reaktion von Menschen zu treffen. Schon im Ersten Weltkrieg begannen sie damit. Damals wollten die Oberbefehlshaber jene Soldaten finden, die psychisch besonders stabil waren. Besonderen Erfolg hatten sie damit nicht. Es wurden immer wieder Menschen zu Geheimnisträgern gemacht, die labil waren, oder Mitarbeiter befördert, die sich später als unzuverlässig und ausschweifend erwiesen – einfach weil sie ihre Chefs so sehr beeindrucken konnten und offenbar genau ahnten, wie sie in den Tests reagieren mussten, um sie zu bestehen.

Inzwischen, davon darf man ausgehen, sind die klassischen Tests in Armeen und Firmenetagen schon fast vergessen. Intensiv wird daran gearbeitet, mit Hilfe des Internets viel modernere und perfidere Methoden zu entwickeln, um den Menschen in die Seele zu blicken. Und man kann davon ausgehen, dass diese Vermessung der menschlichen Psyche Erfolg haben wird.

Eigentlich sind Menschen wie offene Bücher. Welche Persönlichkeit jemand hat, lässt sich so leicht bestimmen, dass es einem schon unheimlich werden kann. Und dabei müssen die Menschen, die man analysieren will, nicht einmal mehr Testfragen beantworten, wie das früher der Fall war. Es genügt, die Spuren zu analysieren, die er im Internet hinterlässt. Das gilt zumindest, seitdem Michal Kosinski auf den Plan getreten ist. Der junge Wissenschaftler gilt als der Mann, der den Populisten die scharfen Werkzeuge in die Hand gegeben hat.

Etwas verspätet kommt er in einem grauen Anzug mit lila Hemd und lila Krawatte zu einer Konferenz über Digitalisierung in Berlin. So sieht er also aus, der Mann, der schuld sein soll am Brexit und an Trump. Dieser Mann hat strahlend blaue Augen und ein wahnsinnig charmantes Lächeln. Dabei leidet er gerade sehr. »Bitte, sehen Sie darüber hinweg, wenn ich nicht zu hundert Prozent aufmerksam bin«, sagt er mit ausgesuchter Höflichkeit, »das hat nichts mit Desinteresse zu tun, ich habe seit 20 Stunden nicht geschlafen.« Michal Kosinski, 1983 in Polen geboren, Studium in Warschau, Promotion in Cambridge und jetzt Professor in Stanford, wirkt nicht wie einer, der das Böse in der Welt befördern will.

Aber will er es wirklich nicht?

Über Nacht ist der junge Professor aus San Francisco angereist. In einem gläsernen Konferenzzentrum über den Dächern von Berlin soll er über seine neueste Forschung sprechen. Sein Fachgebiet: die Psychometrie – die Vermessung der Seele.

Der Psychologe entwickelt Algorithmen, mit denen er die Persönlichkeit von Menschen liest, die er nie zuvor getroffen hat. Er sagt, er könne aus den Daten, die Menschen im Internet hinterlassen, ihr Wesen erfassen; und Fotos entnehme er intime Details. Ist jemand ein Trump-Wähler? Raucht er? Ist er schwul? Ein Christ? Und wie steht er zu Tütensuppe? Mithilfe seiner Algorithmen kann Kosinski solche Dinge mit zum Teil frappierender Treffsicherheit über Menschen sagen, von denen er nur das sieht, was sie im Netz so treiben. Und es gibt Leute, die behaupten, dass die Welt ohne Kosinskis Forschung heute eine andere wäre.

In Berlin ist er nicht gerade angetreten, diesen Eindruck zu zerstreuen. Schnell noch eine Cola, um sich wachzuhalten. Dann sprudelt er los, als wäre er selbst eine Dose, die jemand vor dem Öffnen zu lange geschüttelt hat. Er läuft nicht, er wirbelt über die Bühne, erzählt und erzählt. Am Ende redet er doppelt so lang wie vorgesehen, gefühlt aber halb so kurz – so unterhaltsam und, ja, so erstaunlich wie erschütternd ist das, was er zu berichten hat. Glaubt man Kosinski, dann steht nicht weniger als »das Ende der Privatheit« bevor.

Menschen sind ja auch ohne Algorithmen ganz gut darin, das Wesen ihres Gegenübers zu erfassen. Kosinski selbst zum Beispiel: Er ist zweifellos offen, verträglich und extrovertiert. Er ist einer, der gerne schillert und bewundert wird und der deshalb mit seinen plakativen Botschaften nicht ganz an das unter Wissenschaftlern übliche Quantum an Gewissenhaftigkeit heranreicht. Oder? Ja, sagt er lächelnd, erste Einschätzungen von anderen stimmten oft: »Menschen müssen andere Menschen einordnen können.« Wird einer rasch aggressiv, muss ich mich also vor ihm hüten? Ist er vertrauenswürdig? Oder flatterhaft? Das zu spüren, kann wichtig sein fürs Überleben.

Doch den Profiler-Qualitäten des Durchschnittsbürgers sind Grenzen gesetzt. Oft genug lässt er sich täuschen. Man kann jemandem eben nur vor den Kopf gucken, lautet ein altes Sprichwort.

Es ist ein wirklich altes Sprichwort. Jedenfalls stammt es aus einer Zeit, bevor Michal Kosinski auf den Plan trat. Und bevor Menschen begannen, durch ihre Aktivitäten im Internet digitale Spuren unfassbaren Ausmaßes zu hinterlassen. 500 Megabyte pro Kopf und Tag waren es 2012, im Jahr 2025 sollen es schon gigantische 62 Gigabyte sein. Aus diesen Daten, die wir oft unbewusst generieren, liest Kosinski Gewohnheiten und Vorlieben. Er schaut den Menschen längst in den Kopf.

Mit 93-prozentiger Wahrscheinlichkeit können seine Algorithmen sagen, ob eine Frau oder ein Mann die Spuren hinterlassen hat, berichtet Kosinski. Zu 82 Prozent, ob Christ oder Muslim, zu 85 Prozent, ob Demokrat oder Republikaner, zu 65 Prozent, ob Single oder liiert. Die Algorithmen erkennen 88-prozentig, ob ein Mann schwul ist, zu 75 Prozent, ob eine Frau lesbisch ist, und zu 60 Prozent, ob die Eltern einer Person an ihrem 21. Geburtstag noch zusammen waren. Selbst diese Einschätzung ist noch deutlich genauer, als wenn man zur Beantwortung dieser Fragen eine Münze werfen würde.

So überraschend sich das zunächst anhört: Dass solche Prognosen möglich sind, lässt sich leicht erklären. Auch ohne Computer treffen Menschen solche Aussagen. Wie mag wohl jemand sein, der ein Fan von »Hello Kitty« ist? Die Wahrscheinlichkeit für »weiblich« und »jung« ist hoch. Ein Mitglied der US-Waffenlobbyorganisation National Rifle Association? Wahrscheinlich ein Trump-Wähler. Und ein Fan von Lady Gaga? Wohl eher extrovertiert als introvertiert.

Algorithmen aber können mehr – weil sie nicht nur über die Erfahrungen verfügen, die ein Mensch in seinem Leben sammelt. Wenn Computer Millionen Datenspuren auswerten, sehen sie ganz neue Verbindungen. »So werden intime psychodynamische Eigenschaften mit hoher Wahrscheinlichkeit vorhersagbar«, sagt Kosinski.

Seinem Algorithmus genügt die Auswertung von zehn Likes im Internet, um die Persönlichkeit eines Menschen besser einzuschätzen, als es seine Kollegen können. Nach 100 Likes schlägt der Computer die Familienangehörigen und die Freunde. Und 250 Likes reichen, um besser zu sein als der Lebenspartner. »250 Likes sind schnell gesammelt«, sagt Kosinski. »Und man muss auch nicht auf Facebook sein, um solche Spuren zu hinterlassen, das passiert überall im Internet.«

Auch Jule Specht ist davon überzeugt, dass solche Analysen der menschlichen Seele auf Dauer sehr zuverlässig werden können. »Aus den Spuren im Netz können Computerprogramme sehr viel schließen«, sagt sie. Die Untersuchungen haben im Vergleich zu klassischen Persönlichkeitstests sogar einen wesentlichen Vorteil: Die Menschen machen ihre Angaben unbewusst, sie offenbaren mit ihren Surfbewegungen im Internet und mit ihren Likes spielerisch ihre Vorlieben und Einstellungen, während sie in den Tests nach ihrer Sicht auf sich selbst gefragt werden – und ganz genau wissen, dass ihre Antwort ausgewertet wird. Allzu oft lassen sich Menschen durch diese Prüfsituation beeinflussen und geben vermeintlich gewünschte Antworten.

Das Problem ist: Wenn das funktioniert, kann nicht nur ein smarter Professor in Kalifornien die Persönlichkeit anderer lesen. Dann können das auch Diktatoren, der Wahlkampfleiter von Donald Trump und die Verkaufsstrategen bei Amazon. Wer Menschen durchschaut, kann sie auch manipulieren. »Es ist wie ein Tornado«, warnt Kosinski. »Je besser wir uns darauf vorbereiten, desto sicherer ist es für uns alle.«

Deshalb hat er sie auch abgewiesen, die Männer von der Datenanalysefirma Cambridge Analytica, die gleich nach seiner ersten wichtigen Publikation bei ihm vorbeikamen. Sie wollten ihn abwerben, sein Können nutzen für die Menschenmanipulation, die sich Werbung nennt. Später behaupteten sie, es auch ohne ihn geschafft zu haben: Mithilfe seiner Methoden hätten sie Trump zum Präsidenten gemacht und die Briten zum Brexit bewegt, erzählte Firmenchef Alexander Nix dem Schweiz ›Magazin‹. Während des US-Wahlkampfs habe seine Firma 175000 verschiedene Posts verschickt. Sie variierten in kleinsten Details, um die Empfänger ihrer Psyche entsprechend für Trump einzunehmen. Sicher ist auch: Die Firma hat die Daten von Millionen Facebook-Nutzern ausgespäht und für ihre Zwecke benutzt.

Viele Menschen diskutieren seither über die Frage, was dran ist an der psychologischen Raffinesse von Trumps Wahlkampf. Kosinski selbst ist skeptisch: »Donald hat nie angerufen, um sich bei mir zu bedanken«, sagt er grinsend. Grundsätzlich aber seien Manipulationen möglich: Wer Menschen ausspäht, kann ihnen gezielt die Botschaften senden, die bei ihnen wirken werden. Vielleicht lässt sich auf diese Art aus einer überzeugten Linken keine CSU-Wählerin machen, aber manchmal reicht ein Quäntchen Unsicherheit oder Bestätigung, um jemanden, der zwischen zwei Parteien steht, auf eine Seite zu lenken. »Am Ende hat das einen statistischen Effekt«, sagt Kosinski.

Im November 2018 hat der Psychologe sehr konkret gezeigt, wie das geht: Er hat 3,5 Millionen Facebook-Usern Kosmetikwerbung zugespielt; manche bekamen Anzeigen zu sehen, die auf ihre Persönlichkeit zugeschnitten waren. Wenn der Algorithmus sie als extrovertiert einstufte, sahen sie eine ausgelassen Tanzende mit pinkfarbenem Lippenstift; den Introvertierten wurde eine verhalten Lächelnde mit Haarband und zartrosa Teint präsentiert. Die Gruppe, die für sie passende Werbung erhielt, kaufte 50 Prozent mehr von der Kosmetik.

Seine persönlichen Konsequenzen hat Michal Kosinski längst gezogen: Er hält sich im Netz auffallend zurück. Wie alt er genau ist? Wo er geboren wurde? Solche Informationen bekommt man nur persönlich von ihm. Auf Twitter hat er nur 445 Mal etwas geschrieben, nur 211 Mal etwas gelikt. »Ich weiß, was man alles daraus lesen kann«, sagt er.

Künftig aber, meint Kosinski, werde nicht einmal mehr Zurückhaltung reichen, um sich zu schützen. »Selbst wenn man sein Handy zu Hause lässt, läuft man immer noch auf der Straße und wird von Videokameras gefilmt.« In China werten staatliche Stellen solche Aufnahmen schon aus: Wer geht wann wohin, das weiß der große Führer. Bald aber könnten Diktatoren sogar aus den Gesichtern lesen, warnt Kosinski. Es ist sein neuestes Forschungsprojekt. Und dessen praktische Umsetzung wäre der nächste Schritt zur Durchleuchtung. Ob einer homosexuell ist, will Kosinski bereits mit guten Trefferquoten am Gesichtsausdruck lesen können, an der Art der Brille, am Haarschnitt. Und noch viel mehr werde möglich sein: Aussagen über Intelligenz, politische Orientierung und kriminelle Ambitionen.

Für diese Thesen erhält Kosinski gerade wieder reichlich Gegenwind. So etwas sei doch Blödsinn, argumentieren Kritiker. Wissenschaftler hätten sich schon vor 100 Jahren vergeblich in Physiognomie versucht. Kosinski nimmt es sportlich, jedenfalls tut er so. »Es hat heute niemand Tomaten geworfen«, sagt er und lacht. »Offenbar ist kein Sozialwissenschaftler im Publikum. Das ist bei denen nämlich ein Tabu, vom Äußeren auf das Innere zu schließen.«

Aber auch wenn das Vermessen von Schädeln und Gesichtsmerkmalen höchst unangenehme Assoziationen weckt: Tatsächlich machen Menschen tagtäglich, ganz ohne Computer, anhand von Äußerlichkeiten Aussagen über intime Eigenschaften anderer Menschen, nur nicht so akkurat. Das Geschlecht erkennt man gemeinhin sofort. Auch Emotionen kann man sehen, selbst wenn ein Mensch versucht, sie zu verbergen. Und manche Gesichter verraten Krankheiten. Verbunden mit dem Styling ist noch viel mehr möglich: Wer bekommt Hartz IV – der Mann mit der Hornbrille oder der mit der verkehrt aufgesetzten Baseballkappe? Wer ist wohl schüchterner – die Frau mit dem strahlenden Lachen oder die mit der zugeknöpften Bluse? »Wir ahnen das meistens«, sagt Kosinski. Es gehe bei seinen Analysen ja nicht, wie vor 100 Jahren, um die Linie der Nase oder die Form der Stirn. Die Computer ziehen ihre Schlüsse aus der Vermessung von Tausenden Punkten im Gesicht von vielen tausend Personen. »Und da sind viele Schlüsse möglich.«

Natürlich machen Computer auch Fehler. »Google Maps liegt manchmal falsch«, sagt Kosinski, »aber ich weiß auch, was ich von einer Wegbeschreibung zu halten habe, die von meinen Freunden stammt.« Er ist, man merkt es, ein bisschen müde von dieser Diskussion. Mag sein, dass die Aussagekraft mitunter noch zu wünschen übrig lasse. Aber die Algorithmen würden besser. Und den Diktatoren, die Schwule ins Gefängnis werfen, sei es im Zweifel egal, ob ihre Analyse nur zu 80 Prozent stimme.

Es sind schreckliche Szenarien, die Michal Kosinski da entwirft. Manchmal kokettiert er auch damit, wenn er etwa unter seine Publikationen schreibt: »Diese Forschung könnte das individuelle Wohlbefinden, die Freiheit oder sogar das

Leben bedrohen.« Wenn das Wirklichkeit wird – ist er dann nicht schuld daran? Er sagt: »Ich glaube nicht, dass das eine faire Frage ist.« Algorithmen würden bereits von Regierungen und Institutionen benutzt, er treibe das nicht voran. »Diese Dinge werden getan. Ich warne nur davor, warum sollte es mich verantwortlich machen?« Fast verletzt wirkt er dabei. Er wolle doch nur wissen, was alles möglich ist. Damit Gesellschaften klären könnten, was möglich sein darf. Dass er mit seiner Forschung auch der dunklen Seite der Macht nützt, nimmt er in Kauf. »Wenn man Leute warnt, macht man auch Böse auf etwas aufmerksam. Das ist immer so. Damit muss ich leben.«

Test: Welche Persönlichkeit habe ich?

Wir haben in den vergangenen Kapiteln gelernt: Welche Eigenschaften wir an den Tag legen, hängt vom Tag ab, der gerade ist; von unserer Stimmung; von den Menschen, mit denen wir zu tun haben; von den Aufgaben, die wir erfüllen wollen oder sollen, und außerdem von jeder Menge Kleinigkeiten. Das alles findet aber – bei aller Biegsamkeit unseres Ichs – auf der Grundlage unserer Persönlichkeit statt. Ob wir eher extrovertiert oder introvertiert sind, ob wir Aufgaben tendenziell gewissenhaft erledigen oder doch eher ziemlich locker mit Terminen und Verpflichtungen umgehen: Das ist zu einem guten Teil in unseren Genen verankert. Ausgehend von diesen Anlagen passen wir uns dann den äußeren Gegebenheiten an und sind – je nach der Phase des Lebens, in der wir uns gerade befinden – offen für neue Abenteuer, eher ängstlich und zurückhaltend oder verträglich im Umgang mit anderen Menschen. Deshalb kann man sich mit Persönlichkeitstests durchaus einen Überblick verschaffen, wie man in diesen grundlegenden Eigenschaften gestrickt ist. Wissenschaftlich fundierte Tests, wie die von den Vätern der »Big Five«, McCrae und Costa, entwickelten, sind ausgesprochen umfangreich. Der Ursprungstest NEO-PI-R wollte 240 Antworten von seinen Testpersonen haben, später entwarfen Costa und McCrae eine Kurzversion namens NEO-FFI mit 60 Fragen, die von Peter Borkenau und Fritz Ostendorf ins Deutsche übertragen wurde. Eine schnelle Einordnung können aber auch kürzere Tests liefern, zum Beispiel dieser hier (S. 101 ff.).

Aber warum wollen wir solche Tests überhaupt absolvieren? »Wir sind alle ein wenig unsicher, wer wir wirklich sind«, sagt John A. Johnson, Professor für Psychologie an der Penn State University. Er beschäftigt sich seit Jahren mit Persönlichkeitstests und hat selbst (englischsprachige) Onlinetests auf der Grundlage der »Big Five« entwickelt. Die 300 bzw. 120 Fragen umfassenden Tests findet man im Internet (Link siehe S. 251). »Wir sind alle mehrdimensionale Wesen mit vielen Gedanken, Gefühlen und Impulsen, die sich teilweise widersprechen« – umso mehr wollen wir, dass uns jemand sagt, wer wir wirklich sind. Und außerdem wüssten wir gerne, wie andere uns wohl sehen. Aber das lässt sich mit solchen Tests eher nicht erfragen. Sie sind nur ein Spiegel dessen, wie wir uns selbst betrachten.

Aus Lust auf die Einordnung können Sie also den Test machen. Am Ende werden Sie grob einschätzen können, welche Dimensionen der Persönlichkeit Sie bei sich am stärksten ausgeprägt sehen – zumindest in dem Moment, in dem Sie die Fragen beantworten. Abweichend von den »Big Five« erfragen wir hier statt des Neurotizismus die emotionale Stabilität. Diese beiden Einordnungen sind schlicht und ergreifend die gegensätzlichen Pole derselben Persönlichkeitsdimension. Allerdings klingt »Neurotizismus« furchtbar. Da aber keiner der menschlichen Persönlichkeitsfaktoren wirklich negativ ist, wird hier der positive Ausdruck verwendet. Wer in der Wissenschaft mit dem Stempel »zum Neurotizismus neigend« versehen wird, ist ängstlich, sorgenvoll und leicht gestresst. Man kann genauso gut und freundlicher sagen: Er ist eben emotional nicht so stabil.

▷ Im Folgenden finden Sie 25 Aussagen. Manchen werden Sie aus vollem Herzen zustimmen, von anderen werden Sie denken, dass sie überhaupt nicht auf Sie zutreffen.

▷ Nutzen Sie die Skala von 1 bis 5, um auszudrücken, wie sehr Sie mit diesen Aussagen einverstanden sind.

▷ Es gibt keine richtigen und falschen Antworten, seien Sie offen und ehrlich in Ihrer Einschätzung. Außerdem werden die Ergebnisse verlässlicher, wenn Sie möglichst schnell antworten und sich nicht korrigieren.

	Stimmt überhaupt nicht	Stimmt nicht	Stimmt teils, teils	Stimmt	Stimmt total	
Ich weiß immer, wo meine Sachen liegen.	1	2	3	4	5	**G**
Ich reise gerne in fremde Länder.	1	2	3	4	5	**O**
Kritik belastet mich selten längere Zeit.	1	2	3	4	5	**S**
Ich finde leicht neue Freunde.	1	2	3	4	5	**E**
Es ist mir wichtig, dass sich andere wohlfühlen.	1	2	3	4	5	**V**
Ich habe so viele Ideen, dass ich gar nicht alle umsetzen kann.	1	2	3	4	5	**O**
Ich habe niemals Angst vor der Zukunft.	1	2	3	4	5	**S**
Wenn ich etwas verspreche, dann halte ich das auch.	1	2	3	4	5	**G**
Auf eine Party zu gehen ist mir lieber als ein Buch zu lesen.	1	2	3	4	5	**E**
Böse Worte hallen in mir lange nach.	1	2	3	4	5	**S**
Ich glaube an das Gute im Menschen.	1	2	3	4	5	**V**
Druck macht mir nichts aus.	1	2	3	4	5	**S**
Ich lerne gerne neue Menschen kennen.	1	2	3	4	5	**E**
Ich probiere gerne mal etwas Neues aus.	1	2	3	4	5	**O**
Ich arbeite gerne im Team.	1	2	3	4	5	**V**
Ich arbeite sorgfältig.	1	2	3	4	5	**G**
Ich bin meistens zufrieden.	1	2	3	4	5	**S**
Ich bin gerne mit anderen Menschen zusammen.	1	2	3	4	5	**E**
Zu Verabredungen komme ich immer pünktlich.	1	2	3	4	5	**G**

	Stimmt überhaupt nicht	Stimmt nicht	Stimmt teils, teils	Stimmt	Stimmt total	
Ich bin an Kultur sehr interessiert.	1	2	3	4	5	**O**
Ich setze mich immer für andere ein.	1	2	3	4	5	**V**
Wenn ich eine Deadline habe, sind die Sachen fertig.	1	2	3	4	5	**G**
Ich bin sehr wissbegierig.	1	2	3	4	5	**O**
Wenn es Streit gibt, bin ich die Person, die ihn schlichtet.	1	2	3	4	5	**V**
Ich knüpfe gerne neue Kontakte.	1	2	3	4	5	**E**

Auswertung:

Zählen Sie nun die Punkte für die verschiedenen Dimensionen Ihrer Persönlichkeit von 1 (stimmt überhaupt nicht) bis 5 (stimmt total) zusammen. Machen Sie dann die Kreuze in der Tabelle. So können Sie auf einen Blick sehen, welche Eigenschaften Sie bei sich gerade für sehr ausgeprägt halten.

		Die Punkte aus den fünf Fragen zu dieser Dimension					**Gesamte Punktzahl**
O	**offen**	17					
G	**gewissenhaft**	23					
V	**verträglich**	18					
E	**extrovertiert**	13					
S	**emotional stabil**	18					

Ich bin ....

ausgesprochen (21 bis 25 Punkte)					
sehr (16 bis 21 Punkte)					
So lala (11 bis 20 Punkte)					
ein bisschen (6 bis 10 Punkte)					
gar nicht (1 bis 5 Punkte)					
	offen	**gewissen-haft**	**verträglich**	**emotional stabil**	**extrover-tiert**

Resonanz – oder die wichtigen Entscheidungen

Es war Sommer in Skandinavien, als Greta Thunberg begann, die Welt zu verändern. Ein Mädchen, dem das niemand zugetraut hätte. Schon gar nicht die eigenen Eltern. Sie machten sich seit Jahren furchtbare Sorgen um ihre Tochter und fragten sich, ob Greta überhaupt die nächsten Monate überstehen würde. Bis zu dem Tag, an dem Greta Thunberg sich aus Protest auf den Platz vor dem schwedischen Parlament setzte, war sie eine unscheinbare Jugendliche gewesen, die eigentlich genügend Probleme mit sich selbst hatte. Aber die Probleme der Welt erschienen ihr noch größer. Und so unerträglich, dass sie etwas dagegen tun musste. Also bastelte sich die damals 15-Jährige ein Schild aus Sperrholz, pinselte »SKOLSTREIJK FÖR KLIMATET« darauf, Schulstreik fürs Klima, und demonstrierte vor dem schwedischen Parlament. Das war am 20. August 2018. Von da an kam Greta jeden Freitag und demonstrierte, statt zur Schule zu gehen. Einsam und still saß sie vor dem Riksdagshuset in Stockholm, mit ihren dünnen dunkelblonden Flechtzöpfen und ihrem für einen Teenager anrührend ernsten Gesicht.

Greta hatte nur ein Ziel vor Augen: Sie wollte den Politikern klarmachen, dass der Klimawandel die Zukunft des Planeten bedroht und damit die Zukunft der Jugend. Ihre Zukunft. Es wollte nicht in den Kopf der jungen Schwedin, dass die Erwachsenen das offenbar nicht erkannten. Dass sie einfach so weitermachten mit der Umweltzerstörung, als wären die Anzeichen der Katastrophe nicht sichtbar genug.

Die Politiker sollten endlich aufhören, der Jugend die Zukunft zu stehlen.

Wenige Monate darauf war nichts mehr, wie es war. Da hatte die stille Greta eine internationale Bewegung in Gang gesetzt. Zigtausende Jugendliche demonstrierten jetzt unter dem Motto »Fridays for Future« jeden Freitagvormittag zur Schulzeit; am 15. März 2019, dem Tag des globalen Klimastreiks, waren es unglaubliche 1,4 Millionen, am 22. September sogar 2 Millionen. Für sie war Greta wie das Kind aus Hans Christian Andersens Märchen, das als einziges auszusprechen wagte, was alle sahen: dass der Kaiser keine Kleider anhatte; dass die Regierenden auf eine Katastrophe zusteuerten und die Erwachsenen einfach zusahen und nichts sagten.

So wurde Greta zur Heldin einer neuen, politisierten Jugend. Medien aus aller Welt berichteten über die junge Schwedin. Sie fuhr mit dem Zug zu Schulstreiks nach London, Hamburg und Berlin. Und endlich wurden auch die Erwachsenen aufmerksam. Greta Thunberg, nun mehr 16 Jahre alt, erhielt eine Audienz beim Papst, sprach vor dem EU-Parlament, vor der UN-Klimakonferenz in Kattowitz, beim Weltwirtschaftsforum in Davos, vor dem britischen Unterhaus und dem italienischen Senat. Und, schwupps, fand sie sich auf der ›Time Magazine‹-Liste der »100 einflussreichsten Persönlichkeiten des Jahres 2019« wieder. Sogar für den Friedensnobelpreis wurde sie nominiert. Von Barack Obama bis zum Dalai Lama priesen die Berühmten dieser Welt die Jugendliche aus Stockholm, und das britische Mode- und Kunstmagazin ›i-D‹ stellte fest, sie sei »das Mädchen, das die Welt veränderte«.

Aber es ist etwas passiert, das noch viel erstaunlicher ist: Greta hat sich auch selbst verändert – mehr als ihre Eltern es je zu hoffen wagten. Sie nahm ihre Rolle als Heldin der

»Fridays for Future«-Bewegung an. Dabei hatte sie eigentlich große Angst vor fremden Menschen und beäugte vor allem Kinder misstrauisch. Zu oft hatten sie welche gequält. Greta sei nicht mehr wiederzuerkennen, sagte ihr Vater Svante Thunberg dem Skandinavien-Korrespondenten der ›Süddeutschen Zeitung‹, Kai Strittmatter. Die Greta, die sich im August 2018 vor das schwedische Parlament setzte, hätte niemals auf einem Platz stehen und zu einer großen Menschenmenge sprechen können. »Sie hätte Panikattacken bekommen und wäre davongelaufen.« Außerhalb der Familie konnte Greta mit so gut wie niemandem reden. Das hat sich danach so deutlich gewandelt, dass ihre Eltern es staunend wahrnehmen. »Wenn wir Zeit hätten, darüber nachzudenken, dann wären wir sehr, sehr dankbar«, sagt Svante Thunberg.

Viele Jahre lang war es Greta alles andere als gut gegangen. Sie weinte viel und aß kaum. So wenig, dass die Eltern immer wieder fürchteten, sie würde verhungern. Von klein auf war Greta in der Schule gehänselt, ausgegrenzt und sogar geschlagen worden. Wenn ihre Mutter sie tröstete, auch sie werde Freunde finden, antwortete sie: »Ich will keine Freunde. Freunde sind Kinder, und Kinder sind gemein.«

Greta war zweifelsohne anders als die anderen Kinder in ihrer Klasse. Schon früh war bei ihr das Asperger-Syndrom diagnostiziert worden, eine spezielle Form von Autismus. Menschen mit Asperger sind oft hochintelligent und haben bisweilen außergewöhnliche Hobbys und Fähigkeiten. Greta kann zum Beispiel rückwärts sprechen. Und sie kann in weniger als einer Minute alle chemischen Elemente des Periodensystems in der richtigen Reihenfolge aufzählen, von der Ordnungszahl 1, Wasserstoff, bis zur Ordnungszahl 118, Oganesson. Auch kennt sie alle Hauptstädte der Welt. Auf die Frage nach der Kapitale des subantarktischen Archipels

Kerguelen antwortet sie wie aus der Pistole geschossen »Port-aux-Français«. Und bei der Frage nach Sri Lankas Hauptstadt weiß sie sofort: »Sri Jayawardenepura Kotte«. Auch das kann sie rückwärts sagen – genauso schnell.

Aber ebenso wie anderen Menschen mit Autismus fällt es auch Asperger-Autisten schwer, Beziehungen aufzubauen; sie scheuen Gespräche mit anderen Menschen, meiden Blickkontakt und sind in der Regel sehr empfindlich. Zu viele Reize setzen ihnen zu – Lärm oder Berührungen zum Beispiel. Außerdem neigen sie dazu, sich für einzelne Themen sehr stark zu interessieren, so wie Greta für den Klimawandel.

Das begann, als sie im Alter von acht Jahren in der Schule einen Film über die Verschmutzung der Weltmeere sah: Da wurde ihre Angst um die Zukunft der Erde den Schilderungen ihrer Eltern zufolge so groß, dass dem ohnehin schon traurigen Mädchen jeglicher Lebensmut abhandenkam. Sie fiel in eine Depression und entwickelte eine Essstörung. »Unsere Tochter verschwindet in einer Art Dunkelheit«, schrieb ihre Mutter damals in ein Tagebuch. »Sie hört auf zu lachen. Sie hört auf zu reden. Und. Sie hört auf zu essen.« Greta weinte abends im Bett, sie weinte auf dem Weg zur Schule, sie weinte im Unterricht und in den Pausen. Fast täglich riefen ihre Lehrer an, dass es so nicht weitergehe, dass jemand das Kind abholen müsse. »Meine Depression hatte viele Gründe, aber die Sorge um das Klima hatte viel damit zu tun«, sagt Greta Thunberg heute. »Ich hatte das Gefühl, nichts ergibt mehr Sinn, wo wir doch ohnehin alle sterben werden.«

In den folgenden Wochen verlor sie zehn Kilogramm. Die Eltern versuchten alles, aber das Einzige, was halbwegs funktionierte, war: Greta genügend Zeit zum Essen zu lassen, am besten vor dem Fernseher, wo sie abgelenkt war; ihr kein Essen aufzudrängen und alles, was sie zu sich nahm, akribisch zu notieren. Um nicht in Panik zu verfallen. Damit sie wussten, dass das Kind überhaupt etwas aß. »Frühstück: 1/3 Banane. Zeit: 53 Minuten«, notierten sie auf einem DIN-A3-Zettel, der in der Küche an der Wand hing. Oder: »Mittagessen: 5 Gnocchi. Zeit: 2 Stunden und 10 Minuten«.

So schildern es Gretas Eltern in einem Buch, in dem sie 92 Szenen aus dem Leben der Familie beschreiben und das in Schweden erschien, bevor Greta ihren Streik begann. Darin schildern die Eltern gemeinsam mit ihren beiden Töchtern Greta und Beata, bei der, neben anderen Störungen, ebenfalls eine leichte Form von Autismus festgestellt wurde, wie die Familie unter der Last der Probleme beinahe zusammengebrochen wäre. »Wir mussten darüber schreiben. Gemeinsam«, so drückt es die Mutter Malena Ernman aus, eine in Schweden bekannte Opernsängerin. »Denn es ging uns beschissen. Mir ging es beschissen. Svante ging es beschissen. Den Kindern ging es beschissen. Dem Planeten ging es beschissen. Sogar dem Hund ging es beschissen.« Aber hören wollte das eigentlich niemand.

Niemand außerhalb ihrer Familie habe sich wirklich für sie interessiert, sagt Greta heute. Auch vor dem Riksdagshuset hat in den ersten Wochen kaum jemand Notiz von ihr genommen. Die Menschen schauten sie nicht einmal an. »Beata und ich, wir waren die unsichtbaren Mädchen«, sagt Greta Thunberg. »Wir waren still und wir nahmen kaum Platz ein.«

Jetzt fordert Greta Platz. Sie ist immer noch schüchtern. Der Blick in die Augen eines Fremden, persönliche Gespräche fallen ihr immer noch schwer. Aber sie stellt sich anderen Menschen, sogar Menschenmengen, sie hält Vorträge und gibt Interviews. Wenn es um das Klima geht, kann sie all das bewältigen. »Ich bin dann überhaupt nicht nervös«, sagt sie. »Da habe ich eine Botschaft.«

Ihre Eltern hörten auf sie! Das habe ihre Wandlung in Gang gesetzt, ist Greta heute überzeugt. Die Mutter tat den ersten Schritt. Als Opernsängerin war Malena Ernman um den Erdball geflogen, sie ließ sich in Tokio, Madrid und Wien feiern. Auch Vater Svante Thunberg war als Schauspieler und Filmproduzent so viel unterwegs, dass er gleich zwei Vielflieger-Goldkarten besaß. Aber weil Greta nicht aufhörte zu insistieren und ihre Argumente einfach nicht zu schlagen waren, wie der Vater einräumt, gaben die Eltern das Fliegen eines Tages auf. Der Vater wurde Veganer, die Mutter Vegetarierin. »Greta war so glücklich. Weil wir zuhörten. Und reagierten. Ihre Worte machten einen Unterschied. Sie wurde gesehen«, erzählt der Vater. Ja, diese Erfahrung habe ihr aus der Depression geholfen, bestätigt Greta, aus dem Gefühl der Ohnmacht. »Ich sah, dass ich Leute dazu bringen konnte, sich zu ändern.«

Vier, fünf Jahre lang brachte sie nicht einmal die Kraft für einen langen Spaziergang auf, hatte ständig Kopfweh. Ein Jahr lang ging sie nicht zur Schule. »Und plötzlich beobachteten wir, wie sie eine andere wurde«, erzählt Svante Thunberg. Gleich am dritten Tag auf dem Platz brachte ihr – dem Kind, das fast nichts aß – jemand ein Reisgericht von einem thailändischen Schnellimbiss vorbei. Sie aß es. »Für uns war das unglaublich«, erzählt der Vater. Nun ruft Greta, die früher so schnell in Panik geriet, den wichtigen Teilnehmern politischer Parlamente und Konferenzen zu: »Ihr seid nicht reif genug!« und »Ich will, dass ihr in Panik geratet!«

Eingebunden in ein Resonanzsystem

Ohne zu übertreiben kann man festhalten: Greta Thunberg ist binnen weniger Monate ein anderer Mensch geworden. Sie ist unverkennbar Greta. Und sie ist ebenso unverkennbar nicht mehr wiederzuerkennen. Kinder- und Jugendpsychiater wie Franz Joseph Freisleder, der Ärztliche Direktor des Heckscher-Klinikums in München, rätseln darüber, wie es möglich ist, dass ein Kind mit Asperger einen solchen Wandel durchmacht. »Diese Störung ist eigentlich schwerwiegend und chronisch, da fragt man sich, ob die Diagnose stimmt«, sagt er. Doch unabhängig davon, ob Greta nun wirklich einen Asperger hat oder ihr früheres Verhalten durch etwas anderes bedingt ist, scheint ihr Wandel immens zu sein.

Eine kluge Erklärung für ihre verschwundenen Depressionen, für ihre überwundene Angst vor Plätzen und fremden Menschen liefert Greta selbst: Sie hat ein Ziel. Und sie hat erfahren, dass sie andere mitziehen kann. »Ich fühle mich voller Energie. Ich habe Einfluss. Ich habe eine Mission.«

Ein Ziel zu haben und Werte, nach denen man handelt, einen Sinn in dem zu sehen, was man tut, das sind Grundnahrungsmittel für die Seele. Sie treiben Menschen an, machen zufrieden und steigern das Selbstwertgefühl. Aber das ist noch nicht alles: Ebenso wichtig ist der zweite Aspekt, den Greta nennt: der Glaube, etwas bewirken zu können – »Selbstwirksamkeitserwartung« nennen Psychologen das. Die Erkenntnis, dass man seine Situation verändern, die Welt zumindest in seinem eigenen Umfeld ein wenig formen kann, dass andere einem zuhören, Rücksicht nehmen oder Ideen aufgreifen und fortführen: All diese Faktoren machen ein psychisch gesundes Leben aus. Sie stärken einen Menschen – und sie formen ihn auch.

So sind es nicht nur die eigenen Überzeugungen und

Werte, die zur Persönlichkeit beitragen. Wesentlich sind auch die Reaktionen der anderen. Das Feedback, das sie geben. Die Reaktion, die sie zeigen. Greta erhielt viel Zuspruch auf dem Riksplan, sie merkte, dass sie Einfluss auf andere hatte, dass es ihr immer mehr junge Leute gleichtaten und ihren Streik sogar in andere Länder trugen. Das trieb sie an, weiterzumachen. Und weil ihr die Sache so wichtig war, wichtiger als ihre Angst, hat Greta sich mehr und mehr auf andere Menschen eingelassen, sie hat sich einlassen müssen. Dabei hat sie die Erfahrung gemacht, dass es gar nicht so schlimm ist mit den anderen. Dass nicht alle Kinder gemein und nicht alle Fremden böse sind, dass ihr viele freundlich begegnen. Und dass es von großem Vorteil sein kann, wenn man mit anderen redet.

Für alle Menschen gilt: Wir verändern uns, wenn sich die Welt um uns herum verändert. Wir und die Welt, das ist ein Resonanzsystem. Wenn wir eine neue Rolle in der Gesellschaft einnehmen, am Arbeitsplatz oder in der Familie, dann verändern wir uns ein Stück weit. Und da sich die Welt ständig wandelt, wandelt sich andauernd auch unser Selbst. Was immer wir tun oder auch nicht tun, wem auch immer wir begegnen: Ständig erhalten wir Rückmeldungen und ziehen daraus unsere Konsequenzen. Dann schwingen wir mit dem mit, was uns von außen entgegengebracht wird. Oder wir leisten Widerstand, weil uns nicht gefällt, was wir da gerade ausgelöst haben. Wir erfahren, dass wir mit der Art, wie wir uns verhalten, auf positive oder negative Resonanz stoßen, und ziehen unsere Schlüsse daraus. So wandelt sich unsere Persönlichkeit im Widerhall auf das Leben. Das beginnt schon in frühester Kindheit – und es hört niemals auf.

Der Mensch sei zutiefst auf Resonanz angewiesen, schreibt der Sozialwissenschaftler und Entschleunigungs-Papst Fritz

Reheis. »Wenn wir uns mitteilen, erwarten wir Verständnis, wenn wir uns anstrengen Anerkennung, wenn wir lieben Gegenliebe. Immer geht es darum, dass etwas zurückkommt.« Die Resonanz zeigt sich sogar auf körperlicher Ebene. Wir kopieren die Haltung unseres Gegenübers, passen uns in unserer Körpersprache an. Und unser Gehirn schwingt mit dem Gehirn des anderen mit: Wenn sich zwei Menschen miteinander unterhalten, werden ihre Gehirnwellen synchronisiert, wie spanische Wissenschaftler im Jahr 2017 gemessen haben, indem sie die Hirnwellen der Gesprächspartner mittels Elektroenzephalografie (EEG) abgegriffen haben. Demnach schwingen sich unsere Gehirne in hohem Maße auf das Gegenüber ein – selbst wenn wir den Menschen, mit dem wir sprechen, gar nicht sehen. »Es gibt eine Verbindung zwischen den Gehirnen, die über die bloße Sprachverarbeitung hinausgeht«, sagt Jon Andoni Duñabeitia, einer der Wissenschaftler.

Der Einfluss anderer Menschen auf uns ist also immens. Wir glauben, selbstbewusst, gewissenhaft oder freundlich zu sein, weil das angeblich tief in uns steckt. Aber wie tief steckt es wirklich – und wo kommt es her? Die Eigenschaften, die unseren Charakter formen und über die wir uns definieren, sind nur selten angeboren. Babys kommen zwar häufig mit einem gewissen Selbstbewusstsein auf die Welt – manche sind eher ängstlich, andere eher neugierig, manche wirken zufrieden, andere vor allem quengelig. Aber ordentlich, hilfsbereit oder großzügig sind Babys eher nicht. Es sind vielmehr Eltern, Freunde, Bekannte und später Kollegen und Konkurrenten, die in einem Menschen solche Eigenschaften wecken oder fördern, indem sie Sätze sagen, die wir dann als unsere »Glaubenssätze« verinnerlichen. »Du bist so freundlich«, sagen sie, »Ich finde es toll, dass du so gerne hilfst« oder »Sei doch nicht immer gleich eingeschnappt«. So wird die Überzeugung, wer wir sind, wer wir sein sollen und wer wir nicht sein dürfen, zum großen Teil durch andere gebildet, sagt der Psychoanalytiker Paul Verhaeghe.

Wir sind in dem, wie wir fühlen, wie wir uns verhalten und wie wir uns selbst beschreiben, also keineswegs so autark, wie wir uns das häufig einreden. Unsere Selbstwahrnehmung wird immer wieder gestört, beflügelt, verändert durch die Reaktionen der anderen. Wir erhalten andauernd soziales Feedback. Nicht nur, weil uns andere Komplimente machen oder uns unangenehme Dinge an den Kopf knallen. Sondern auch, weil wir beobachten, wie andere auf uns reagieren. Aus all dem schließen wir, wer wir sind. Und manchmal sind wir erschreckend gutgläubig. Wir erfüllen jahrelang die Aufträge unserer Eltern: Wir wählen den Beruf, den sie uns nahegelegt haben, und suchen uns unbewusst den Partner, von dem wir glauben, dass er den Ansprüchen unserer Eltern am ehesten genügt. Oft brauchen wir Jahre, um festzustellen, dass wir keineswegs immer so handeln und so sind, wie uns andere beschreiben und wie wir inzwischen selbst dachten zu sein.

Aber natürlich erfüllen wir auch nicht brav sämtliche Anweisungen, die uns unser Umfeld vorgibt. Oft genug tun wir genau das Gegenteil. Das beginnt mit der ersten Trotzphase und hört mit der Pubertät nicht auf. »Unsere Identität ist immer ein Spannungsfeld zwischen zwei Polen, nämlich der Übereinstimmung mit anderen und der Abgrenzung von anderen, und zwar von Anfang an«, sagt Verhaeghe. Die Distanz und das damit verbundene Streben nach Autonomie sind für unsere Identität dabei genauso wichtig wie die Identifikation – denn so werden wir unverwechselbar. Wir wollen zum großen Ganzen gehören, aber gleichzeitig unabhängig sein. Als soziales Wesen, das nach Individualität strebt, hat der Mensch zwei Bedürfnisse, die ständig im Streit miteinander liegen, so sieht es auch der US-amerikanische Verhaltens- und Sozialpsychologe Brian Lowery: »Wir wünschen uns eine innige soziale Verbindung und zugleich persönliche Freiheit, und dazwischen taumeln wir oft orientierungslos umher.«

Deshalb müssen wir uns als Teenager gegen die Eltern, die Schule und die Gesellschaft auflehnen. Wir verlassen die uns zugedachten Schablonen und probieren aus, wie es sich anfühlt, anders zu leben. Doch während die Jugendlichen in diesen Momenten glauben, ganz sie selbst zu sein, übersehen sie etwas Wesentliches: Die Art, wie sie sich gerade verhalten, wird gar nicht so sehr von ihrer eigenen Person bestimmt, sondern vor allem von ihrem bisherigen Leben und von den Menschen darin. Und so protestieren manche mit Grufti-Klamotten gegen zu viel Spießigkeit zu Hause, aber andere mit gebügelten Hemden gegen die offensive Lässigkeit ihrer Eltern und wieder andere lehnen sich mit Big-Mac-Gelagen gegen die Öko-Herrschaft am heimischen Küchentisch auf.

Selbst als Erwachsene ertappen wir uns gelegentlich noch dabei, manche Dinge nur zu tun, weil jemand anders von uns will, dass wir sie *nicht* tun. Eine Eigenschaft, die in der Erziehung übrigens durch »paradoxe Intervention« ausgesprochen hilfreich genutzt werden kann. Es funktioniert ganz wunderbar, wenn wir einem Kind sagen: »Nimm dir Kartoffeln, aber den Spinat dürfen heute nur die Erwachsenen essen!« Und schon ist der eben noch gültige Glaubenssatz »Ich mag keinen Spinat« womöglich von gestern.

Identität ist demnach immer nur ein vorübergehender Zustand – das gerade aktuelle Resultat aus der Wechselwirkung zwischen Übereinstimmung und Abgrenzung. Und sie ist letztlich nur eine Ansammlung von Vorstellungen, wie

Paul Verhaeghe sagt. Drastischer noch: »Eine Ansammlung von Vorstellungen, die die Außenwelt uns auf den Leib geschneidert hat.« Der überzeugende lebende Beleg dafür sind aus Verhaeghes Sicht Adoptivkinder. Diese seien gewissermaßen »wissenschaftliche Experimente« in Sachen Ich-Werdung, so der Psychoanalytiker. Wenn man ein kleines Mädchen aus Indien nach Amsterdam hole, nehme es eine niederländische Identität an. Sollte es eines Tages als erwachsene Frau nach seinen Wurzeln suchen, werde es in der Regel enttäuscht. Denn in Indien ist da nicht viel zu finden. »Womöglich fühlt sich dieses Mädchen in Indien fremder als eine beliebige andere Frau aus Amsterdam«, meint Verhaeghe und schließt daraus: »Identität ist stärker mit dem Werden verbunden als mit dem Sein, und dieses Werden beginnt schon bei unserer Geburt.«

Heutzutage ist das Ich, so sieht es die Psychologin und Verhaltenstherapeutin Eva Jaeggi, sogar besonders im Wandel. Denn Menschen unterliegen wegen der großen Mobilität unserer Zeit noch mehr und oft weitreichenderen Veränderungen als frühere Generationen. »Wir sind im Laufe unseres Lebens an viel mehr Orten, treffen viel mehr Menschen und sind stärker verändernden sozialen Situationen ausgesetzt als früher.«

Die frühen Jahre und der Einfluss der Erziehung

Bei all dem spielt die Kindheit gar keine so große Rolle wie lange gedacht. Spätestens seit Sigmund Freud seine Theorien von der Bedeutung der frühen Kindheit so erfolgreich unter die Leute gebracht hat, glauben wir fest daran, dass wir ein Produkt des Freuds und Leids sind, das wir in unseren ersten Lebensjahren erlebt haben. Bestseller wie Stefanie Stahls ›Das Kind in dir muss Heimat finden. Der Schlüssel zur Lösung (fast) aller Probleme‹ zeugen von der Sehnsucht, die Schwierigkeiten der Kindheit als Erwachsener doch noch zu bewältigen, um endlich ein glückliches, befreites Leben führen zu können.

Doch die moderne Forschung weiß: Die ersten Lebensjahre sind gar nicht so wichtig, wie es lange angenommen wurde (*siehe Die Reifung der Persönlichkeit, S. 67*).

Wenn wir heute abwertend auf uns selbst schauen und unsere Meinung von uns selbst negativ ist, dann können die Wurzeln in der Kindheit liegen. Aber ziemlich sicher haben Ereignisse aus der jüngeren Vergangenheit noch deutlicher dazu beigetragen. »Was ein Mensch in den letzten beiden Jahren erlebt hat, ist viel wichtiger, als was er kurz nach seiner Geburt erlebt hat«, sagt Specht. Sie will damit keineswegs ausdrücken, dass die ersten Lebensjahre belanglos seien. Ganz ohne Frage kann die Kindheit das Leben bis ins hohe Alter entscheidend beeinflussen – zum Beispiel wenn ein Mensch schon früh etwas Traumatisierendes erlebt oder als Kind zu wenig Liebe bekommt. So etwas kann sich in der Tat tief in die Seele einbrennen und den Umgang mit anderen Menschen, mit Angst, Stress oder Traurigkeit ein Leben lang steuern.

Auch werden in der Kindheit wichtige Weichen gestellt. Es ist schließlich nicht egal, auf welche Schule man gesteckt wird oder welche Umgangsformen man mit den Eltern und Geschwistern pflegt. Wird zu Hause über Probleme gesprochen? Herrscht grundsätzlich ein wertschätzender, wohlwollender Ton? Darf ein Kind Gefühle zeigen oder stören die nur? Wie stehen die Mitschüler zu Drogen und Gewalt? Ob ein Kind lernt, auf seine eigenen Bedürfnisse zu hören oder diese lieber vor der Welt versteckt – das bedeutet einen Unterschied für die Erfahrungen, die es als Erwachsener machen wird. Insofern lenkt die Kindheit selbstverständlich, welchen Einflüssen man ausgesetzt ist und wie man sie erlebt. Aber was momentan passiert, prägt einen Menschen noch viel stärker.

Das geben Menschen auch selbst preis, wenn man sie danach fragt. Gerade jene Ereignisse, von denen wir denken, dass sie besonders negativ für unser Leben waren, stammen meist aus der jüngeren Vergangenheit und nicht aus der Kindheit. Die prägenden positiven Erlebnisse liegen dagegen häufig etwas länger zurück, aber auch sie ereigneten sich in der Regel, als wir schon erwachsen waren. Das haben die beiden Psychologen David Rubin und Dorthe Berntsen festgestellt, indem sie rund 1200 Personen zwischen 20 und 93 Jahren nach ihren traurigsten, traumatischsten, wichtigsten und glücklichsten Momenten fragten. Die glücklichsten und wichtigsten siedelten die meisten Befragten zwischen dem 20. und 30. Lebensjahr an. Trauriges oder Traumatisches häufte sich in der Erinnerung der Probanden dagegen nicht in einem bestimmten Lebensabschnitt. Die Testteilnehmer erzählten vielmehr – ganz gleich, ob sie nun 30 oder 90 Jahre alt waren –, dass sie die schlechtesten Erfahrungen in dem Jahrzehnt gemacht hatten, das gerade hinter ihnen lag.

Positive Ereignisse bleiben also offenbar länger im Gedächtnis haften als negative, zumindest in dem Teil des Gedächtnisses, das unsere Lebensgeschichte und damit unser Ich bestimmt. Aber warum ist das so? Die Gedächtnisforschung kennt schon lange den »Recency«-Effekt, wonach Erinnerungen nun einmal verblassen. Das kann die Dominanz der negativen Erinnerungen in der jüngeren Vergangenheit erklären. Aber weshalb bleiben dann die positiven Erinnerungen so lange im Gedächtnis? Eine Erklärung ist: Es handelt sich oft um soziale Großereignisse wie die Geburt eines

Kindes oder die eigene Hochzeit, wie Berntsen und Rubin in einem weiteren Experiment mit 60-Jährigen herausgearbeitet haben. Bei den negativen handelt es sich dagegen um rein emotionale Einflüsse.

Eine weitere wichtige Erklärung für die junge Vergangenheit der Negativereignisse aber ist: Die traurigen Augenblicke werden schneller vergessen, weil sie einfach nicht so viel Resonanz erfahren. Die Betroffenen sprechen seltener darüber, sofern es sich nicht um so schwerwiegende Geschehnisse handelt, dass sie ihr Leben bestimmen und dass sie von selbst immer wieder ins Gedächtnis drängen. Was sie bedrückt, erzählen Menschen oft nur wenigen Vertrauten, mit heiteren Anekdoten unterhalten sie andere Menschen dagegen immer wieder gerne. Und hinzu kommt natürlich auch das aktive Verdrängen, das heute in der Psychologie keineswegs mehr so negativ beurteilt wird, wie Sigmund Freud es den Menschen einst einredete. Man kommt schließlich auch besser durchs Leben, wenn man sich nicht so auf das Negative fokussiert.

Nicht nur die Kindheit, auch die Erziehung scheint eine viel kleinere Rolle für die Persönlichkeit eines Menschen zu spielen, als das lange angenommen wurde. Junge Eltern zermartern sich oft den Kopf darüber, was sie alles falsch machen. Aber wenn man die neueste Forschung dazu betrachtet, können sie sich eigentlich ganz entspannt zurücklehnen und sich am Aufwachsen ihres Kindes erfreuen. Sie müssen nicht mehr mit sich hadern, ob sie zu streng sind und damit die Entwicklung ihrer Kinder behindern oder ob sie vielleicht zu locker sind und ihren Kindern damit Entwicklungschancen nehmen. Denn die Erziehungsmethode hat erstaunlich wenig Einfluss darauf, was aus einem Kind wird.

Solange sie nicht schwerwiegende Fehler machen und ihr Kind traumatisieren, sind Eltern gar nicht so wichtig. Selbstverständlich wird die Persönlichkeit eines Kindes auch dadurch geformt, wie seine Eltern mit ihm umgehen. Aber das ist nur ein kleiner Teil. Kinder haben schließlich viel mehr Beziehungen als nur die zu Vater und Mutter. Sie bauen Beziehungen zu Freunden auf, die oft viel enger sind, begegnen Lehrern, Nachbarn, Eltern von Freunden. Später pflegen sie den Austausch mit ihren Partnern, mit Kollegen und vielen Menschen mehr. Dabei lernen sie ständig neue Ansichten und neue Umgangsformen kennen, erproben sich in Auseinandersetzungen und Freundschaften. Und weil der menschliche Geist so formbar ist, verändern sie sich dabei dauernd.

Pädagogen und Entwicklungspsychologen hinterfragen heute sogar, wie viel der Erziehungsstil der Eltern überhaupt wirkt. Sind Eltern relevant?, fragen Robert und Sarah LeVine provokativ in ihrem Buch ›Do Parents Matter?‹. Der Anthropologe und emeritierte Harvard-Professor für Erziehungswissenschaften ist mit seiner Frau viele Jahre rund um die Welt gereist und hat Menschen dabei beobachtet, wie sie ihre Kinder großziehen. Die beiden erzählen vom Volk der Hausa in Westafrika, wo Mütter den Blickkontakt mit ihren Babys vermeiden, um sie stark zu machen fürs Leben. Und in Kenia haben die LeVines Eltern getroffen, die nicht mit ihren Kindern sprechen, weil sie glauben, dass das nur vom Körperkontakt ablenke und dieser viel wichtiger für die Entwicklung der Kinder sei. »Gleichgültig, wie die Eltern verfahren – den Kindern geht es später gut«, sagt Sarah LeVine. Ihr Fazit: Was Eltern in Deutschland als unverantwortlich oder als emotionale Härte einstufen, erachten Eltern in anderen Kulturen als unverzichtbar und förderlich. Dass deutsche Eltern ihre Kinder möglichst bald aus dem Elternbett verbannen und im eigenen Bett schlafen lassen, damit sie zu einem selbstbewussten Erwachsenen heranreifen? Das finden die Nso in Kamerun einfach nur grausam. Als sie davon hörten, konnten sie es kaum glauben. Wie können Eltern in Deutschland ihren Kindern nur so etwas antun?, fragten sie. Für Robert und Sarah LeVine steht daher fest: Eltern beeinflussen natürlich die Entwicklung ihrer Kinder, aber nicht in dem Maße, wie sie hoffen oder fürchten.

Diese Meinung teilen immer mehr Fachleute. Zum Beispiel auch der Kriminologe Brian Boutwell. Ausgehend von der Frage, weshalb manche Menschen kriminell werden und andere nicht, beschäftigt er sich seit vielen Jahren mit der Entwicklung der Persönlichkeit. Für ihn steht fest: »Es sieht einfach nicht so aus, als ob Erziehung – gleich ob Mutter und Vater freizügig sind oder nicht, ob sie ihrem Kind etwas vorlesen oder nicht oder was auch immer – die Entwicklung so stark beeinflusst, wie wir gerne glauben wollen.«

Aber wie groß ist der Einfluss des elterlichen Erziehungsstils denn genau? Das lässt sich extrem schwer untersuchen. Denn Eltern gestalten zwar zum Großteil die Umgebung ihrer jüngeren Kinder, aber sie vererben ihnen nun einmal auch ihre Gene. Und die tragen schließlich etwa zur Hälfte zur Persönlichkeit des Kindes bei (*siehe Die Reifung der Persönlichkeit, S. 67*). Im Grunde lassen sich Erziehungsstil und Gene nur unabhängig voneinander untersuchen. Wenn man herausfinden will, welcher Faktor stärker wirkt, muss man eineiige Zwillinge erforschen, die getrennt voneinander aufgewachsen sind. Sie haben dann eine andere Umgebung und eine andere Erziehung genossen, aber sie haben immer noch dieselben Gene.

Schon ohne genauere Analysen erkennt selbst der Laie:

Eineiige Zwillinge, die gemeinsam aufwachsen, sind einander in vielen Aspekten ähnlich. Sie sind aber zugleich in vielen Aspekten erstaunlich verschieden. Obwohl sie dieselben Gene haben und im Großen und Ganzen denselben Erziehungsstil genießen, können sie sich so unterschiedlich entwickeln wie Paul und Jan Holst, die am Anfang dieses Buches erwähnt wurden. Und umgekehrt findet man bei Adoptivkindern, die im selben Haushalt leben, manche Ähnlichkeiten im Verhalten, während andere Teile ihrer Persönlichkeit höchst individuell erscheinen. Schon das zeigt: Die Gene haben einigen Einfluss – und die äußeren Umstände auch. Aber der Erziehungsstil der Eltern kann sich wohl kaum durchschlagend auswirken.

Das Umfeld des Kindes können Eltern ohnehin nur begrenzt gestalten. Schließlich baut sich jedes Kind über das Zuhause hinaus seine eigene Umwelt, in der Lehrer, seine engen Freunde und ganz persönliche Interessen eine Rolle spielen. Dabei suchen sich Geschwister gern exklusive Nischen. Wenn das eine Kind zuverlässig und hilfsbereit ist, fährt das andere eine Gegenstrategie. Ein Kind in der Familie übernimmt die Rolle des Clowns, ein anderes die des Sportlers, ein drittes die des Häuslichen, Braven. Kleine Kinder ahmen ihre großen Geschwister nach – aber sie versuchen sich auch einen eigenen, speziellen Platz in der Familie, in der Schule und auf der Welt zu verschaffen.

Ohnehin ist große Vorsicht angesagt bei bisherigen Studien, die den Einfluss bestimmter Faktoren auf das Verhalten eines Menschen klar belegt haben wollen. Es ist das große Verdienst von Brian Boutwell und anderen Wissenschaftlern, dass sie sich nicht von einfachen logischen Schlussfolgerungen haben blenden lassen. Keine Frage: Kinder, die geschlagen werden (geschlagen, nicht misshandelt), bekommen in ihrem späteren Leben oft einen Haufen

Probleme, darunter sind auch Verhaltensprobleme oder psychische Störungen. Auch steigt die Wahrscheinlichkeit, dass sie kriminell werden, wie Boutwell gemeinsam mit Kollegen belegt hat.

Ist ja logisch, werden viele Leute sagen. Und auch Boutwell und seine Kollegen hätten es sich leicht machen und an dieser Stelle mit ihrer Forschung aufhören können. Gewalt löst Gewalt aus, Grundannahme bestätigt, Klappe zu. Aber sie fragten sich: Was ist wirklich der Grund für dieses spätere kriminelle Verhalten? Schließlich haben die Kinder von ihren – der Gewalt nicht abgeneigten – Eltern nicht nur die Schläge bekommen, sondern auch ihre genetische Ausstattung. Mit komplizierten statistischen Analysen stellten die Forscher am Ende fest: Was wie eine logische Konsequenz aussah – Gewalterleben als Kind und kriminelles Verhalten als Erwachsener –, war zu einem Großteil durch dieselben genetischen Effekte zu erklären. Wenn sie den Einfluss der Gene nämlich herausrechneten, blieb keine Korrelation mehr zwischen Gewalterfahrung und Verhalten übrig, das eine beeinflusste das andere nicht. Das bedeutet: Das kriminelle Verhalten resultiert demnach gar nicht aus den Schlägen in der Kindheit – die eigene Gewalttätigkeit und die erlebte Gewalt sind einfach unabhängig voneinander passiert und wahrscheinlich eine Folge derselben Erbanlagen. Auf ähnliche Weise haben auch andere Wissenschaftler den Glauben an die Kraft der Erziehung zerlegt: Verhält sich ein Kind sozial? Ist es empathisch und hilfsbereit? Hat es häufig Probleme mit Schulkameraden? Das alles hängt vor allem von seiner genetischen Ausstattung ab und weniger davon, ob seine Mutter positiv oder negativ auf das Kind reagiert oder ob sie es grundlos bestraft.

Insgesamt weiß man also erschreckend wenig über den Einfluss der Erziehung. Aber was man weiß, ist Folgendes:

Eltern sind (einmal abgesehen von den Genen, die sie unweigerlich an ihre Kinder weitergeben) nicht verantwortlich für deren Autismus, deren Schizophrenie oder deren ADHS. Und sie tragen wahrscheinlich höchstens ein Quentchen an Verantwortung für die Intelligenz oder die Persönlichkeit ihrer Kinder.

Wer prägt wen wie stark?

Dafür gilt das Umgekehrte umso mehr: dass Kinder ihre Eltern prägen. Auch wenn junge Leute meist mit der Illusion eine Familie gründen, sie könnten ihre Kinder nach ihren Vorstellungen formen, werden sie in der Regel schon nach ein paar gemeinsamen Jahren ernüchtert. Dann stellen sie fest, dass nicht nur bei ihren Sprösslingen, sondern auch bei ihnen selbst einige Verformung aufgetreten ist. Allzu lange waren nicht nur naive Kinderlose, sondern selbst Pädagogen und Psychologen der Meinung, Eltern könnten ihre Kinder nach Gutdünken formen, könnten aus ihnen die Menschen machen, die ihrem Ideal entsprechen – wenn sie nur konsequent, liebevoll und besonders elternhaft wären. Und wenn es dann doch anders ausgehen sollte, dann wären eben die Eltern selber schuld. So wie ihnen ohnehin für jedwede soziale oder psychische Besonderheit ihres Kindes die volle Verantwortung zugeschoben wurde.

Dabei haben Kinder selbst einen erheblichen Einfluss darauf, wie sie erzogen werden. Das spüren nicht nur Eltern, wenn sich das sechs Monate alte Baby partout nicht mehr füttern lassen will und die Sechsjährige trotz allen guten Zuredens jede Nacht zum Vater ins Bett krabbelt. Das stellen auch Wissenschaftler zunehmend fest. Seit wenigen Jahren erst widmet sich die psychologische Forschung intensiver diesem Phänomen und kam zu dem Schluss:

Zweifelsohne beeinflussen Eltern, wie ihr Kind der Welt begegnet, wie selbstsicher es ist und ob es Probleme eher in sich hineinfrisst oder nach außen trägt. Aber auch das Umgekehrte gilt: Kinder erziehen ihre Eltern. Und damit ist nicht die derzeit beliebte These »Eltern von heute können nicht mal mehr ihre Kinder erziehen« gemeint oder die von den kleinen Tyrannen, die mit »Lärminstallationen im öffentlichen Raum« ihre Familie drangsalieren. Kinder formen ihre Eltern allein mit ihrer Persönlichkeit, und dabei nutzen sie neben Schreien, Auf-den-Boden-Werfen und Um-sich-Hauen auch sanfte Methoden.

»Erziehung ist keine Einbahnstraße«, sagt die israelische Verhaltensforscherin Reut Avinun. So findet sich manch sanftmütiger Vater plötzlich als strenges Familienoberhaupt wieder, weil seine kämpferische, ständig die Herausforderung suchende Tochter ihm gar keine Wahl lässt. Und manche Mutter wird nach Jahren ständiger Konflikte begreifen und ihr Verhalten darauf einstellen, dass ihrem Sohn die eigene Gestaltung seiner Welt so wichtig ist, dass er Strafen und Kritik eben hinnimmt, wie groß diese auch ausfallen mögen. Da können andere Eltern noch so kluge Ratschläge geben. »Ich würde mein Kind niiiiemals …« ist ein Satz, der ohne die andere, die kindliche Seite, gesprochen wird.

»Am Ende ist es selten so, wie man sich das als Eltern vorgenommen hat«, sagt die Entwicklungspsychologin Stefanie Jaursch. »Kinder beeinflussen die Gefühle, Handlungen und Reaktionen der Eltern, und sie unterlaufen deren Pläne. Es ist hilfreich, wenn Eltern begreifen, dass auch sie sich verändern müssen.«

Aber wer formt wen wie stark? Auch darauf haben Zwillingspaare eine Antwort geliefert. Wenn Eltern ihren Erziehungsstil einfach nach ihren eigenen Grundsätzen festlegen, dann wäre es zu erwarten, dass sie mit ihren beiden eineiigen Zwillingskindern praktisch identisch umgehen, dachte sich Reut Avinun – auf jeden Fall ähnlicher als mit gewöhnlichen Geschwistern. Die Unterschiede in der Erziehung von Zwillingen und weiteren Geschwistern könnten also zeigen, wie stark die genetische Ausstattung des Nachwuchses den Erziehungsstil beeinflusst.

Die fast 15 000 Zwillingspaare, deren Daten die israelische Psychologin ausgewertet hat, geben eine klare Antwort: Rund ein Viertel des elterlichen Verhaltens, ob sie also gelassen auf ein bockiges Kind reagierten oder wie sie das Kind behandelten, wenn es traurig oder wütend war, wurde durch das Wesen des Kindes beeinflusst. »Kinder haben also einen ganz erheblichen Anteil an der Geschichte«, sagt Avinun. »Kein Kind gleicht dem anderen. Deshalb kann auch keine Erziehung der anderen gleichen. Es gibt keine Regeln, die für alle Situationen oder alle Kinder gelten.«

Brian Boutwell formuliert seine Botschaft so vorsichtig wie er nur kann: »Unabhängig davon, wie sich das jetzt für Sie anfühlt, haben Ihre Mutter und Ihr Vater (oder wer auch immer Sie aufgezogen hat) wahrscheinlich fast nichts in Ihrer Persönlichkeit angelegt, das bis ins Erwachsenenalter Bestand hat.« Wissend, auf wie viel Gegenwehr das stoßen wird, betont er gleich, dass er seine Eltern liebt: »Es ist nicht etwa so, dass ich von einer latenten Freud'schen Bitternis beseelt bin, die in die ersten Jahre meines Lebens zurückzuverfolgen wäre, und nur deshalb diesen frontalen Angriff auf die Bedeutung der Erziehung fahre«, versichert er.

Im Grunde, meint Boutwell, sei die Erkenntnis doch ohnehin für alle Eltern und Kinder tröstlich. Zwar können Eltern nicht mehr wirklich stolz darauf sein, wenn ihre Kinder sich gut entwickeln. Aber sie müssen sich auch nicht mehr, wie ihnen das viele Jahre unter anderem von Fachleuten auferlegt wurde, für die Neurosen ihrer Kinder verantwortlich fühlen. Nur für den Teil, den sie ihnen unweigerlich mit ihren Genen mitgegeben haben. Und groß gewordene Kinder müssen nicht glauben, dass die Wurzel all ihrer Probleme in ihrem Elternhaus liegt. Sie können sich damit aussöhnen.

An dieser Stelle werden kritische Leser anmerken, dass der Einfluss der Eltern auf ihre Kinder doch belegt sei. Schließlich können sie diese schwer traumatisieren, wenn sie sie schrecklich behandeln. Das ist wahr. Dafür gibt es eine Vielzahl an wissenschaftlichen Belegen. Und diese Traumatisierungen werden sogar über die schon erwähnten epigenetischen Prozesse fest in die Gene eingeschrieben. So fest, dass sie mitunter an die nächste Generation weitervererbt werden. Dann sind die Kinder dieser einst als Kinder traumatisierten Menschen von Anfang an besonders leicht gestresst und seelisch entsprechend labil.

Aber das bedeutet keineswegs, dass Eltern auch mit normalem Verhalten ihre Kinder formen. Der bekannte Harvard-Psychologe und Kognitionswissenschaftler Steven Pinker erklärt dies mit einem einleuchtenden Beispiel: Wer sein Smartphone aus dem 6. Stock fallen lässt, wird es garantiert zerstören. Smartphones halten nicht viel Gewalt aus. Ihr Schicksal ist in so einem Fall vorherbestimmt. Dabei spielt es aber überhaupt keine Rolle, dass derjenige, aus dessen rutschigen Fingern das Handy im 6. Stock gleitet, rein gar nichts dazu beigetragen hat, dieses Handy zu entwickeln oder zu bauen. Genauso ist es bei der Kindererziehung, sagt Pinker: Ja, es gibt Verhaltensweisen, mit denen wir die Seelen unserer Kinder garantiert zerstören. Wenn ihr Erziehungsstil schlimm genug ist, können Eltern so einiges kaputtmachen, die gesunde körperliche und seelische Entwicklung ihres Kindes etwa, seine Sprachentwicklung, seine kognitiven Fähigkeiten. Aber das ist kein Beleg dafür, dass sie umgekehrt durch ihre Art, wie sie ihr

Kind erziehen, ein anderes Kind aus ihm machen würden oder dass sie das Wesen ihres Kindes erschaffen oder gestaltet hätten.

Die Sozialisierung eines jungen Menschen spielt ganz ohne Frage eine Rolle und prägt seinen weiteren Lebensweg, das hat auch die Psychologin Judith Harris immer wieder betont, die schon früh darauf hinwies, um wie viel wichtiger die Beziehungen außerhalb der Familie sind. »Es sind eben nicht die Eltern, die die primären Sozialisierer ihrer Kinder sind«, sagt Brian Boutwell. »Diese Ehre geht an die Altersgenossen der Kinder.«

Das Zusammenspiel all unserer Beziehungen

Der Sozialpsychologe Lowery geht sogar so weit, dass ein Mensch nur durch die Summe seiner Beziehungen überhaupt ein Selbst erfährt. Was unsere Eltern von uns erwarten, ob unsere Lehrer an uns glauben, ob wir im Wettstreit mit unseren Geschwistern sind oder uns über die Marotten unserer Partner ärgern: Ohne Beziehungen gäbe es kein Selbst. »Beziehungen sind die Struktur des Ichs. Ohne sie gibt es kein Konzept eines Ichs«, sagt er. Dabei verändern wir uns nicht nur, wenn wir neue Beziehungen eingehen, sondern auch, wenn wir alte lockern. Mit jedem Todesfall, meint Lowery, würden wir daher einen Teil von uns selbst betrauern, weil immer etwas in uns stirbt, wenn ein Band zu einem anderen Menschen wegfällt. Wir schrecken häufig davor zurück, umzuziehen oder einen neuen Job anzutreten, weil wir Angst vor den Neuerungen haben, die das bedeutet. Forschungen zeigen, dass diese Angst zum Teil die Angst vor der Veränderung unseres Selbst ist. Wer aber wachsen will, so sieht es Lowery, muss akzeptieren, dass ein Teil seines Ichs geht.

Der Mensch ist also die Summe seiner Beziehungen. Aber man muss nicht glauben, dass die besonders engen Beziehungen zwangsläufig den größten Teil von uns ausmachen. »Du bist die Konvergenz aller Beziehungen, die du hast, der intimen, der zufälligen und aller dazwischen«, sagt Lowery. Eine schnelle Begegnung kann ausreichen, um unsere langjährigen Beziehungen in Frage zu stellen und dauerhaft zu verändern – etwa wenn uns ein Bekannter auf der Straße offenbart, eine Freundin erzähle Gemeinheiten über uns oder unser Partner gehe fremd.

Lowery, der sich viel mit ethnischer Identität beschäftigt hat, erzählt folgendes Beispiel: Wenn ein Mann während einer Autofahrt von Polizisten angehalten und respektlos behandelt wird, kann das alles verändern. Die Art, wie er selbst von sich denkt; die Art, wie sein Kind ihn sieht; die Art, wie sein Kind sich selbst sieht; die Art, wie das Kind die Polizei sieht. Die Veränderung im Selbstkonzept des Vaters verändert wiederum die Interaktionen mit dem Kind. Sozial betrachtet, kann ein solches Ereignis auf mannigfaltige Art und Weise Widerhall finden. Und am Ende kann die Art, wie ein Kind den sozialen Status seiner Eltern wahrnimmt, sogar beeinflussen, wie sein Gehirn auf Bedrohungen reagiert.

Wer oder was bin ich überhaupt? Wie definiere ich mich? Nicht einmal in die ganz großen Schubladen sortiert sich ein Kind in der Regel selbst ein. Selbst die wichtigsten Kategorien werden ihm von der Gesellschaft auferlegt. Das Ich eines Menschen wird erschaffen durch die Annahmen von Fremden, die ihn einem Geschlecht oder einer Ethnie zuordnen. Wenn man einem Mädchen sagt, dass es ein Mädchen ist, dann ist das einerseits der Versuch, eine biologische Tatsache zu beschreiben. Das Kind hat eine Scheide und keinen Penis, also hat es in seinen Körperzellen offenkundig zwei X-Chromosomen. Schlussfolgerung: Es ist weiblich.

Aber wenn man einem Mädchen sagt, dass es ein Mädchen ist, dann ist das zugleich eine soziale Schöpfung. Die Zuschreibung ›du bist ein Mädchen‹ geht mit Rechten und Pflichten, mit Erwartungen und Verbindlichkeiten einher, die Menschen üblicherweise mit diesem Geschlecht verbinden. Dass es freundlich und höflich sein soll. Dass es attraktiv sein soll. Dass es sich um andere Menschen kümmern soll und dafür auch mal selbst zurücksteckt. Dass es Puppen gernhaben soll und Tiere zuverlässig versorgt. Dass es langsamer rennt als die meisten Jungen. Und dass es, wenn es groß geworden ist, seine alten Eltern pflegt.

Wenn eine Gruppe einem Menschen eine soziale Identität verleiht, verändert sie ihn – allein schon dadurch, wie sie mit ihm umgeht. Ein Mensch mag sich selbst als Mann oder Frau sehen, als schwarz oder weiß. Aber das heißt noch lange nicht, dass er in der Gesellschaft auch als solches akzeptiert wird. »Letztlich bittet man nur um diese Identität«, sagt Brian Lowery, »und es ist an der Gruppe, sie zu gewähren oder nicht.« Das zeigte mit aller Deutlichkeit die Diskussion um intersexuelle Sportlerinnen wie die südafrikanische Mittelstreckenläuferin Caster Semenya, die von sich selbst sagt: »Wenn ich pinkele, pinkele ich wie eine Frau. Ich weiß, dass ich eine Frau bin.« Trotzdem darf Semenya nach einem Urteil des Internationalen Sportgerichtshofs Cas vom Mai 2019 nicht mehr ohne Einschränkungen bei internationalen Wettkämpfen laufen. Sie muss Medikamente nehmen, um ihren Testosteronspiegel zu drücken, der für eine Frau ungewöhnlich hoch ist. Semenya gilt also – zumindest im internationalen Sport – entgegen ihrer eigenen gefühlten und gelebten Identität nur als Frau, wenn ihre Hormonspiegel bestimmten Regeln gehorchen. Sie wehrt sich dagegen, pocht auf ihre gelebte und gefühlte Identität. Aber dem Sportgerichtshof ist das egal. Und von anderen Läuferinnen wird sie dafür missachtet und ausgegrenzt.

Das ist nicht nur beim Geschlecht so. Ähnlich aufwühlend wie der Fall Caster Semenya ist die Geschichte von Rachel Dolezal. Die US-Amerikanerin wurde als Kind zweier Weißer in den USA geboren. Aber sie entschied sich schon früh, als schwarze Frau zu leben. Sie heiratete einen Schwarzen. Sie studierte an der Howard University, einer historisch afroamerikanischen Universität in Washington, und sie engagierte sich in der schwarzen Bürgerrechtsbewegung, der National Association for the Advancement of Colored People (NAACP). Mit 37 Jahren hatte sie es zur Präsidentin eines NAACP-Chapters im US-Bundesstaat Washington gebracht. Doch dann meldeten sich ihre Eltern und sagten: Ihre Tochter, die deutlich gebräunte Haut hatte und schwarze Locken trug, sei gar keine Schwarze, sie sei weiß. Sie hätten zwar auch vier schwarze Adoptivkinder, aber Rachel sei ihr leibliches Kind. Fotos aus Dolezals Jugend, die sie den Medien zur Veröffentlichung gaben, zeigten ein dunkelblondes, in die Kamera lächelndes Mädchen mit blauen Augen, heller Haut und Sommersprossen. Ein Aufschrei ging durch die lokale Presse. Dolezal verteidigte sich: Seit sie fünf Jahre alt sei, habe sie sich als schwarz empfunden, erzählte sie. Immer habe sie sich als Kind auf Bildern mit einem braunen Buntstift gemalt. Für sie sei ihr Auftreten als Schwarze »sehr wirklich« gewesen, sie habe sich der schwarzen Gemeinschaft zugehörig gefühlt. »Das war keine Show«.

Der Fall löste 2015 in den USA eine nationale Debatte über ethnische Identität aus. Doch es half alles nichts. Dolezal wurde vom NAACP vor die Tür gesetzt. Sie verlor ihren Job als Kolumnistin einer Zeitung und auch noch ihren Posten an der Eastern Washington University, wo sie Dozentin für Afrikawissenschaften war.

Anders als Caster Semenya und Rachel Dolezal akzeptieren die meisten Menschen die Label, die die Gesellschaft ihnen zuschreibt. Entweder empfinden sie sie ohnehin als stimmig oder sie haben weniger Kampfgeist. In jedem Fall hat es einen unschätzbaren Vorteil, wenn man sich in die vorgesehene Rolle einfügt. Denn das schafft Klarheit und Sicherheit. Auf den Punkt gebracht könnte man sagen: Wenn man weiß, wer man ist, weiß man, was man zu tun hat. Deshalb gehen wir in der Regel gerne auf Erwartungen ein. Weil soziale Identität uns eine Karte gibt, einen Sinn, eine gewisse Voraussagbarkeit im Leben. Aber sie schränkt uns eben auch ein und sie verändert uns. Und manchmal droht sie uns zu ersticken.

Mitunter zementieren die Zuschreibungen unser Wesen sogar, statt es zu verändern. Das gilt nicht nur für die großen Fragen nach Geschlecht und ethnischer Identität, sondern auch für die kleinen Charakterfragen. Wenn Eltern, Verwandte und Bekannte ein Kind immer wieder auf seine Schüchternheit oder sein Draufgängertum festlegen (»Du warst ja schon immer …«), dann wird das zur selbsterfüllenden Prophezeiung. Ein solches Kind kann sich kaum anders entwickeln. Und wenn es größer wird, bastelt es sich seine Welt durch die Wahl seines Berufs und seines Freundeskreises oft weiter so zurecht, dass das Bild vom eigenen Charakter erhalten bleibt.

Ob wir uns dazu entschließen, mitzuschwingen oder gegenzuhalten, ist meist keine autonome Entscheidung. Und sie hängt oft genug von der Situation ab – etwa davon, ob wir die Person mögen, die da gerade Erwartungen und Labels an uns heranträgt. Wenn wir mit einem Menschen zusammenarbeiten, den wir sympathisch finden, passen wir unsere Überzeugungen schnell denen des anderen an – selbst wenn wir das gar nicht wollen, und oft ohne dass wir es bemerken.

»Einander sympathische Menschen nähern sich einander an«, sagt Brian Lowery. Er hat das in Experimenten gezeigt, in denen es um unterschwelligen Rassismus ging.

Zu den Experimenten hatte er 91 junge weiße Studenten von der University of Virginia eingeladen. Sie sollten einen Test absolvieren, der auf geschickte Weise rassistische Vorurteile prüfte. Um solche unbewussten Meinungen abzufragen, benutzen Psychologen seit fast 20 Jahren »Implizite Assoziationstests« am Computer. Die Idee dahinter ist: Wenn wir finden, dass zwei Begriffe zusammenpassen (zum Beispiel »Blume« und »schön«), dann reagieren wir sehr schnell; wenn wir dagegen der Ansicht sind, dass zwei Begriffe oder Dinge nicht zusammenpassen (zum Beispiel »Waffe« und »schön«), irritiert uns das so, dass wir eine einfache Handlung nicht mehr so rasch ausführen können. Wegen dieser kognitiven Dissonanz drücken wir dann am Computer eine bestimmte Taste etwas langsamer. Der zeitliche Unterschied ist minimal, aber mit moderner Technik lassen sich nun mal auch Millisekunden messen. Und die verraten uns.

In Lowerys Experiment wurden die Studenten von einer hellhäutigen Wissenschaftlerin betreut. Sie trug bei einigen Studenten ein weißes T-Shirt, bei anderen eines mit einem unübersehbaren Statement gegen Rassismus darauf. In der Hälfte der Fälle gab sich die junge Frau sehr freundlich. Sie begrüßte ihre Probanden herzlich, dankte ihnen für die Teilnahme und bot ihnen etwas Süßes an. Zu den anderen Testpersonen war die Betreuerin mürrisch und unwirsch und schob eine Schale mit Süßigkeiten von ihrer Testperson sogar noch mit dem Hinweis weg, andere Betreuer würden ihren Probanden ja Süßes anbieten, aber sie finde, das sei unnötig.

Im Test zeigten die Teilnehmer weniger rassistische Vorurteile, wenn sie von einer Frau mit Antirassismus-Botschaft auf dem Shirt betreut wurden – aber nur, wenn sie diese auch mochten. Wenn sich dagegen eine unfreundliche Betreuerin mit ihrem Shirt betont antirassistisch gab, wurde der unterschwellige Rassismus der Probanden dagegen größer.

Positive und negative Einflüsse von außen

Immer deutlicher zeigt sich: Das Leben macht uns zu dem, was wir sind. Und das bedeutet auch: Das Leben, das wir wählen, hat einen entscheidenden Einfluss darauf, wie wir uns entwickeln. Lange dachte die Wissenschaft, der Mensch schaffe sich mit seiner Persönlichkeit ein Umfeld, das er bestimmt. Doch auch das Gegenteil ist der Fall: Die Umwelt prägt den Menschen weit über das bisher bekannte Maß hinaus.

Wir verändern uns also ständig, hadern mit den Einflüssen von außen oder heißen sie willkommen bei der Erschaffung unseres tagesaktuellen Selbst. Aber dabei prägen uns natürlich nicht alle Ereignisse gleichermaßen. Manche führen zu erstaunlichen Wandlungen, so wie es offenbar Gretas Erkenntnis getan hat, dass sie andere Menschen beeinflussen kann. Andere wirken sich eher bescheiden aus. Und manchmal bewirken Dinge, von denen wir glauben, dass sie uns bis ins Mark erschüttern und unsere Welt ins Wanken bringen müssten, kaum etwas, während Kleinigkeiten einen gewaltigen Umschwung verursachen.

So erstaunlich es vielleicht klingen mag: Auch wenn die Geburt eines Kindes ein atemberaubendes Ereignis ist, das das Leben der Eltern für die nächsten Jahre erheblich durcheinanderwirbeln wird und Lernen auf vielen Ebenen unvermeidbar macht: Ein neuer Beruf lässt die Persönlichkeit erheblich stärker reifen als ein Baby. Das hat die Persönlichkeitspsychologin Jule Specht gemeinsam mit Kollegen anhand der SOEP-Daten an mehr als 14 000 Menschen herausgefunden. Sie wollte gezielt wissen, wie viel die großen Lebensereignisse einen Menschen verändern. Und dabei kamen so überraschende Zusammenhänge zutage wie der größere Einfluss des Berufs als des Babys auf unser Selbst.

Das liegt möglicherweise daran, dass man im Beruf mit klaren Rollenanforderungen konfrontiert wird, etwa dass man pünktlich, ordentlich und zuverlässig sein muss. Viele Menschen erfüllen diese Erwartungen und verinnerlichen sie auch gleich: Sie werden gewissenhafter und emotional stabiler, wenn sie ihren ersten Job angenommen haben oder beruflich aufsteigen. »Mit dem Eintritt ins Berufsleben wird erwartet, dass wir verlässlich sind, jeden Morgen erscheinen, die Dinge auch tun, die wir versprechen. Dadurch wird man automatisch zuverlässiger«, sagt die Alternsforscherin und Entwicklungspsychologin Ursula Staudinger. Was man im Beruf lernt, überträgt man dann sogar aufs private Umfeld, weil man merkt, dass es sich auszahlt, gewissenhaft zu sein, wie Jule Specht erläutert. Man räumt auch zu Hause seinen Schreibtisch auf und ist bei Treffen mit Freunden pünktlicher, als man es früher war. Erst wenn wir in Rente gehen, verlieren wir unsere im Büro oder im Betrieb erlernte Gewissenhaftigkeit oft wieder ein Stück weit. Das eigene Anspruchsdenken sinkt, der »Dolce-Vita-Effekt« setzt ein.

Im Privatleben gibt es dagegen weniger klar vorgegebene Rollen als in der Arbeit. Zwar stecken Eltern in genügend Zwängen und Rollenbildern. Dennoch ist der Auftrag an Mütter und Väter, wie sie ihre neue Rolle im Leben denn nun genau ausgestalten sollen, nicht so ausgeprägt. Es gibt offenbar keine ganz klaren Vorstellungen, wie man sich als Elternteil gefälligst charakterlich anzupassen hat. Das schafft jungen Eltern viele Freiheiten, ihr bisheriges Selbst so auch weiterzuleben. Zwar wird erwartet, dass Eltern zuverlässig für ihr Kind sorgen, seine Bedürfnisse erfüllen und auf das Kind aufpassen, aber Gestaltungsspielraum gibt es weiterhin; wenn einer aufpasst, darf der andere die Nacht durchtanzen. Die Gesellschaft hat also nicht so dezidierte Erwartungen, und der auf Resonanz bedachte Mensch schwingt deshalb auch nicht so stark mit.

Allerdings klappt das mit der beruflichen Sozialisation auch nicht immer, wie das Beispiel Donald Trump zeigt. Viele Menschen hatten erwartet, dass der unkalkulierbare und polternde Twitterkönig, wenn er denn erst einmal mit dem vornehmsten Amt der Vereinigten Staaten betraut wäre, doch noch ein halbwegs vernünftiger Präsident werden würde. Dass er sich an die Anforderungen des Amts anpassen würde und vielleicht erst einmal Berater fragt und nachdenkt, bevor er etwas tut. Doch weit gefehlt. Die Persönlichkeit des Donald Trump ist stärker als das Amt.

Ob Melania und Ivana mehr Einfluss auf ihren dickfelligen Mann hatten als der Einzug ins Weiße Haus? Das könnte sogar sein, denn am allermeisten verändert der Beginn einer festen Partnerschaft einen Menschen – und zwar meistens günstig. Jedenfalls dann, wenn die Partner einander unterstützen; nicht gerade, wenn sie sich gegenseitig Gewalt antun oder einander psychisch fertigmachen. »Generell kann man sagen, dass sich der Charakter zum Positiven verändert, wenn man eine feste Beziehung eingeht«, sagt Jaap Denissen, Professor für Verhaltens- und Sozialpsychologie. Dabei ist es sogar gleichgültig, ob jemand mit 25 oder mit 50 Jahren eine ernsthafte Beziehung beginnt – die Partnerschaft führt stets dazu, dass die Persönlichkeit reift, wie der Psychologe Franz Neyer gezeigt hat. Laut seinen Studien macht besonders die erste feste Partnerschaft eine reifere

Persönlichkeit aus uns, denn wir werden gewissenhafter und emotional stabiler. »Dieser Schub hält oft langfristig an, selbst wenn sich die Partner später trennen«, sagt Neyer.

Zugleich werden Menschen während einer Ehe allerdings weniger gesellig und weniger offen für neue Erfahrungen. Logisch, sie haben ja einander. Aber sobald sie sich von ihrem Partner trennen, sind sie schlagartig wieder aufgeschlossen für neue Menschen und neue Erfahrungen, auch werden sie wieder umgänglicher. Das gilt vor allem für Männer. Unterschiedliche Entwicklungen nehmen Frauen und Männer auch, wenn der Partner stirbt. Dann werden Frauen wie schon erwähnt weniger genau, Männer dagegen gewissenhafter. Vermutlich ist der Effekt im traditionellen Beziehungen besonders groß: »Während Frauen nun weniger Aufwand betreiben müssen, haben Männer plötzlich mehr Haushaltsaufgaben zu übernehmen, die Disziplin erfordern«, erläutert Jule Specht.

Uns muss also klar sein: Das Leben verändert uns, unsere Lebensentscheidungen bleiben daher nicht folgenlos für unseren Charakter. Zum Beispiel die Frage, ob man studieren soll oder lieber eine Ausbildung beginnt: Während die jungen Menschen im Beruf an Gewissenhaftigkeit zulegen, gewinnen Studenten an emotionaler Reife, wie ein Forscherteam um den Psychologen Oliver Lüdtke von der Humboldt-Universität Berlin herausfand, der rund 2100 junge Menschen bereits auf ihre Persönlichkeit getestet hat, als sie noch zur Schule gingen. In den folgenden sechs Jahren konnte das Forscherteam 508 von ihnen mehrmals befragen. 284 hatten beim letzten Test schon eine berufliche Ausbildung hinter sich, 224 hatten Abitur gemacht. »Je nachdem, wie wir die Weichen für unseren Lebensweg stellen, stehen wir vor ganz unterschiedlichen Anforderungen, denen wir uns naturgemäß anpassen – und das hinterlässt Spuren in der Persönlichkeit«, sagt Lüdtke. Aber es ist ein Wechselspiel: Umgekehrt beeinflusst unsere Persönlichkeit natürlich auch, welchen Ausbildungsweg wir überhaupt in Erwägung ziehen. Personen, die sich für ein Studium entschieden, waren in Lüdtkes Untersuchung bereits zu Schulzeiten emotional stabiler und offener für Erfahrungen als diejenigen, die eine Berufsausbildung begannen.

Je stärker sich die Umgebung verändert, desto mehr entwickelt sich oft auch die Persönlichkeit. Kein Wunder also, dass Studenten nach einem Aufenthalt im Ausland oft ganz neue Charaktereigenschaften präsentieren. Wie sehr sie sich verändern, hat der Differentialpsychologe Alexander Freund von der Universität Lüneburg untersucht, indem er 221 Studierende über ein Semester hinweg beobachtete. 93 von ihnen gingen für ein Semester ins Ausland, und das waren – wenig überraschend – vor allem diejenigen, die einem Persönlichkeitstest zufolge verträglicher waren und offener für neue Erfahrungen als ihre Kommilitonen. Der Aufenthalt in der Fremde aber hatte diese Charakterzüge bei ihnen weiter verstärkt: Sie waren noch verträglicher und extrovertierter und noch weniger ängstlich. Außerdem war ihre Selbstwirksamkeitserwartung gewachsen – die Überzeugung also, eine schwierige Situation meistern zu können. Diese Eigenschaft ist nicht nur wichtig für das Selbstbewusstsein und die Zufriedenheit. Man braucht sie auch, um Herausforderungen und Krisen zu bewältigen, sie trägt erheblich zur Resilienz bei, der psychischen Widerstandskraft. Die Selbstwirksamkeitserwartung hing klar von den neuen Sozialkontakten ab. Denn sie stieg umso mehr, je mehr Menschen die Studenten pro Woche im Ausland trafen.

Zu ähnlichen Schlüssen kam auch ein Team um Adam Galinsky von der Columbia University in New York. Die

Forscher stellten fest, dass die Kosmopoliten geistig flexibler waren – nicht nur im positiven Sinne. Zwar gelang es ihnen besser, Probleme kreativ zu lösen, wenn sie sich vorher ihre Auslandserfahrungen ins Gedächtnis gerufen hatten. Aber sie schummelten auch eher, zumindest in einem Online-Spiel, in dem sie Buchstabenrätsel lösen mussten, um ein iPad zu gewinnen. Vor dem Auslandsaufenthalt stellten sich 30 Prozent der Probanden besser dar, als sie in Wirklichkeit waren; nach ein paar Monaten im Ausland waren es plötzlich 46 Prozent – ganz unabhängig davon, ob sie diese Zeit in Japan, Indien, Argentinien oder Neuseeland verbracht hatten.

Positiv könnte man sagen: Sie stellten sich flexibler auf die Anforderungen ihrer Umwelt ein. Und der Auslöser waren vor allem die neuen Beziehungen, die sie im Ausland eingegangen waren. Sie kamen dort eben mit Menschen zusammen, die sie zu Hause nicht so einfach trafen. Dabei war es gar nicht so wichtig, ob sie während ihres Auslandsaufenthaltes Kontakte zu Einheimischen oder zu Personen aus ihrer alten Heimat hatten. Hauptsache, sie lernten fremde Menschen kennen. Interessant auch, dass die Neigung zu unmoralischem Verhalten mit der Breite der Auslandserfahrungen steigt. Je mehr Länder junge Leute besuchen, desto eher waren sie geneigt, zu ihren eigenen Gunsten zu schummeln – gleichgültig, welcher Herkunft sie selbst ursprünglich waren.

Natürlich hängt es auch von den eigenen Erwartungen ab, ob man von dem Auslandsaufenthalt profitiert. So berichten Amerikaner hinterher oft, dass es im Ausland nicht so schön gewesen sei. Deutsche dagegen, die offenbar damit gerechnet haben, wegen ihrer Herkunft Ressentiments zu begegnen, machen meist positive Erfahrungen und werden im Ausland umgänglicher, ausgeglichener und geistig flexibler.

Aber, da kann man alle enttäuschten Auslandsstudenten und ihre Eltern ebenso beruhigen wie die in ihrem Alltag Gebeutelten: Sogar Veränderungen, die wir zunächst als negativ erleben, müssen es für unser Selbst auf die Dauer keineswegs sein. Das zeigt schon das Beispiel der Witwer und Geschiedenen. Selbstverständlich ist es ein schwerwiegender Einschnitt, wenn man den Lebenspartner verliert, und es ist eine große Aufgabe, diese Trauer zu bewältigen. Für die Persönlichkeit aber kann ein solcher Einschnitt am Ende auch Gutes bewirken. Jede Veränderung im Leben verlangt uns Flexibilität ab, und oft bedeutet das eine positive Entwicklung.

Nur für eine Art von Schicksalsschlag scheint das niemals zu gelten, das ist die Arbeitslosigkeit. Seinen Job ungewollt zu verlieren, wirkt sich durchweg negativ aus, da gibt es nichts Gutes drin zu entdecken – es sei denn, jemand stellt nach Jahren fest, dass er nun eine viel bessere Stelle gefunden hat und dass es ihm viel besser geht als mit seiner früheren Arbeit. Immer wieder haben Forscher in den vergangenen Jahren darauf hingewiesen, dass der Verlust des Arbeitsplatzes die Psyche extrem belastet. Wer einmal eine Kündigung kassiert hat, behält die Narben in der Regel lange auf der Seele. Und die Kränkung sitzt so tief, dass auch die Persönlichkeit betroffen ist, wie der Ökonom und Psychologe Christopher Boyce herausfand. Er geht sogar davon aus, dass kaum ein Ereignis die Persönlichkeit eines Menschen so stark negativ verändert wie der Verlust der Arbeit.

Boyce und seine Kollegen haben Daten von mehr als 6700 erwachsenen Deutschen aus dem SOEP untersucht, die zwischen 2006 und 2009 zweimal einen Persönlichkeitstest absolviert hatten. 210 Studienteilnehmer waren in diesem Zeitraum ein bis vier Jahre lang arbeitslos, weitere 251 hatten kurze Zeit keinen Job, wurden dann aber wieder fündig. Boyce hatte ja schon mit dem Schlimmsten gerechnet, aber die Daten erschreckten ihn: Die Betroffenen büßten mit der Zeit nicht nur an Gewissenhaftigkeit, sondern auch stark an Offenheit und Verträglichkeit ein. Offenbar waren die Verletzungen so groß, dass sie sich nur schwer einem neuen Job und anderen Menschen öffnen konnten. Sie wurden eher griesgrämig und feindselig, und ihre Zuverlässigkeit und Genauigkeit schwand sowieso. Das sind leider keine guten Voraussetzungen, um nach langer Arbeitslosigkeit wieder einen Job zu finden. Somit seien die Folgen von Arbeitslosigkeit für die Psyche möglicherweise noch gravierender sind als bisher angenommen, sagt Boyce. Nicht zuletzt könnten gerade diese Persönlichkeitsveränderungen dazu führen, dass viele Menschen ab einem gewissen Zeitpunkt Schwierigkeiten haben, überhaupt wieder einen Job zu finden – und letztendlich in eine gefährliche Abwärtsspirale führen.

Die Summe unserer Erfahrungen

Veränderungen der Persönlichkeit haben aber nicht immer damit zu tun, dass Menschen in neue soziale Rollen schlüpfen. Auch unabhängig davon entwickeln wir uns und erlangen eine gewisse Reife. Schließlich lernt man mit dem Älterwerden vieles dazu – einfach durch Erfahrungen. Zum Beispiel gewinnen die meisten Menschen mit den Jahren an Gelassenheit, die in der Psychologie genauer als Selbstregulation bezeichnet wird. »Diese Steuerung unseres Verhaltens können wir im Lauf des Lebens lernen; entscheidend dafür sind unsere Erfahrungen«, sagt Jaap Denissen. Eine reife Persönlichkeit zu werden, bedeutet eben auch: sich selbst besser unter Kontrolle zu haben; nicht immer gleich auszuflippen, wenn Dinge anders laufen als gedacht. Tatsächlich lernen die meisten Menschen das automatisch. Wer einmal erfahren hat, dass er mit seinen überschäumenden Reaktionen nur aneckt und dass ein bisschen Contenance sehr hilfreich sein kann, der ist motiviert, sein Verhalten unter Kontrolle zu bekommen. Zur abgeklärten Gelassenheit der fortgeschrittenen Jahre trägt auch die Feststellung bei, dass sich Situationen, die zunächst mit großer negativer Wucht daherzukommen scheinen, letztlich gar nicht so schlimm sind und sich womöglich sogar gut entwickeln. Sich aufregen? Kann man ja immer noch, wenn es am Ende doch negativ ausgeht.

So lernen die meisten Menschen im Laufe ihres Lebens, ihre Aggressionen zu mäßigen, wenn sie sich über jemanden ärgern, der sich in der Schlange vordrängelt. Oder sie nehmen es weniger wichtig, wenn sich ein Kollege auf Kosten der anderen einen Vorteil sichert. Die Selbstregulation funktioniere auf mehreren Ebenen, sagt Jaap Denissen. Man lernt, seine Emotionen besser zu kontrollieren; man weiß aber auch, dass es klug ist, bestimmte Situationen von Anfang an zu vermeiden; und schließlich weiß man, wie man unangenehme Situationen zum Besseren verändern kann. Wenn ein Mensch sich vordrängelt, entschärft man die auftretende Spannung vielleicht mit einem Witz, oder man spricht den Drängler direkt an. Dann ändert sich die Situation oft, ohne dass sie sich allzu sehr aufheizt. Um solche Dinge zu lernen, braucht man keine soziale Rolle. Lebenserfahrung genügt.

Allerdings muss man einräumen: Glückspilze haben es ungerechterweise leichter mit der Veränderung. Wer auf der Sonnenseite des Lebens unterwegs ist, der ist in der Regel offener für neue Erfahrungen. Folglich macht er auch welche, und die verändern ihn. »Die besten Voraussetzungen für Stärke, Wachstum, Selbstsicherheit, Zufriedenheit, Selbstbewusstsein, Veränderungswillen oder Veränderungen sieht man bei den Personen, die es eher leicht hatten im Leben«, sagt Jule Specht. Ihnen haben sich Chancen geboten, ihnen sind positive Dinge passiert. So wurde ihre Neugier aufs Leben belohnt, und deshalb werden sie sich auch weiterhin neuen und unbekannten Situationen stellen.

Umgekehrt verändern natürlich auch die negativen Erlebnisse die Persönlichkeit. Sie machen in der Regel vorsichtiger. Deshalb haben Menschen, die schon viele schlechte Erfahrungen gemacht haben, meist mehr Schwierigkeiten, aus negativen Verhaltensweisen auszusteigen und sich für Neues zu öffnen. Dabei sind es nicht nur die ganz großen Chancen und Widrigkeiten, die unsere Persönlichkeit verändern. Auch kleine, mitunter als unbedeutend wahrgenommene Ereignisse formen unser Wesen. Intensiv diskutieren Psychologen heute die Bedeutung der Mikrotraumen oder Mikrostressoren, die Menschen ständig und über einen längeren Zeitraum in ihrem Leben erfahren. Demnach hinterlassen große Traumen, schwere Verletzungen und erschütternde Momente zweifellos ihre Spuren in der Seele, doch auch ständige Kritik, zu viele stressige Situationen und stets wiederkehrende leichtere Verletzungen können Auswirkungen auf die Persönlichkeit haben. Sie haben dann zum Beispiel zur Folge, dass sich ein Mensch immer mehr zurückzieht, statt sich für neue Einflüsse zu öffnen, oder dass er fahrig, ängstlich und unfreundlich wird, obwohl er mal ein geselliger, zugewandter und positiv denkender Typ war.

»Auch die kleinen Stressereignisse führen zur psychischen Belastung«, sagt Klaus Lieb vom Deutschen Resilienz Zentrum an der Universität Mainz. Der Psychiater erforscht die langfristigen Auswirkungen des täglichen Ärgers und Stresses derzeit im Rahmen des Sonderforschungsbereichs

»Neurobiologie der Resilienz« an 1200 Menschen. Ob es nun unsere ständige Erreichbarkeit mitsamt den minütlich aufploppenden neuen Mails, Messages und Instagram-Fotos ist, die uns aus dem Jetzt reißen, uns daran hindern, mal abzuschalten, und unsere Konzentrationsfähigkeit torpedieren; ob es die Anforderungen an unsere Mobilität sind, die uns Ruhephasen in den eigenen vier Wänden rauben; oder ob andere Ärgernisse des Alltags an unseren Nerven zerren wie der ständig meckernde Lebensgefährte, der morgendliche Ärger beim Autofahren, die wiederkehrende Kritik am Arbeitsplatz oder die motzigen Kinder im Teenageralter, die uns peinlich und blöd finden: »Diese täglichen Ärgernisse und Herausforderungen, die ›Daily Hassles‹, sammeln sich an und können dann erheblichen Einfluss bekommen«, sagt Lieb. Wie viel Einfluss? Und was darf – abhängig von unserem persönlichen Maß an Resilienz – alles passieren, bis sich die ständigen Demütigungen auf unsere seelische Gesundheit und unsere Persönlichkeit auswirken? Das ist wissenschaftlich noch nicht gesichert, Liebs Studie soll Antworten darauf geben.

Aber wie geht man am besten mit diesen Mikrostressoren um?

Klaus Lieb rät seinen Patienten erst einmal dazu, sich eine Speckschicht an Resilienz zuzulegen: Man sollte in Zeiten mit weniger Stress und Ärger für die schwierigeren Phasen des Lebens vorsorgen. »Genauso wie wir etwas für unser Herz tun sollten und dafür, dass wir nicht dement werden, indem wir Sport machen, unseren Geist trainieren und uns gut ernähren«, sagt der Psychiater, »so müssen wir auch in guten Zeiten für unsere psychische Widerstandskraft Sorge tragen – und nicht erst, wenn man schon in einer schwierigen Situation gefangen ist.« Dazu gehört es zuallererst, dass man sich einen Freundeskreis aufbaut. Dann sollte man die guten Dinge und die positiven Ereignisse des Tages – die schließlich bei all dem Ärger und Stress auch passieren und die man im Gegensatz zu den beängstigenden Mikrostressoren unsere Mikrokraftquellen nennen könnte – bewusst wahrnehmen und aufrichtig schätzen lernen. Und schließlich sollte man üben, kräfteschonend mit Kritik zu verfahren: Um was geht es da eigentlich, könnte man sich fragen, wenn mich ein Kollege ständig angreift? Wo hat er vielleicht recht, wo eher nicht? Und hat das überhaupt etwas mit mir zu tun? »Man sollte das nicht einfach über sich ergehen lassen, sondern es hinterfragen und die Bewertung des anderen ebenso wie die eigene Bewertung einer kritischen Analyse unterziehen«, sagt Lieb. Eine Kränkung ist schließlich dann am größten, wenn man denjenigen, der einen da kränkt, und das, was er da sagt, ernst nimmt. Deshalb ist es wichtig, nach der Motivation des anderen für seine Attacken zu fahnden, den Wahrheitsgehalt seiner Anschuldigungen zu erforschen – und sich dagegen auch mal zur Wehr zu setzen.

Dagegenhalten ist überhaupt etwas sehr Wichtiges. Es schützt die Seele und die Selbstachtung. Das gilt vor allem dann, wenn man merkt, dass die »Daily Hassles« schon mehr sind als ein Ärgernis, wenn sie beginnen, sich auf das eigene Verhalten und die Gedanken nachhaltig auszuwirken. Denn dann ist die Persönlichkeit in Gefahr. Man sollte in dem Fall seine Gedanken bewusst in eine andere Richtung lenken und sich auch mal dazu aufraffen, gegen den inneren Reflex und die Sorge vor Enttäuschung doch mal neue Situationen und andere Verhaltensmuster zu erproben. Wenn positive Erfahrungen entstehen, können die alten Verletzungen überschrieben werden, auf Dauer wird man dann wieder neugierig aufs Leben.

Aber was ist mit den ursprünglichen Anlagen – schlagen sie mit der Zeit nicht doch wieder zu? Nicht so begeistert sind Menschen häufig von der Beobachtung, dass sie, je älter sie werden, immer mehr ihren eigenen Eltern ähneln. Hatte die Großmutter nicht stets ein Papiertaschentuch in der Hand – und jetzt ertappt man sich selber dabei? Hört man nicht im eigenen Lachen den Vater durchklingen? Und benutzt man bei der Erziehung seiner Kinder nicht die gleichen Sätze, wie es die eigenen Eltern damals taten? »Hilfe, ich werde schon wie meine Mutter!«, denken sich viele.

Aber stimmt das wirklich? Werden Kinder ihren Eltern mit den Jahren immer ähnlicher, obwohl sie, wenn sie erst einmal die ödipale Phase hinter sich haben, doch eigentlich nichts schlimmer finden als das? In der Tat, da ist was dran, meint Frank Spinath, Professor für differentielle Psychologie und psychologische Diagnostik an der Universität des Saarlandes. Und es fällt vor allem deshalb auf, weil die Entwicklung von Kindern und Eltern zunächst auseinanderdriftet. Da Teenager in der Pubertät so gar nichts von ihren Eltern abgucken wollen, sind andere Beziehungen in ihrem Leben viel wichtiger: Sie kopieren Freunde und Stars, meiden alles, was nach Eltern aussieht. Deshalb schlagen in dieser Zeit die Umwelteinflüsse stärker durch als der Einfluss der Eltern und der Einfluss der Erbanlagen, die sie mit ihren Eltern teilen.

Doch mit zunehmendem Alter – spätestens wenn der Berufseinstieg geschafft ist – nimmt das Bedürfnis, sich von der Familie abzuheben, wieder ab. Die jungen Leute lassen Ähnlichkeiten eher zu. Außerdem schlagen die Erbanlagen deutlicher durch. Auch wenn die Gene (natürlich) von Anfang an da sind: Ihre Wirkung entfalten sie im Laufe des Lebens immer mehr. Schließlich wählen Menschen ihr Leben und damit ihre Umgebung und die Einflüsse, denen sie sich aussetzen, nicht zufällig. Welchen Beruf ein Mensch ergreift, mit welchen Freunden er sich umgibt und ob er eher große oder kleine Reisen macht, hängt von seiner genetischen Ausstattung ab. In der Regel verstärken wir auf diese Weise Eigenschaften, die wir ohnehin schon haben – so wie die Studenten, die vor Beginn ihres Studiums oder vor dem Auslandsaufenthalt schon extrovertiert waren und danach noch an Extrovertiertheit zugelegt hatten. Menschen wählen sich also ihre Nische, und die beeinflusst sie und bringt ihre Anlagen noch stärker hervor. Auch wenn zugleich immer neue Umwelteinflüsse die Persönlichkeit prägen, so stimmt es: Wir werden unseren Eltern im Alter tatsächlich ähnlicher.

Wir und das Leben. Es prägt uns heute so und morgen so. Mal lassen wir uns mitreißen, mal versuchen wir gegenzuhalten. Aber was wir auch tun: Das Leben verändert uns. Es gibt gewiss Menschen, die die Vorstellung erschreckend finden, dass es das Ich, an das sie sich so gewöhnt haben, in diesem stabilen Sinne gar nicht gibt. Aber das ist gar nicht so erschreckend. Ein Leben ohne festgefügtes Ich hat ganz klar Vorteile. Denn wenn wir uns verändern, heißt das zugleich: Wir sind im Grunde frei, sofern wir bereit sind, lieb gewordene Vorstellungen gehen zu lassen.

Ohne die Vorbestimmung, die angeblich in uns steckt, lebt es sich auch sonst viel leichter: Mit diesem Wissen können wir uns aus Rollen befreien, die andere uns aufgedrückt haben. Zuschreibungen wie »Er ist ja so schüchtern« oder »Es ist ja klar, dass ich nichts geregelt kriege« müssen nicht mehr über uns bestimmen. Wir können Vorstellungen abwerfen, die uns nicht gefallen oder nicht (mehr) zu uns passen. Wenn das Selbst flexibel ist, kann man es auch aktiv neu gestalten. Das hilft, in vertrackten Situationen einen anderen Weg einzuschlagen und sich ein Leben nach seinen eigenen, gerade aktuellen Vorstellungen zu schaffen.

Es gibt nun mal kein unveränderliches Ich. Was es aber trotzdem gibt: ein Leben, das zu uns passt, und jede Menge Freunde, Partner, Bekannte und Jobs, die uns guttun. Eventuell müssen wir noch herausfinden, was und wer das ist.

Erstaunliche Einflüsse

Was wir fühlen, verändert unseren Körper. Und wenn unsere Seele allzu sehr leidet, kann sie unseren Körper auch krank machen. So selbstverständlich das heute für uns ist: Lange wurde diese Erkenntnis von hartgesottenen Chirurgen, Orthopäden und Hausärzten geleugnet, bis sie endlich als Lehre von der Psychosomatik Einzug in die Schulmedizin hielt. Inzwischen wissen wir, dass Herzinfarkte ebenso wie Migräne häufig eine seelische Komponente haben und dass bei Rückenschmerzen die Seele oft lauter schreit als die Bandscheiben. Fast jeder Arzt wird zustimmen, dass er Patienten ganzheitlich behandeln muss.

Aber langsam ist es an der Zeit, ein weiteres Feld der Medizin zu eröffnen. Eines, das das Gegenteil erforscht und nutzt: den Einfluss des Körpers auf die Seele. Vielleicht könnte man den alten Begriff Somatopsychologie für dieses neue Fachgebiet verwenden. Denn mehr und mehr stellt sich heraus, wie sehr sich körperliche Veränderungen auf die Seele auswirken. Man kann somit umgekehrt auch den Körper benutzen, um die Seele zu heilen. Archaische Methoden wie Zwangsjacken und Schocktherapien, mit denen Psychiater in vergangenen Zeiten kranken Seelen Gesundung verschaffen wollten, sind Gott sei Dank aus der Mode gekommen. Aber humanere Ansätze haben eine erstaunliche Kraft, sportliche Betätigung zum Beispiel. Ganz selbstverständlich wird die Wirkung von Bewegung auf die Seele heute schon in der Psychotherapie und Psychiatrie genutzt. Patienten werden zu Spaziergängen im Klinikgarten angehalten, Ballspiele mit anderen Kranken gehören ebenso zum Therapieprogramm wie Gymnastik und autogenes Training. Bei Depressionen ist Sport, das haben unzählige Studien gezeigt, häufig ebenso wirksam wie die Verschreibung von Antidepressiva.

Der Einfluss des Körpers auf die Seele geht so weit, dass organische Prozesse sogar das Wesen eines Menschen verändern können. Wenn die Schilddrüse zu viele Hormone produziert, werden Patienten reizbar, angespannt und hibbelig. Wenn die Sommerhitze zu groß wird, werden wir aggressiv und schreien andere Verkehrsteilnehmer an. Und wenn im Gehirn Nervenzellen zerstört werden – zum Beispiel durch Alzheimer, eine Hirnblutung, einen Unfall oder einen Schlaganfall –, sind manche Patienten nicht mehr wiederzuerkennen. Dann werden aus freundlichen und liebevollen Angehörigen mitunter herrische, sexualisierte oder aggressive Zeitgenossen.

Die Auswirkungen von organischen Veränderungen des Gehirns auf die Psyche und von Hormonen, deren Ausstrahlung bis ins Gehirn reicht, mögen wenig überraschend sein. Schließlich hat die moderne Wissenschaft den Sitz der Seele längst unter der Schädeldecke lokalisiert. In unseren Hirnwindungen sind unsere Emotionen verortet, dort entscheidet sich, wie wir uns verhalten, wie wir denken und wie wir fühlen. Deshalb ist es nur logisch, dass Veränderungen des Gehirns nicht spurlos an unserem Wesen vorübergehen.

Aber es gibt auch ganz andere, unerwartete Einflüsse auf die menschliche Persönlichkeit. Besonders intensiv forschen Wissenschaftler derzeit daran, wie das Schlafverhalten den Charakter von Menschen verändert. Und ein frappierendes neues Forschungsfeld beschäftigt sich mit der Wirkung von Mikroben, die in und auf uns leben: Offenbar nehmen vor allem die Bakterien in unserem Darm Einfluss auf unsere Persönlichkeit; jedenfalls wurde schon ein Zusammenhang zwischen manchen Darmbewohnern und dem Auftreten von Depressionen beobachtet.

All das im Hinterkopf kann man eine Lehre ziehen: Unsere Persönlichkeit ist nicht nur volatil, sie ist noch dazu fragil. Sie verändert sich im Laufe des Lebens ständig, aber sie kann auch durch rein organische Prozesse Schaden nehmen. Wir sollten auf unseren Körper aufpassen – nicht nur, um fit und leistungsfähig zu bleiben, sondern auch, um unsere Seele zu schützen. Plötzliche Unfälle und tragische Krankheiten lassen sich nicht verhindern. Aber ob wir einen Schlaganfall erleiden, ob wir ausreichend und regelmäßig schlafen und wie es um das Leben in unserem Darm bestellt ist, das liegt zumindest zum Teil in unserer Hand. Indem wir uns gesund ernähren, uns fit halten und ausreichend schlafen, schützen wir unseren Körper und zugleich unsere Seele.

Wenn man ganz plötzlich ein anderer wird

Auf einmal war er ein Rüpel geworden. Eben noch galt der junge Mann als freundlich, besonnen und zuverlässig. Immerhin hatte er es mit seiner smarten Art zum besten Vorarbeiter in seiner Truppe gebracht. Doch nun führte er sich im Gespräch mit den Ärzten, die zum Unfallort geeilt waren, furchtbar auf. Dr. John Harlow verzweifelte fast an ihm. Der eben noch so umgängliche 25-Jährige sei plötzlich unbeständig, sprunghaft, respektlos und ausschweifend, stellte er fest. Sein Patient hatte starke Stimmungsschwankungen, reagierte schnell aggressiv und konnte keine Pläne mehr für die Zukunft machen. Phineas Gage sei »nicht mehr Gage«, befanden seine Kollegen.

Das Schicksal des amerikanischen Eisenbahnarbeiters Phineas Gage ist legendär. In jedem Lehrbuch der Neurologie findet man den Fall des wohl berühmtesten Traumas der Medizingeschichte. Denn er zeigt so unmissverständlich wie kein anderer Fall zuvor: Eine Verletzung des Gehirns kann aus einem Menschen einen ganz anderen machen.

Normalerweise, das haben wir in den letzten Kapiteln erfahren, fließt unser Ich so dahin. Wie in einem Flusslauf verändert es sich ständig, und manchmal wird es auch gehörig durchgerüttelt, wenn es Stromschnellen überwinden oder sich an Hindernissen vorbeischlängeln muss. Einleuchtend, dass die großen Lebensentscheidungen wie die Wahl der Ausbildung oder die Entscheidung zu einem Auslandsaufenthalt das Ich besonders stark in Wallung bringen. Aber es gibt eben auch plötzliche Ereignisse, die eine umstürzlerische Macht haben. Immer wieder hört man Berichte von Menschen, die durch Lebenskrisen oder Schicksalsschläge auf einmal ein ganz anderer geworden sind. Und einer der ersten solcher Fälle, den Medizinstudenten diskutieren, ist der von Phineas Gage.

Nur einen Moment lang war Gage unaufmerksam gewesen. Wie schon so häufig zuvor füllte er am 13. September 1848 beim Eisenbahnbau in Vermont Schießpulver in Gestein, das dem Bau der neuen Eisenbahntrasse Platz machen sollte. Dann deckte er es mit Sand ab und verdichtete alles mit einer Eisenstange. Doch bei einem Loch hatte er den Sand vergessen, der die Stöße mit der Eisenstange abhalten und das Schießpulver bis zur kontrollierten Sprengung isolieren sollte. Deshalb explodierte die Ladung, als Gage mit seiner Stopfstange darin herumstocherte. Die rund sechs

Kilogramm schwere, etwa einen Meter lange und drei Zentimeter breite Stange schoss von unten nach oben durch Gages Schädel. Erstaunlich war schon, dass der junge Mann das bei vollem Bewusstsein überlebte. »Doktor, hier gibt es für Sie reichlich zu tun«, begrüßte er den Arzt, der sich als Erster um ihn kümmerte. Noch mehr aber erstaunte es seine Zeitgenossen, dass aus dem ausgeglichenen 25-Jährigen durch den Unfall von einem auf den anderen Tag ein kindischer, impulsiver, vulgärer und unzuverlässiger Mensch geworden war, mit dem andere nicht mehr viel zu tun haben wollten. So jedenfalls notierte es Dr. Harlow, der Gage damals akut behandelte und feststellte, dass Gehirnmasse vom Volumen »einer halbgefüllten Teetasse« verloren gegangen war. Sein Arbeitgeber wollte den aufbrausenden Mann, den er einst als Vorbild für die anderen pries, nicht mehr wiedersehen.

Auch wenn seit dem Unfall mit der Eisenstange immer wieder Zweifel daran aufgekommen sind, wie umfassend Gages Persönlichkeitsveränderung denn nun auf Dauer war, ist unstrittig: Verletzungen des Gehirns, wie sie nicht nur durch mörderische Eisenstangen, sondern zum Beispiel auch nach einem Schlaganfall auftreten, können ganz ohne Frage das Wesen eines Menschen schwerwiegend verändern – vor allem dann, wenn im Gehirn jene Regionen Schaden nehmen, die bei der Verarbeitung von Gefühlen oder beim Empfinden von Empathie eine Rolle spielen. Seit der Fall (Phineas) Gage in die Fachbücher eingezogen ist, haben Neurologen und Hirnforscher jede Menge weiterer erstaunlicher Fälle gesammelt, bei denen eine Hirnverletzung das Wesen eines Menschen von Grund auf verändert hat. Ganz offensichtlich sind höhere, die Persönlichkeit bestimmende Funktionen im Gehirn lokalisiert.

Angesichts der Verletzungen, die Phineas Gage erlitten

hat, ist es durchaus plausibel, dass der freundliche Mann zu einem aufbrausenden Grobian geworden ist. Denn bei ihm wurde nach allem, was man aus der Beschreibung seines Unfalls schließen kann, der präfrontale Cortex zerstört. Diese Region hinter der Stirn steuert unter anderem, wie gut sich jemand unter Kontrolle hat. Neben diesem Hirnareal sind auch weitere prädestiniert dafür, eine Verhaltensänderung auszulösen: die Frontallappen zum Beispiel. Diese vorderen Bereiche der beiden Hirnhälften, in denen auch der präfrontale Cortex sitzt, gelten als Heim der Persönlichkeit und des Sozialverhaltens. Oder die Schläfenlappen, in denen das Gedächtnis zu Hause ist, und die darin verborgene Amygdala, die als Sitz der Gefühle bekannt ist. Und dann ist da noch der Hippocampus, wo Wut, Angst, Freude und die Erinnerungen verarbeitet werden.

Wer Verletzungen oder Blutungen in diesen Regionen überlebt, fährt danach womöglich leichter aus der Haut, hat mit plötzlichen Stimmungsschwankungen zu kämpfen oder leidet unter Gedächtnisproblemen. Manche Patienten werden auch zu ständig nörgelnden und schimpfenden Zeitgenossen, sie können ihre Impulse nicht mehr kontrollieren und werden handgreiflich oder sexuell übergriffig. So kann ein Mensch, bei dem wichtige Hirnregionen schwerwiegend verletzt werden, im Extremfall durchaus von einem Tag auf den anderen ein ganz anderer werden. Viele Alzheimerpatienten etwa werden mit zunehmender Demenz aggressiv und beschimpfen die Menschen, die sie pflegen. Auch beim Schlaganfall sind solche Persönlichkeitsveränderungen so häufig und umfassend, dass Ärzte angehalten sind, ihre Patienten und deren Angehörige frühzeitig darüber aufzuklären, was da auf sie zukommen könnte.

Oft sind die Veränderungen so tiefgreifend, dass sie sich sogar auf die »Big Five« auswirken. In durchschnittlich drei dieser fünf großen Persönlichkeitsdimensionen wandeln sich Patienten nach einem Schlaganfall, berichteten Forscher von der University of Maryland School of Medicine vor einigen Jahren. Sie hatten die Verwandten von 35 Patienten kurz nach deren Schlaganfall zur Persönlichkeit der Betroffenen befragt und ein Jahr später noch einmal. Das Ergebnis: Wer einen Schlaganfall erleidet, der tendiert später zu größerem Neurotizismus, wird also ängstlicher und verletzbarer, er neigt eher zur Intraversion, unternimmt also weniger und sucht weniger Kontakt, und außerdem legt er manchmal weniger Selbstdisziplin an den Tag, seine Gewissenhaftigkeit könnte also leiden.

Die Veränderungen klingen erst einmal vor allem negativ. Auch der Fall des Phineas Gage malt eher ein düsteres Szenario von den potenziellen Wesensänderungen. Aber die Wandlung muss nicht immer negativ sein, eine Studie von der University of Iowa macht da Hoffnung. Die Wissenschaftler um die Psychologin und Neurowissenschaftlerin Marcie King haben die Verwandten und Freunde von 97 Patienten befragt, die eine schwere Verletzung in einer Hirnregion erlitten hatten – entweder durch einen Schlaganfall oder weil ihnen ein Tumor entfernt wurde. Sie ließen die Angehörigen lange Fragebögen ausfüllen, nachdem sich die Patienten von dem ersten Schock über ihre Erkrankung und von der Therapie erholt hatten und auf dem Weg der Besserung waren – als sich ihr psychischer Zustand also stabilisiert haben sollte. Zwar waren 54 von ihnen in dieser Zeit tatsächlich zu unfreundlicheren Mitmenschen geworden. Aber 22 Patienten hatten nach der Hirnverletzung auch einen feineren Charakter bekommen, während sich bei 21 Patienten keine Veränderung zeigte. »Ebenso wie negative kann es auch positive Veränderungen nach einem neurologischen Ereignis geben«, betont Marcie King, »und diese Veränderungen haben bestimmte anatomische Korrelate.« Denn sowohl die angenehmen als auch die erschreckenden Wesensänderungen wurden meist durch Verletzungen in den Regionen hinter der Stirn ausgelöst, also im Sitz der Persönlichkeit und des Sozialverhaltens.

Zum Beispiel bei »Patientin 3534«: Diese Frau hatte einen Hirntumor, der ihr im Alter von 70 Jahren entfernt wurde. Dabei mussten die Ärzte zwangsläufig auch Teile des Gehirns verletzen. Vor der Operation war die Patientin immer sehr ernst gewesen, wie ihr Mann angab, der sie seit 58 Jahren kannte. Sie schlief viel, war leicht reizbar und grummelig. Wenn man die Auswertung der Tests liest, dann kann man zu dem Schluss kommen, dass dem alten Mann nichts Besseres hätte passieren können als die Schädelöffnung seiner Frau. Nach der Operation sei sie »fröhlicher« geworden, sie lache viel mehr, gab er an, »sie geht mehr aus sich heraus und ist redseliger als je zuvor«.

Ungeahnte Vorlieben

Mitunter kommen auch Gefühle zutage, von denen die Betroffenen gar nichts geahnt haben. Oder es entstehen völlig neue Vorlieben. Wissenschaftler erklären sich das damit, dass sich im Gehirn neue Nervenbahnen als Umgehungs- und Ausweichstraßen für die verletzten Regionen bilden. So wie bei Chris Birch: Der junge Mann aus Wales war früher, so erscheint es ihm heute selbst, kein besonders angenehmer Geselle. Er sei ein Mensch gewesen, »mit dem ich, wenn er mir jetzt begegnen würde, nie befreundet wäre«, erzählte Birch einem Reporter.

Sein Leben änderte sich im wahrsten Sinne des Wortes schlagartig, als er an einem lauen Sommerabend im Jahr 2005 aus Übermut beschloss, auf einem Sportplatz ein paar

Rollen vorwärts zu machen. Dabei fügte sich der damals reichlich beleibte und stiernackige 19-Jährige offenbar selbst einen kleinen Schlaganfall zu.

Das allerdings war Chris Birch nicht klar. Ihm war nach seinen Vorwärtsrollen zwar reichlich schwindlig, sein Bruder und ein Freund mussten ihm nach Hause helfen. Doch dort schlief er erst einmal, vier Tage lang. Als er aufwachte, hatte der Banklehrling in einem Arm und in einer Hand kein Gefühl, sein Gedächtnis hatte ein paar Lücken und er hatte Sprachstörungen. Für seine Ärzte stand fest: Bei der ungewohnten Sportaktion war eine Arterie abgeklemmt worden. Dadurch habe sich eine Ablagerung von einer Gefäßwand gelöst, sei ein Stückchen durch seine Adern geschwommen und habe dann eine Blutbahn im Gehirn verstopft. In der Folge seien Zellen in Birchs Gehirn abgestorben, weil sie nicht mehr ausreichend mit Sauerstoff versorgt wurden. So weit, so normal bei einem Schlaganfall.

Doch als Birch nach seinem komatösen Vier-Tage-Schlaf wieder aufstand, spürte er eine weitere tiefgreifende Veränderung. Er ging zwar zunächst weiter mit seinen Kumpels aus, so wie früher. Aber ihn interessierten deren Gesprächsthemen auf einmal nicht mehr. Autos? Alkohol? Wie langweilig. Er blieb immer öfter weg. Dafür stellte er eine völlig neue Vorliebe fest: Er interessierte sich plötzlich für Männer.

Sein ganzer Typ änderte sich daraufhin. Ein Foto, das vor seinem Schlaganfall in der Zeit seiner Ausbildung zum Bankkaufmann entstand, zeigt einen jungen Mann, der mehr als zwei Zentner auf die Waage bringt, eine Kappe über seinem Stoppelhaar. Heute ist Birch sehr gepflegt, er trimmt sein Brusthaar, lässt sich Botox spritzen. Bilanzen und Kontoführung interessieren ihn nicht die Bohne. Er arbeitet jetzt als Frisör.

Schwul nach Schlaganfall? Für diese Geschichte, die

Chris Birch in den vergangenen Jahren immer wieder Journalisten erzählt hat, musste er einige Häme über sich ergehen lassen. Aber möglich ist ein solcher Wandel schon. Denn die Amygdala steuert neben Gefühlen wie Angst eben auch die sexuelle Präferenz. »Wenn ein Mensch nach einem Hirntrauma ängstlicher oder aufbrausender wird, warum sollte er dann nicht auch homosexuell werden können?«, fragt Qazi Rahman, der am King's College in London am Institut für Psychiatrie arbeitet und viele Gespräche mit Chris Birch geführt hat.

Aber sind solche Veränderungen tatsächlich organisch zu erklären? Oder sind sie vielleicht eine Folge der Auswirkungen, die die Krankheit auf das Leben der Betroffenen hat? Ein Schlaganfall ist eine sehr komplexe Angelegenheit, Rahman zufolge bewerten viele Menschen danach ihr Leben neu. Schließlich bekommt im übertragenen Sinne auch die Seele einen Schlag ab, sie muss mit der Erkenntnis fertigwerden, dass sie in einem verletzlichen Körper lebt, dass das Leben mit diesem Schlaganfall auch zu Ende hätte sein können; und sie muss die Folgen – die oft von motorischen Behinderungen über Sprachstörungen bis zu Erinnerungslücken reichen – erst einmal bewältigen.

So finden Menschen durch dieses Ereignis, das ihr Leben bedroht hat, oft Zugang zu Vorlieben und Bedürfnissen, die sie sich früher versagt haben. Weil andere Aspekte der Persönlichkeit in den Vordergrund rücken, werden andere Dinge wichtiger; oder es werden Talente hervorgekitzelt, die bislang gar nicht genutzt wurden. Dies könnte die Erklärung für den Fall des Tommy McHugh sein, der 2001 nach einem schweren Schlaganfall im Alter von 51 Jahren plötzlich seine Kreativität und seine Begabung zum Malen entdeckte. Der gelernte Bauarbeiter betätigte sich fortan als Künstler, obwohl er zuvor keinen Zugang zu Kunst hatte und statt eines feingeistigen ein eher raues und feuriges Wesen zeigte. Wissenschaftler begleiteten den Fall und schrieben sogar eine Fachpublikation über die erstaunliche Wandlung des Tommy McHugh. Bevor dieser 2012 an Krebs starb, sagte er, seine Hirnblutung hätte ihm »elf Jahre eines großartigen Abenteuers geschenkt, das niemand hätte erwarten können«.

Chris Birch hat Tommy McHugh einmal im Wartezimmer ihres gemeinsamen Neurologen getroffen. »Sie werden dich einen Lügner nennen, du wirst nichts beweisen können«, warnte McHugh den jungen Frisör damals, so erzählt es Birch. »Sie haben auch mir nicht geglaubt, dass ich vor der Hirnblutung noch nie einen Pinsel in der Hand hatte. Also musst du selbst an dich glauben.«

Ob es jetzt neue Nervenverbindungen sind, die einer Persönlichkeit weitere Facetten hinzufügen, oder ob die schweren Beeinträchtigungen, die Angst oder die aufkeimenden Hoffnungen Persönlichkeitsanteile aktivieren, die der Mensch ohnehin schon besaß: Für die erlebten Veränderungen ist das unerheblich. Und die können enorm sein.

Die Neuordnung der Seele

Dass sich die Seele nach einem schockierenden Ereignis neu ordnet, kann jedenfalls auch eine Erklärung dafür liefern, weshalb selbst solche Patienten von einer veränderten Persönlichkeit berichten, an deren Krankheit das Gehirn überhaupt nicht beteiligt ist. Die Britin Dottie O'Connor etwa: Sie sagt, dass sie seit ihrer Lungentransplantation eine große Nähe zur Natur fühlt. Früher sei sie eine überzeugte Großstädterin gewesen, die dem Leben auf dem Land nicht viel abgewinnen konnte. Jetzt liebe sie es, durch Wälder zu streifen. Oder die Britin Cheryl Johnson, der eine

Spenderniere transplantiert wurde: Sie sagt, sie lese plötzlich ganz andere Bücher. Früher habe sie vor allem billige Romane konsumiert, seit ihrer Transplantation interessiere sie sich für Dostojewski. Solche Berichte von Transplantierten gibt es zuhauf. Manche dieser Menschen sind davon überzeugt, dass sie ein anderer geworden sind, weil ihnen mit dem Organ auch etwas vom Charakter des Spenders übertragen worden sei. Und dabei scheint die Entwicklung solcher Wesensveränderungen vor allem von der Einstellung des Empfängers zur Organspende abzuhängen, wie österreichische Mediziner aus einer Studie schließen.

Die Ärzte vom Universitätshospital Wien befragten 47 Patienten nach ihrer Herztransplantation, wie sie selbst ihre Persönlichkeit vor und nach der Operation beschreiben würden. 79 Prozent der Probanden waren der Meinung, ihre Persönlichkeit habe sich in den zwei Jahren seit der Transplantation überhaupt nicht verändert. Allerdings beobachteten die Wiener Ärzte auch, dass diese Menschen sich nicht gerne mit dieser Frage auseinandersetzten. Sie wehrten ab oder leugneten alles, was damit zusammenhing; oder sie wechselten schnell das Thema und machten sich über die Frage lustig. 15 Prozent der Patienten waren dagegen der Meinung, ihre Persönlichkeit habe sich sehr wohl verändert. Diese Patienten waren aber der Meinung, dass das nicht an dem Organ liege, das sie erhalten hatten, sondern daran, dass sie nun einmal lebensbedrohlich erkrankt waren und dem Tod gerade noch von der Schippe gesprungen sind. Drei Patienten (6 Prozent) berichteten dagegen von einer tiefgreifenden Veränderung ihrer Persönlichkeit, die sie direkt auf ihre neuen Herzen zurückführten. Sie sagten zum Beispiel, dass das fremde Organ in ihrer Brust sie dazu zwinge, ihre Gefühle und Reaktionen zu ändern, und dass sie die Gefühle des Organspenders eben akzeptieren müssten. Diese Menschen haben der Organtransplantation im Vorfeld oft mit auffällig großer Angst und Skepsis gegenübergestanden.

Es kommt also auf unsere Haltung an, ob Veränderungen, die in unserem Leben geschehen, uns auch in unserem Wesen verändern. Wohl deshalb spielt die Art des Organs eine Rolle dabei, ob seine Empfänger nach der Transplantation davon überzeugt sind, dass es ihnen eine neue Persönlichkeit verliehen hat. So erzählen Patienten, denen ein Spenderherz übertragen wurde, besonders häufig von einer Wesensveränderung nach der Transplantation. Schließlich gilt dieses Organ als Sitz der Liebe und ist damit emotional stark aufgeladen. Ähnliches trifft auf die noch seltene Gesichtstransplantation zu, die immer mit einem gewissen Gruselfaktor einhergeht, weil das Gesicht nun einmal in ganz besonderem Maße für das Wesen und die Individualität eines Menschen steht: Das Gesicht charakterisiert einen Menschen so sehr, dass bis heute Grenz- und Polizeibeamte in aller Welt auf seine Eindeutigkeit setzen.

Und abgesehen von der Art des Organs vergrößert noch etwas die vermeintliche Macht des Organspenders über den Empfänger: Detailwissen. Es überrascht daher nicht, dass Menschen in Ländern, in denen sie etwas über den Spender erfahren dürfen, oft stärker davon überzeugt sind, dass dieser Tote in ihnen weiterlebt oder dass sie von ihm beeinflusst werden, als in Deutschland, wo strikt geheim gehalten wird, wer der Spender ist, wie er zu Tode gekommen ist und wo auch kein Kontakt zwischen Spender- und Empfängerfamilien hergestellt wird. Die Folgen der größeren Offenheit können dramatisch sein. Immer wieder berichten Ärzte im Ausland von den Albträumen ihrer Patienten nach einer Transplantation. So wie bei dem jungen Mann auf Hawaii, der ein Herz von einem Mordopfer bekam. Der Spender war gestorben, weil ihm jemand mitten ins Gesicht geschossen hatte. Derjenige, der das Herz des Toten erhielt, träumte nachts regelmäßig von bedrohlichen Lichtblitzen direkt vor seinen Augen.

So beeindruckend all diese Geschichten sind – sie zeigen vor allem eines: Die Seele wohnt nicht nur in unserem Körper, sie ist ein Teil von ihm. Körper und Seele korrespondieren intensiv miteinander, sie können gegenseitig aufeinander Einfluss nehmen. Und so hat beides, unser seelisches ebenso wie unser körperliches Befinden, einen erheblichen Einfluss darauf, wer wir sind.

Mikroben gegen Depressionen

Dass Schokolade ein Seelentröster sein kann, darüber braucht man sich ja gar nicht länger auszulassen. Das kann zwar nicht an den winzigen Spuren liegen, die vom Zufriedenheitshormon Serotonin in den braunen Tafeln enthalten sind – dafür müsste man sie schon kiloweise essen. Aber Zucker, Fett und der Geschmack der Kindheit signalisieren der Seele beim Lutschen oder Beißen von Schokolade zweifelsohne, dass sie sich jetzt besser fühlen darf. Auch ein mit Streukakaoherz verzierter Cappuccino trägt meist zielsicher zum Wohlbefinden bei, ebenfalls als Glücklichmacher gehandelte Nudeln mit welcher Sauce auch immer – und schöne Gespräche bei gemeinsamen Mahlzeiten sowieso. Das weiß ja jeder, der schon einmal traurig war. Also jeder.

Doch Essen hat noch ganz andere, wirklich erstaunliche Auswirkungen auf unseren Gemütszustand, die zu erwähnen sich bis vor Kurzem kein Psychiater getraut hätte, aus Angst, für verrückt erklärt zu werden. Denn was wir essen, so belegen es mehr und mehr Studien, kann unseren Körper in seinem Innersten verändern und dadurch auch unsere Psyche.

Anscheinend sitzt nämlich im Darm so etwas wie eine zweite Seele. Oder zumindest eine Seelen-Unterabteilung, die die Gefühle, die in unserem Gehirn erzeugt werden, auf ganz erstaunliche Weise kontrolliert und moduliert. »In den vergangenen zehn Jahren wurde immer deutlicher, wie groß der Beitrag des Darms zur psychischen Gesundheit ist«, sagt Peter Falkai, Direktor der Klinik für Psychiatrie an der Universität München. »Wir müssen deshalb ganz anders über das nachdenken, was wir Seele nennen.« Und diese Seele können wir offensichtlich verändern, wir können sie womöglich sogar krank machen oder auch heilen – je nachdem, wie wir sie füttern. Dabei verändern wir sogar unsere Persönlichkeit.

Dass der Darm ein kluges Organ ist und es in manchen Bereichen sogar mit dem Gehirn aufnehmen kann – das ahnt der Mensch schon, seit er Begriffe wie »Bauchgefühl« erfunden hat. Außerdem ist der Darm lange als Hort eines ausgedehnten Nervengeflechts aus immerhin 100 Millionen Nervenzellen bekannt, das die Körpermitte mit dem Gehirn in Verbindung bringt und das sich immer dann bemerkbar macht, wenn man vor Aufregung ganz dringend zur Toilette muss oder einem die Angst auf den Magen schlägt. Nicht umsonst wird das Darmhirn auch »zweites Gehirn« genannt.

Aber der Darm ist mehr als das, er ist auch die Heimat einer Schwarmintelligenz gigantischen Ausmaßes. Und diese Schwarmintelligenz hat er sich von außen geholt. Sie besteht aus unzähligen Bakterien, die im Darm leben. Mit seiner Oberfläche von 32 Quadratmetern ist der Darm nicht nur das größte Organ des Menschen, er bietet auch viel mehr Kontaktmöglichkeit mit der Umgebung, als es die gerade mal knapp zwei Quadratmeter bemessende Haut tut. Deshalb befindet sich in ihm jede Menge Umwelt: Tausend verschiedene Arten von Bakterien leben im Darm eines jeden Menschen, unfassbare 100 Billionen Stück – mehr also, als wir Zellen haben. Und welche das sind, das ist von Mensch zu Mensch unterschiedlich, da legt sich jeder im Laufe seines Lebens seine ganz persönliche Mischung an. Es ist seine Persönlichkeit in Bakterienform, hochindividuell. An ihr, so meinen es manche Fachleute, ließe sich ein Mensch eines Tages womöglich genauso gut identifizieren wie an seinem Fingerabdruck.

Das zumindest hofft Jack Gilbert vom Microbiome Center der University of Chicago. Der Biologe untersucht die mikrobiellen Spuren, die Menschen hinterlassen, wenn sie zum Beispiel einen neuen Raum betreten. »Wir können ziemlich präzise ermitteln, ob eine Person in einer Wohnung war beziehungsweise wie lange sie schon weg ist«, sagt Gilbert. Ein paar Stunden Aufenthalt reichen aus, und unsere Mikroorganismen sind ebenfalls angekommen. Eines Tages würde dann auch ein kürzerer Aufenthalt ausreichen, um Spuren zu finden, meint der Biologe, könnte er auf diese Art vielleicht sogar Verbrecher enttarnen, selbst wenn sie Handschuhe angezogen und feinsäuberlich darauf geachtet haben, nirgends Fingerabdrücke zu hinterlassen: Eine Mikrobenspur bleibt doch. Dagegen können sie kaum etwas ausrichten, weil die Bakterien überall auf dem Körper sitzen. Vom Darm aus erobern sie Mundraum und Haut. Ein paar verlieren wir immer.

Welche Mikroben sich bei einem Menschen auf Dauer wohlfühlen, hängt davon ab, was er zu sich nimmt. Vollkornbrot oder Weißmehlbrötchen, Gemüse oder Fleisch, Kaffee mit Zucker oder pur – all das hat Auswirkungen auf die persönliche Bakteriensammlung im Darm, das »Mikrobiom«. Eine Antibiotika-Kur – und der Keimflor im Darm ist erst einmal abrasiert; viel bakterienhaltiger Joghurt oder Sauerkraut, da lebt er wieder auf, aber womöglich anders als vorher. Und die Art der Bakteriensammlung scheint wiederum enorme Auswirkungen auf die Gesundheit eines Menschen zu haben. Die Mikroben im Darm entscheiden also darüber mit, ob ein Mensch körperlich krank wird, weil seine Verdauung stockt oder Bakterien sein Herz angreifen; wegen ihrer direkten Verbindung mit dem Gehirn sind sie aber auch wichtig für die psychische Gesundheit.

Seelische Nöte wie Angst, Aufregung oder Liebeskummer schlagen demnach nicht nur auf Magen, Darm und Blase. Umgekehrt kann ein kranker Darm offenbar auch seelische Nöte auslösen. Schon seit Langem fällt auf, dass zahlreiche Menschen mit Magen-Darm-Krankheiten unter psychischen Problemen leiden. So hat jeder zweite Patient mit einem Reizdarmsyndrom zugleich eine Depression oder Angststörung. Ein Magen-Darm-Infekt kann die Stimmung verändern. Und Autisten leiden häufig unter Darmbeschwerden. Nun könnten natürlich die Darmprobleme schlicht die Folgen der psychischen Probleme sein – zumal Kinder mit Autismus auffällig häufig Antibiotika benötigen. »Kausalität ist ein großes Problem bei diesen Untersuchungen«, sagt der Mikrobiologe Rob Knight. »Es ist schwer festzustellen, ob eine veränderte Darmbesiedelung die Ursache oder die Folge einer Erkrankung ist.«

Ähnliches gilt für die schockierende Erkenntnis dänischer Wissenschaftler, dass Kinder und Jugendliche nach einer Antibiotikabehandlung mit höherer Wahrscheinlichkeit eine psychische Störung entwickeln. Nach Infektionen, die einen Krankenhausaufenthalt erforderten, steigt die Wahrscheinlichkeit einer solchen Erkrankung um mehr als

80 Prozent, schreiben die Forscher um Ole Köhler-Forsberg vom Universitätskrankenhaus in Aarhus in einer hochaktuellen Studie. Das lasen sie aus dem nationalen Patientenregister in Dänemark heraus, in dem Gesundheitsdaten aller Einwohner von Geburt an erfasst werden. So konnten sie knapp 1,1 Millionen Personen auswerten, von denen 57 000 mit Psychopharmaka behandelt worden waren. Demnach entwickelten Menschen, die wegen einer schweren Infektion in der Klinik mit Medikamenten gegen Mikroben behandelt worden waren, in den kommenden drei Monaten 1,84-mal so häufig eine psychische Erkrankung wie Menschen, die keine Antiinfektiva genommen hatten. Unter den Erkrankungen waren Angststörungen, Zwangsstörungen, Verhaltensstörungen und Schizophrenie. Der Zusammenhang war am stärksten, wenn wegen dieser Infektion Antibiotika gegeben wurden, die Bakterien zerstören, und fehlte bei Medikamenten gegen Viren oder Pilze. Außerdem wuchs das Risiko mit der Zahl der eingenommenen Antibiotika. Es sei erst einmal eine Beobachtung, betont Köhler-Forsberg. Damit sei noch nicht belegt, dass die psychische Erkrankung darauf zurückgeht, dass Antibiotika die Mikroflora im Darm verändert haben. Aber es ist ein weiteres Mosaiksteinchen.

Die Hinweise mehren sich also. Offenbar ist das Zusammenspiel von Gehirn und Darm keine Einbahnstraße. Aber wie weit geht der Einfluss des Darms? Könnten am Ende Joghurts Depressionen vertreiben? Müssten Menschen mit Autismus vielleicht nur viel Sauerkraut essen, damit sie leichter mit anderen in Beziehung treten können? Und könnten Bananen gegen Angststörungen helfen?

So abstrus das erst einmal klingt: Fredrik Nyström war von Anfang an von dieser Idee fasziniert. Der schwedische Professor für Innere Medizin dachte sich schon im Jahr 2010 eine Studie aus, um der Sache auf den Grund zu gehen. Sein Vorbild war ein Filmemacher: Schließlich hatte der US-amerikanische Dokumentarfilmer Morgan Spurlock kurz zuvor mit seinem Film ›Super Size Me‹ auf ebenso lustige wie bedrückende Weise gezeigt, wie sehr schlechtes Essen auf die Stimmung schlägt. Nach einem Monat, in dem sich Spurlock in seinem filmischen Selbstversuch ausschließlich von Junkfood ernährt hatte, hatte er nicht nur entgleiste Leberwerte und ein Plus von elf Kilo auf den Rippen, er war vor allem richtig mies drauf. Das Fastfood habe ihn »launisch, wütend und unglücklich« gemacht, sagte Spurlock. Ein Einzelfall?

Das testete Nyström mit 18 seiner Studenten. Einen Monat lang sollten sich die jungen Leute möglichst wenig bewegen und jede Menge Fastfood reinziehen – so wie es Spurlock für seinen Film getan hatte. Sie nahmen fast doppelt so viele Kalorien zu sich, wie normalerweise gut für sie wäre. So legten sie zwischen fünf und 15 Prozent ihres Körpergewichts zu und entwickelten beängstigende Blutwerte. Am Ende fühlten sie sich »müde und aufgebläht«, wie sie einem Reporter des britischen ›Guardian‹ erzählten, und ihre Stimmung war entsetzlich gedrückt, umso stärker, je mehr sie aßen.

Aber wenn Fastfood nicht nur schlechte Laune macht, weil man ein schlechtes Gewissen hat und außerdem dick davon wird, sondern wenn es wirklich über den Darm auf die Seele schlägt: Müsste dann nicht umgekehrt gutes Essen die Laune heben? Der Neurobiologe Emeran Mayer von der University of California in Los Angeles entwarf gemeinsam mit seiner Mitarbeiterin Kirsten Tillisch ein entsprechendes Experiment: Er ließ zwölf gesunde Frauen einen Monat lang täglich zwei Joghurtgetränke mit speziellen Probiotika zu sich nehmen – Getränke also mit lebenden Mikroorganismen darin. Elf andere Frauen tranken nur Milch und wiederum 13 andere durften essen und trinken, was sie wollten.

Das Ergebnis war so durchschlagend, dass es sogar Mayer überraschte: In nur vier Wochen veränderte der Joghurt das Wesen der Frauen. Die Teilnehmerinnen, die zweimal täglich Probiotika zu sich genommen hatten, waren am Ende des Experiments emotional erheblich gelassener als die übrigen Frauen. Wenn sie sich ängstliche oder wütende Gesichter ansehen mussten, reagierten diese Frauen weniger stark. Das ließ sich sogar an den Aktivitätsmustern in ihren Gehirnen zeigen, wenn sie beim Betrachten der Bilder in einem Magnetresonanztomografen lagen.

Beide Studien waren nur klein, zugegeben. Aber sie sind auch nur zwei von vielen. In den letzten Jahren haben unzählige Untersuchungen Hinweise darauf gegeben, dass Bakterien noch viel mehr können: Manche Typen mildern Depressionen, andere das schwerwiegende chronische Erschöpfungssyndrom. Das überraschende Feld der Ernährungspsychiatrie erhält immer neues Futter.

Möglich, dass beim deprimierenden Fastfood die gesättigten Fettsäuren aus dem schlechten Essen auf die Stimmung schlagen, meint die Präventionsforscherin und Kardiologin Almuenda Sánchez-Villegas. Sie hat die Ernährungsgewohnheiten und den Gesundheitszustand von mehr als 12 000 Menschen untersucht. Im Laufe ihrer Studie erkrankten 675 ihrer Testpersonen an Depressionen. Unter denjenigen, die sich schlecht ernährten, war das Erkrankungsrisiko um fast die Hälfte erhöht.

Oder ernährten sie sich nur schlecht, weil sie ohnehin einen Hang zu Depressionen hatten? Das fragten sich natürlich auch Wissenschaftler rund um den Erdball und dachten sich weitere Experimente aus, um die Zusammenhänge zu untersuchen. Dass die Verbindung zwischen Bauch und Kopf eine wechselseitige ist, können vor allem Tierversuche gut belegen. Denn ihre Ergebnisse sind oft eindeutiger, weil man die Versuchstiere dazu zwingen kann, nur bestimmte Sachen zu essen. Oder weil man einfach die Mikroben zwischen ihnen austauscht: durch eine Stuhltransplantation.

Auf diese Art konnte Premsyl Bercik tatsächlich das Verhalten von Mäusen ändern. Er machte aus ängstlichen Mäusen, die sich gerne versteckten, mutige Mäuse. Die vorsichtigen Tiere wurden neugierig, wenn sie Darmbakterien der draufgängerischen Nager erhielten: Sie erkundeten plötzlich mit Freude unbekanntes Gelände und wagten sich auch mal vom Dunklen ins Licht. »Die Mikroorganismen bestimmen offenbar das Verhalten ihres Wirts«, so Bercik, »und zwar ganz schön deutlich.«

In Japan konnten Wissenschaftler gestresste Nager mit Hilfe von Bakterien beruhigen. Tiere ohne Mikroben im Darm rannten nicht nur aufgeregt durch ihre Käfige, sie bildeten auch doppelt so viel von dem Stresshormon Kortisol wie normale Mäuse, entdeckte ein japanisches Forscherteam um Nobuyuki Sudo. Wenn diese Mäuse aber Probiotika erhielten, reagierten sie gelassener.

Auch Timothy Dinan von der Universität Cork konnte seine Mäuse mit Hilfe von Darmbakterien therapieren. Er stellte fest, dass Tiere, denen eine natürliche Darmflora fehlt, oft soziale Defizite haben: Sie meiden andere Nager ungewöhnlich stark, ziehen sich lieber zurück, als dass sie in ihrem Käfig in eine Ecke gehen, in der eine andere Maus sitzt. Das aber wäre für das soziale, neugierige Wesen Maus das normale Verhalten. Offenbar haben die Tiere ohne Darmmikroben viel Angst vor Neuem und wenig sozialen Antrieb. Doch ihre Angststörung ließ sich behandeln, indem sie Darmbakterien von sozialen Mäusen bekamen. Dann wurden die neurotischen Tiere bald so sozial, wie es sich für eine normale Maus gehört.

Dinan glaubt, dass Ähnliches auch beim Menschen funktionieren könnte. In ersten Studien übertrug er Stuhlbakterien von Menschen mit Reizdarmsyndrom und Angstzuständen in den Darm von Mäusen. Die noch unveröffentlichten Daten sprechen dafür, dass die Nagetiere sich daraufhin ängstlicher verhielten als jene, die Darmbakterien von gesunden Personen erhielten. Dinan träumt davon, dass es in Zukunft speziell für die Seele entwickelte Bakteriencocktails geben könne: Psychobiotika statt Probiotika.

Auch beim Autismus werden seit Langem Mäuse für Studien genutzt. Mittlerweile gibt es hoffnungsvolle Experimente. Im Labor von Elaine Hsiao und Sarkis Mazmanian wurden zunächst autistische Mäuse behandelt: Die Tiere waren ängstlich und kommunizierten wenig miteinander, sie zeigten zudem stereotype Bewegungen wie mancher Tiger im Zoo. Wurden den Tieren aber Bakterien des Stamms Bacteroides fragilis übertragen, verhielten sie sich auf einmal nicht mehr so seltsam.

Und tatsächlich gibt es bereits erste Hinweise, dass Ähnliches auch bei manchen autistischen Kindern funktionieren könnte: Die Mediziner Richard Sandler und Sydney Finegold haben Kinder, bei denen Autismus erst relativ spät entdeckt wurde, mit einem Antibiotikum behandelt, das gezielt nur manche Gruppen von Darmbakterien zerstört. Im Anschluss waren die Verhaltensauffälligkeiten der Kinder geringer, sie konnten sich auch besser ausdrücken.

Das Gehirn: ein besonders geschützter Ort

Aber wie können die Bakterien auf das Gehirn wirken? Welche Mechanismen kommen dafür in Frage? Schließlich ist das Gehirn ein besonders geschützter Ort im Körper. Auf dem Weg dorthin geht es zu wie im Berliner Club Berghain: Nur wer passend aussieht und sich passend verhält, kommt an den Türstehern vorbei, die hier aus eng aneinander liegenden Zellen bestehen. Um die Schaltzentrale des Lebens vor gefährlichen Einflüssen, Infektionen und Entzündungen zu schützen, hat die Natur dieses wirksame Abwehrsystem erfunden, das »Blut-Hirn-Schranke« heißt. Sie sorgt dafür, dass Keime und Gifte aus dem Körper nicht bis ins Gehirn vordringen. Nährstoffe haben durch ein ausgeklügeltes System Zutritt. Nur wenige Erreger schaffen es trotzdem bis ins Gehirn – Tollwutviren zum Beispiel. Und dann können sie sogar das Verhalten des Betroffenen ändern: Schließlich führt Tollwut nicht nur zu Aggressionen. Die Patienten werden auch unruhig und bekommen Angst vor Wasser.

Doch die Mikroben aus dem Darm müssen gar nicht bis ins Gehirn gelangen, um dort Wirkung zu entfalten. Offenbar gelingt es ihnen, die Blut-Hirn-Schranke mit Hilfe ihrer Stoffwechselprodukte zu verändern. Und ohne Mikroben im Darm gäbe es offenbar nicht einmal ein funktionierendes Türsteher-System. Ein Team internationaler Wissenschaftler um den Schweden Sven Petterson hat das zumindest für Mäuse gezeigt: Kleine Mäuse, die von keimfreien Muttertieren in einer keimfreien Umgebung zur Welt gebracht wurden, haben keine funktionierende Blut-Hirn-Schranke. Wenn die kleinen Nager aber nach ihrer Geburt Bakterien verabreicht bekommen, schließt sich das Türsteher-System in ihrem Gehirn. Denn manche der Stoffwechselprodukte der Mikroben können die Barriere festigen, indem sie die Verbindungen zwischen den Zellen stärken. Petterson befürchtet, dass eine Behandlung mit Antibiotika die Durchlässigkeit der wirksamen Barriere zumindest eine Zeit lang verändern könnte.

Darmbakterien können auch in die Verständigung von Nervenzellen eingreifen, wie Studien zeigen. Sie verändern die Konzentration der Botenstoffe, die die Zellen zur Kommunikation benötigen. Die Zellen des Dickdarms können sogar von sich aus das Zufriedenheitshormon Serotonin herstellen, das eigentlich als »Hirnbotenstoff« gilt. Wenn Mikroorganismen nämlich bestimmte Abbauprodukte produzieren, regen diese die Darmwand zu einer erhöhten Serotoninausschüttung an, wie die Biologin Elaine Hsiao und der Mikrobiologe Sarkis Mazmanian herausgefunden haben: Der Mensch fühlt sich zufriedener. Sein Gehirn sagt dann: Du kannst dich entspannen, alles ist gut. Nicht zufällig wirken viele Antidepressiva über das Hormon Serotonin. Sie sorgen dafür, dass mehr davon verfügbar ist, indem sie seine Aufnahme hemmen. Wie potent der Darm hier ist, zeigt eine einfache Zahl: Nur 10 Prozent des Serotonins stellt der Mensch in seinem Gehirn her, die übrigen 90 Prozent stammen aus seinem Darm.

Auch weitere neuroaktive Substanzen werden im Darm produziert. Das haben Wissenschaftler um den Belgier Jeroen Raes vor Kurzem herausgearbeitet. Sie fanden spezielle Gruppen von Bakterien, die besonders häufig bei Menschen mit Depressionen vorkommen – und die noch dazu Stoffwechselprodukte freisetzen, die sich auf die psychische Gesundheit auswirken können. Dabei konnten sie auf die Daten von 1054 Belgiern zurückgreifen, deren Darmflora sie vollständig analysierten und bei denen ärztliche Befunde über depressive Störungen vorlagen. Dabei zeigte sich, dass Bakterien der Gattungen Faecalibcterium, Dialister oder Coprococcus mit einer höheren Lebensqualität einhergehen. Wer diese Mikroben in seinem Darm in großer Zahl beherbergt, ist tendenziell vor Depressionen geschützt. Die Forscher lieferten auch eine Erklärung dazu: Viele dieser Mikroben verfügen über Gene, die neuroaktive Substanzen produzieren, darunter die Gamma-Aminobuttersäure (GABA) oder ein Abbauprodukt des Dopamins.

Noch dazu beherbergt der Darm große Teile der Immunabwehr. Zwei Drittel aller Immunzellen des Körpers patrouillieren im Darm. Und viele Gefühle werden über die Zellen des Immunsystems und ihre Kommunikationsmoleküle vermittelt. Längst bekannt ist, dass Mikroben und ihre Abbauprodukte die Immunzellen aktivieren. Entzündungsmarker werden hochreguliert, wenn eine Infektion den Körper befällt. Sie können aber gleichzeitig depressive Symptome, Angst und chronische Ermüdungserscheinungen befördern. Je nach Zusammensetzung kann das Mikrobiom wahrscheinlich Tausende verschiedener biologisch aktiver Substanzen herstellen.

Und offenbar gibt es sogar eine direkte Verbindung zwischen Darm und Hirn in Form einer Synapse. Die beiden Organe sind in ihrer Kommunikation somit gar nicht, wie lange gedacht, lediglich auf Moleküle als Boten angewiesen. Das haben Wissenschaftler von der Duke University in Durham soeben bei Mäusen belegt. »Darm und Hirn kommunizieren nicht nur über Hormone. Es gibt auch direkte Nervenverbindungen, die eine schnellere Informationsübertragung ermöglichen«, sagt Diego Bohórquez von der Duke University in Durham. Demnach verhalten sich spezielle Zellen in der Darmwand wie Sinneszellen. Indem sie über die gemeinsame Synapse direkt den Vagusnerv stimulieren, informieren sie das Gehirn in Millisekunden – zum Beispiel über den Zuckergehalt im Darm. Die Vorstellung, dass das »Bauchgefühl« eine Art sechster Sinn sei, ist Bohórquez zufolge also vollkommen gerechtfertigt .

Du bist, was du isst

Zugegeben: Viele Studien wie zuletzt auch die von der gemeinsamen Synapse zwischen Darm und Hirn liefern bislang nur Aussagen über Tiere oder sie wurden lediglich mit wenigen Probanden durchgeführt, und nicht selten mischte die Joghurtindustrie mit. Man sollte bei der Interpretation der Daten also besser vorsichtig sein. Trotzdem kommen Fachleute zunehmend zu dem Schluss: Du bist, was du isst. Essen kann die Seele verändern.

Auch die Europäische Kommission ist längst überzeugt: Sie hat 13 Millionen Euro in das Projekt »My New Gut« gesteckt, um zu erforschen, wie Mikroben auf das Gehirn wirken. Und das National Institute of Mental Health (NIMH) in den USA fördert seit 2014 sieben Pilotstudien zur sogenannten Darm-Hirn-Achse mit jeweils bis zu einer Million Dollar. Die Ergebnisse werden in Kürze erwartet. Längst schon gibt es auch Bürgerprojekte wie American Gut, uBiome und myMicrobes, in denen sich eine wachsende Zahl von Freiwilligen engagiert, indem sie Stuhlproben einschickt und Fragebögen ausfüllt. Aus den biologischen Daten und den Informationen über die Lebensgewohnheiten, Erkrankungen und Medikamente der Probanden wollen Forscher weitere Erkenntnisse über die Kraft der Darmmikroben gewinnen.

Ob man Menschen eines Tages mit Hilfe von Essen oder Bakterien aus der Apotheke außer einer besseren Verdauung auch eine Portion Optimismus verabreichen kann, sie mutiger und fröhlicher machen kann? »Wir stehen hier noch ganz am Anfang«, sagt Peter Falkai. »Aber die Forschungsergebnisse haben sich in den vergangenen Jahren so rasant vermehrt und sind so überwältigend, dass ich mir so etwas durchaus vorstellen könnte.« Auch der Pharmakologe Peter Holzer sagt: »Es ist absolut denkbar, dass das Mikrobiom ein wichtiges Bindeglied zwischen der Ernährung und der psychischen Gesundheit ist.« Er plädiert dafür, nicht nur mit Blick aufs Körpergewicht auf seine Ernährung zu achten, sondern auch im Interesse seiner Seele. Wer sich hauptsächlich von stark verarbeiteten, industriellen Lebensmitteln ernährt, wie Tiefkühlpizza oder Fertiglasagne, hat jedenfalls eine geringere Bakterienvielfalt als derjenige, der meist selbst kocht und häufig zu Obst und Gemüse greift. »Mit einer Ernährungsumstellung kann man relativ schnell viel bewegen«, so Holzer.

Es sei zwar zu früh, konkrete Ratschläge für Soulfood zu geben, sagt die Medizinerin Eva Selhub, die an der Harvard Medical School jahrzehntelang Patienten ein gesünderes Leben gelehrt hat. Aber zu ein paar Hinweisen lässt sie sich doch hinreißen. »Es gibt zahlreiche Indizien dafür, dass bestimmte Ernährungsweisen wie etwa die mediterrane Diät oder auch die traditionelle japanische Ernährung das Risiko für Depressionen mindern«, schrieb Selhub vor einiger Zeit in einer Fachzeitschrift. Japaner, die sich traditionell ernähren, haben zum Beispiel ein um 25 bis 35 Prozent niedrigeres Risiko, eine Depression zu entwickeln, als Japaner mit einem westlichen Lebensstil. Viele der Gemüse, Früchte, Algen und Meeresfrüchte, die neben Sojasoße und dem »asiatischen Sauerkraut« Kimchi zum traditionellen japanischen Essen gehören, sind fermentiert. Mit ihrem hohen Bakteriengehalt wirken sie deshalb wie natürliche Probiotika. Auch eine mediterrane Ernährung mit Joghurt, Oliven und Rotwein enthält viele fermentierte Lebensmittel, die gute Bakterien liefern und die Darmflora verändern können. »Es ist wie bei einem teuren Auto und seinem Sprit«, sagt Selhub: Auch das Gehirn brauche besten Treibstoff, sonst könne es Schaden nehmen.

Noch ist aber Vorsicht angezeigt: Man sollte sich keine

Produkte zur Mikrobiom-Optimierung oder eine Genanalyse seines privaten Bakterienzoos andrehen lassen und auch nicht kritiklos überteuerte probiotische Joghurts oder Kombucha trinken. Für sich selbst ausprobieren kann man es aber mal – und hinfühlen: »Was bedeutet das alles für Sie persönlich?«, fragt Eva Selhub. »Fangen Sie einfach mal damit an, darauf zu achten, was verschiedene Lebensmittel mit Ihren Gefühlen machen – nicht nur in dem Moment, in dem Sie hineinbeißen, sondern am nächsten Tag.« Selhubs Tipp: Versuchen Sie, für zwei bis drei Wochen ohne aufbereitete Nahrung auszukommen, bringen Sie dafür fermentierte Speisen auf den Tisch – Sauerkraut, saure Gurken, Kombucha, Miso oder eben Joghurt. Dann fügen Sie langsam einzelne Speisen wieder in die Diät ein und schauen Sie, wie es Ihnen damit ergeht. »Wenn meine Patienten ›clean‹ werden«, sagt Selhub, »können sie meist selbst nicht glauben, wie viel besser sie sich fühlen – körperlich und emotional. Und wie schlecht sie sich fühlen, wenn sie die weggelassenen Lebensmittel wieder in ihren Speiseplan integrieren.«

Im Schlaf verändert

Bei seinem Drang, das Beste aus sich herauszuholen, ist der moderne Tausendsassa jederzeit auch zur Selbstausbeutung bereit. Neben seinem karrierefördernden Einsatz im Büro und seinem durchgestylten, instagramfähigen Familienleben widmet er sich mit großer Energie zahlreichen stylischen Hobbys und ist auch noch eifrig bemüht, seinen Körper in einen Showroom zu verwandeln. Dabei gäbe es so eine einfache, bequeme und erholsame Art, das Beste aus sich zu machen: Wir könnten alle bessere Menschen sein – wenn wir nur endlich mal ausschlafen würden! Statt noch einen Besuch im Fitnessstudio in den Abend zu pressen oder doch den ›Tatort‹ zu gucken, wenn die Kinder endlich im Bett sind, weil man ja auch mal ein paar Stündchen Feierabend haben will, müssten wir nur früher ins Bett gehen, und schon hätten wir wirklich viel für unsere Selbstoptimierung getan. Wir müssten also einfach weniger tun statt mehr.

Zum ersten Mal haben die Menschen das im Jahr 1959 geahnt. Damals hat der bekannte US-amerikanische Radiomoderator Peter Tripp für einen guten Zweck einen Selbstversuch gestartet. Um Geld für den »March of Dimes« zu sammeln, kündigte er an, 200 Stunden ununterbrochen wach bleiben zu wollen – und dabei seine beliebte Radioshow weiter zu moderieren. Tripp zog in ein Studio aus Glas auf dem New Yorker Times Square ein. So wurden Millionen Menschen unmittelbar Zeugen davon, wie Schlafmangel die Persönlichkeit verändern kann.

Vor den Ohren seiner Zuhörer wurde Tripp ein anderer. Mit jeder durchwachten Nacht wandelte sich sein Wesen hörbar. Das verfolgten nicht nur ganz normale Hörer im Radio, sondern auch viele Wissenschaftler mit Staunen. Denn auch wenn Schlafentzug als Folter seit Menschengedenken eine bekannte Methode ist, so wussten die Menschen Ende der 1950er-Jahre nur wenig über die Bedeutung des Schlafs. Die Schlafforschung in diesem Sinne war noch nicht geboren. Am Ende war der Einfluss des Wach-Marathons auf Tripps Wesen erheblich dramatischer, als irgendwer erwartet hatte.

Bis zu seinem Experiment entsprach der 32-Jährige genau dem Typ, den Radiomoderatoren üblicherweise verkörpern: Er war stets gut gelaunt, smart, peppig und hatte immer einen Scherz parat. Doch am dritten Tag war Peter Tripp schon sehr reizbar geworden, er fluchte ins Mikrofon und beleidigte jeden, der ihm nur den geringsten Anlass dazu gab. Ab dem vierten Tag begann er zu halluzinieren: Er sah Mäuse um sich herumlaufen und Spinnen in seine Schuhe krabbeln. Ein Anzug bestehe nur aus Würmern, meinte er. Zunehmend legte er paranoide Verhaltensweisen an den Tag. Er wurde immer feindseliger und glaubte, dass die Ärzte, die auf seine Gesundheit aufpassen sollten, sich gegen ihn verschworen hätten, zum Teil griff er sie körperlich an. Am letzten Tag konnte er nicht mehr zwischen der Realität und seinen Halluzinationen unterscheiden. »He lost his mind«, konstatierten die Ärzte. Doch trotz der Bedenken, die diese mit der Zeit immer eindringlicher vortrugen, machte Tripp bis zum Ende weiter. In den letzten 66 Stunden seines Wach-Marathons nahm er Medikamente, damit er wach blieb. So ging er tatsächlich erst nach 201 durchwachten Stunden ins Bett – um dann für 22 Stunden durchzuschlafen. Als er aufwachte, fragte er als Erstes nach der Zeitung.

Nach der Aktion ging es mit Tripp bergab, aber das hatte wahrscheinlich nichts mit dem Schlafmangel oder den Aufputschmitteln zu tun, die er nahm. Vielmehr wurde Tripp zu einer der Hauptfiguren im »Payola«-Skandal von 1960: Es stellte sich heraus, dass er ebenso wie mehrere andere DJs Zehntausende Dollars von Plattenfirmen angenommen hatte, damit er bestimmte Titel spielte.

Inzwischen haben unzählige Laborstudien belegt, was Peter Tripp damals in seinem Live-Experiment vormachte: Schlafmangel hat extreme Auswirkungen auf das Wesen eines Menschen. Er führt zu erhöhter Reizbarkeit, schlechter Stimmung, Ärger, Ängstlichkeit und Depressionen. Und dazu muss man nicht, wie Peter Tripp, gleich mehrere Nächte durchmachen. Es reicht schon, das zu tun, was viele

Menschen in ihrem Alltag praktizieren: regelmäßig zu wenig zu schlafen. Wer am Abend, obwohl er müde ist, die Zeit nutzt, um zu arbeiten, zu feiern, zu sporteln und dann trotzdem nach sechs Stunden gnadenlos seinen Wecker klingeln lässt, um sich mit Kaffee, Stress und anderen Wachmachern irgendwie durch den Tag zu bringen, der macht sich zu einem anderen Menschen. Aber, so viel ist sicher: nicht zu einem besseren.

»Wer zehn Nächte hintereinander nur sechs Stunden schläft, befindet sich, was Leistungsvermögen, Reaktionsgeschwindigkeit, Gedächtnis und Urteilskraft angeht, in einem Zustand, als hätte er ein Promille Alkohol im Blut«, sagt der Basler Chronobiologe Christian Cajochen. Trotzdem rühmen sich viele Menschen, sie würden regelmäßig mit sechs oder noch weniger Stunden Schlaf auskommen. Allen voran Politiker und Wirtschaftsbosse. Von Barack Obama sind solche Sätze ebenso überliefert wie von Angela Merkel und Wladimir Putin. Ein gering ausgeprägtes Schlafbedürfnis scheint heutzutage quasi eine Voraussetzung für Führungsjobs zu sein. »Will man eigentlich von Betrunkenen regiert werden?«, fragte das ›SZ Magazin‹ vor ein paar Jahren. »Eher nicht. Werden wir aber. Ein Promille haben sie alle. Ständig. Die meisten haben mehr.«

Schon der Physiker und Erfinder Thomas Alva Edison, ein wahrer Workaholic, der die Glühlampe wohl auch deshalb erfand, weil er dann umso besser die Nächte durcharbeiten konnte, schimpfte über seine Zeitgenossen, sie schliefen »100 Prozent mehr als nötig, und zwar weil es ihnen Spaß macht«. Der Tüftler, der selbst mit fünf Stunden Schlaf auskam, blickte verächtlich auf normale Menschen: »Ein Mensch, der acht oder zehn Stunden pro Nacht schläft, wird nie richtig schlafen und nie richtig wach sein – er döst lediglich in verschiedenen Stufen vor sich hin.« Und Napoleon soll gesagt haben: »Vier Stunden schläft der Mann, fünf Stunden die Frau, sechs ein Idiot.« Dass der kleine Kaiser regelmäßig in einen Kurzschlaf fiel und seine Untergebenen fürchteten, er könnte dabei vom Pferd fallen? Geschenkt. Die Aussage ist auch ohne dieses Detail aus heutiger Sicht grundfalsch. Denn mit einem Schlafrhythmus à la Napoleon verübt man einen zerstörerischen Anschlag auf seinen Körper und seine Seele.

»Zu wenig Schlaf macht dick, dumm und krank«, predigt Jürgen Zulley, einer der bekanntesten deutschen Schlafforscher seit Jahren immer wieder. Er sagt es in jedes Mikrofon, um das Land der Schlaflosen aufzurütteln, damit sie früher ins Bett gehen oder – ganz nach Typ – wenigstens länger schlafen. Dabei ist »dick, dumm und krank« noch nicht mal alles: Zu wenig Schlaf verändert sogar die Persönlichkeit. Der dauerhafte Schlafmangel gräbt sich tief in das Wesen ein.

Wie massiv allein die Veränderungen im Körper sind, ist mit der Zahl 711 gesagt. So viele Gene sind nämlich davon betroffen, wenn man eine Woche lang zu wenig geschlafen hat, wie eine Arbeitsgruppe um Derk-Jan Dijk von der Universität im britischen Surrey herausgefunden hat. Dabei war der Schlafmangel noch gar nicht extrem. Immerhin durften die 26 Probanden sieben Nächte lang jeweils maximal sechs Stunden schlafen. Wie ihre Gene danach aussahen, stellten die Wissenschaftler anhand von Blutproben fest. Aus den Eiweißen, die sie darin aufspürten (sogenannte RNA-Moleküle), konnten sie Rückschlüsse auf die Genaktivität ziehen. Dann verglichen sie diese mit Blutproben, die sie denselben Probanden nach einer ausgeruhten Woche entnommen hatten, in der sie jede Nacht bis zu zehn Stunden hatten schlafen dürfen. Nach zehn Stunden wurden sie geweckt, weil zu viel Schlaf auch nicht gut für die

Gesundheit ist. So fanden die Wissenschaftler an Hunderten Genen Veränderungen, also an etwa drei Prozent der 23 000 Erbanlagen, die ein Mensch hat. 444 Gene waren weniger aktiv als im ausgeschlafenen Zustand, 267 waren dafür aktiver. Je nachdem, wofür die Gene zuständig waren, konnte das jeweils positive oder negative Folgen haben.

Betroffen waren vor allem Gene, die für das Immunsystem und für Reaktionen gegen Entzündungen verantwortlich sind, aber auch für die Stressreaktion des Körpers. Somit führt Schlafmangel nicht nur zu einem erhöhten Risiko für Bluthochdruck, Übergewicht, Diabetes, Herzschwäche, Magen-Darm-Krankheiten und Infekte, sondern macht auch Depressionen und Aggressionen wahrscheinlicher. Am Ende ist Schlafmangel sicher tödlich. Ratten sterben nach zwei bis drei Wochen ohne Schlaf, wie Experimente gezeigt haben. Und die Japaner haben sogar ein Wort für den Tod durch Schlafentzug erfunden: Das heißt Karoshi.

Jeder, der ein bisschen auf sich achtet, weiß ja eigentlich selbst, dass er, wenn er unausgeschlafen ist, leicht reizbar und ungerecht wird. Die Wissenschaft hat das Phänomen inzwischen bestens untersucht. Unausgeschlafene Menschen empfinden eindeutig leichter Stress und Wut als Leute, die genügend Zeit im Bett verbracht haben. Wissenschaftler von der University of Pennsylvania haben vor ein paar Jahren ihren Probanden gemeine Konzentrationsaufgaben gestellt und sie dabei beobachtet, wie sie reagierten. Die Hälfte der Testpersonen durfte vorher ganz normal schlafen, die andere hatte sich eine Nacht lang wachgehalten. Dann sollten alle Probanden von einer vierstelligen Zahl zehn Minuten lang immer zwei Stellen abziehen, 3999, 3997, 3995, 3993, 3991, 3989, ... Nach dem Experiment waren die Stresslevel der Schlaflosen im Vergleich zu denen der Ausgeschlafenen erheblich höher. Auch waren sie ängstlicher, wütender und zeigten einen Hang zur depressiven Verstimmung.

Witzigerweise war der Unterschied zwischen den Gruppen nicht so groß, sobald die Bedingungen verschärft wurden, wenn sich die Testpersonen also mehr anstrengen mussten und ihr Frust absichtlich in die Höhe getrieben wurde: In einem zweiten Experiment sollten sie nämlich von einer vierstelligen Zahl jeweils 13 abziehen, 3999, 3986, 3973, 3960, 3947, ... und das unter Zeitdruck. Dabei bekamen sie auch noch ständig negatives Feedback: Ein Computer zeigte ihnen, dass sie zu den schlechtesten 25 Prozent aller Probanden gehörten, auch wenn das gar nicht stimmte. Danach waren alle Testteilnehmer heftig gestresst, der fehlende Schlaf verschlimmerte ihr Leid kaum.

Wahrscheinlich sind schlafdeprivierte Menschen einfach leichter zu stressen, folgern die Wissenschaftler. »Das heißt aber nicht, dass sie unter großem Stress noch gestresster reagieren.« Sie geraten also schneller unter Druck, aber das Ausmaß ihrer Stressreaktion wird insgesamt nicht größer.

Doch Schlafmangel beeinflusst das Wesen des Menschen noch viel weitreichender als nur in Sachen Stressanfälligkeit. Wir werden auch risikobereiter und gewissenloser. Kasinobesitzer nutzen das seit Jahrzehnten aus. Denn sie wissen, dass müde Spieler wagemutigere Einsätze tätigen. Die hellen Lichter, die Lautstärke und die fensterlosen Räume sollen die Menschen vergessen machen, wie die Zeit vergeht. So sind sie oft müder, als sie sich eingestehen. Vor ein paar Jahren haben Wissenschaftler um Michael Chee von der Duke University Teilnehmern an einem Spielexperiment den Schlaf geraubt. Vor jedem Schritt durften die Probanden wählen, ob sie die Chance erhöhen wollten, möglichst viel zu gewinnen, oder ob sie lieber das Risiko minimieren wollten, schrecklich viel zu verlieren. Wenn sie nur eine Nacht nicht geschlafen hatten, begannen die Versuchsteilnehmer gewagtere Entscheidungen zu fällen. Der Schlafmangel machte sie optimistischer und risikofreudiger, sie bauten also darauf, dass sie schon Glück haben und besonders viel gewinnen würden.

In die Geschichte eingegangen ist ein Computerexperiment mit Luftballons, der »Balloon Analogue Risk Task«. Er zeigt mit großem Knalleffekt, dass Menschen, die zu wenig schlafen, hemmungsloser und draufgängerischer handeln als ausgeschlafene Zeitgenossen. Wissenschaftler haben für den Ballontest ihre Probanden wochenlang nur fünf Stunden schlafen lassen und sie dann aufgefordert, zusammen mit ausgeschlafenen Probanden Ballons am Computerbildschirm um die Wette aufzublasen. Es war reizvoll, den Ballon möglichst weit zu füllen, denn dann sollte es umso mehr Geld geben. Wenn der Ballon aber platzte, gingen die Spieler leer aus. Die übermüdeten Probanden kannten keine Grenzen. Sie pusteten und pusteten, und allzu oft platzte ihr Ballon und damit der Traum vom vielen Geld. Ausgeschlafenen passierte das erheblich seltener.

Dass Schlafentzug sogar zu Symptomen von Schizophrenie und von Psychosen führen kann, haben schon die Spinnen, Mäuse und Würmer des Radiomoderators Peter Tripp gezeigt. Und das kann wahnsinnig schnell gehen, wie Psychologen der Universität Bonn und des King's College London erstaunt festgestellt haben. Schon 24-stündiger Schlafentzug könne bei gesunden Menschen zu Zuständen führen, die der Schizophrenie oder einer Psychose ähnlich sind. Sie verlieren dann den Bezug zur Realität oder erleiden Halluzinationen und Sinnestäuschungen; sie glauben zum Beispiel, dass sie fremde Stimmen hören. »Uns war klar, dass es nach einer durchwachten Nacht zu Beeinträchtigungen des Konzentrationsvermögens kommt«, sagt Ulrich Ettinger vom Bonner

Institut für Psychologie und einer der Hauptautoren der Studie. »Wir hatten nicht erwartet, dass die Symptome nach einer durchwachten Nacht so ausgeprägt sein können.«

Das dramatische Ergebnis liegt wahrscheinlich daran, dass die Filterfunktion im Gehirn der Probanden durch den Schlafentzug nicht mehr funktionierte. Nachdem die Testpersonen eine Nacht lang mit Filmen, Gesprächen, Spielen und kurzen Spaziergängen wachgehalten worden waren, führten die Wissenschaftler eine bekannte Messung durch, die »Präpulsinhibition«. In diesem Experiment hören die Probanden über einen Kopfhörer ein lautes Geräusch, sie erschrecken sich. Wie sehr, das können die Wissenschaftler daran messen, wie stark ihre Gesichtsmuskeln zusammenzucken. Wenn aber vor dem lauten Geräusch ein leiseres zu hören ist, der »Präpuls«, dann erschrecken die Probanden normalerweise weniger. Sie sind auf den großen Knall vorbereitet. Das gesunde Gehirn schützt sich mit diesem Mechanismus vor einer Reizüberflutung, es trennt Wichtiges von Unwichtigem. Doch das funktioniert im unausgeschlafenen Gehirn nicht mehr so gut. »Im Gehirn entsteht Chaos«, sagt Ettinger. Die Probanden wurden sensibler für Licht, Farbe oder Helligkeit, ihr Zeitgefühl, ihre eigene Körperwahrnehmung und ihr Geruchssinn waren verändert, ihre Gedanken sprangen.

Und schließlich wirkt sich Schlafmangel auch noch auf das Sozialverhalten aus – nicht nur weil er aggressiver und reizbarer macht. Wer zu wenig schläft, zieht sich offenbar unbewusst zurück und wirkt auf andere sogar abschreckend, wie ein Experiment von Matthew Walker zeigt: Seit 20 Jahren erforscht der Direktor des Sleep and Neuroimaging Laboratory an der University of California in Berkeley den Schlaf und seinen Einfluss auf das Gehirn und hat dabei wesentliche Erkenntnisse zusammengetragen. Es sei ja schon länger bekannt gewesen, dass soziale Isolation Schlafstörungen hervorrufen könne, sagt Walker. »Aber jetzt zeigt sich, dass auch das Umgekehrte gilt: Schlafmangel kann Menschen dazu bringen, sich einsamer zu fühlen. Und das wird durch die Reaktion der anderen noch verstärkt.«

In seinem ausgeklügelten Experiment wurden 138 Menschen, die eine Nacht lang am Schlafen gehindert wurden, mit anderen verglichen, die wohlig schlummern durften. Am Tag darauf bekamen sie ein Video zu sehen, in dem Personen nacheinander direkt auf sie zugingen. Wenn ihnen eine Person gefühlt zu nahe kam, sollten die Probanden das mit einem Tastenklick anzeigen. Das Ergebnis war frappierend: Die Teilnehmer, die unter Schlafmangel litten, fühlten sich deutlich früher von den sich nähernden Personen bedrängt. Ihre soziale Offenheit war also erheblich geringer als die der ausgeschlafenen Testteilnehmer. Diese ließen die Person auf dem Bildschirm um bis zu 60 Prozent näher an sich heran. »Diejenigen, die eine Nacht nicht geschlafen hatten, erzwangen damit einen größeren sozialen Abstand zu anderen«, so Walker. »Ein Mangel an Schlaf bringt Personen dazu, anderen eher aus dem Weg zu gehen und eine größere soziale Distanz zu wahren.«

Ohne ausreichenden Schlaf werden wir also schnell zu Sozialmuffeln, und bald stellt sich dann auch die Einsamkeit ein. Im Gehirn spiegelte sich das darin, dass eine Hirnregion weniger aktiv war, die als »Theory-of-Mind«-Netzwerk gilt. Das ist ein Bereich, der uns die Handlungen und die Absichten anderer Menschen verstehen lässt, der uns also zu einem sozialen Wesen macht. Bei Menschen, die unter Einsamkeit leiden, ist dieses Netzwerk typischerweise weniger aktiv. Offenbar gilt dies auch für Menschen mit akutem Schlafdefizit.

Und andere Menschen merken das offenbar: In einer weiteren Studie ließen Walker und sein Mitarbeiter Eti Ben Simon nämlich 1033 Menschen kurze Videoclips ansehen, die eine Gruppe von Probanden in einer Diskussion über aktuelle politische Themen zeigte. Manche dieser Probanden hatten zu wenig geschlafen, andere nicht. Das wussten die Menschen vor dem Bildschirm aber nicht. Ohne zu ahnen, wer da unter welchen Umständen zu sehen war, empfanden sie die unausgeschlafenen Diskutanten als einsamer. Zugleich wollten sie nicht so gerne mehr mit ihnen zu tun haben. »Der Zustand des Schlafmangels wirkt demnach sozial abschreckend«, sagt Walker. Damit könnte Schlafmangel sogar einen Teufelskreis der Einsamkeit auslösen: »Je weniger Schlaf man bekommt, desto weniger will man mit anderen interagieren. Umgekehrt nehmen einen andere als unsozialer wahr und verstärken damit noch die soziale Isolation«, sagt Walker. »Schlafmangel macht uns damit zu sozial Aussätzigen.«

Schlafentzug stoppt die Müllabfuhr im Gehirn

Aber weshalb wirkt sich Schlafmangel so drastisch aus? Was dabei im Gehirn passiert, ist inzwischen sehr gut untersucht. Mit Hilfe von Magnetresonanztomografen können Wissenschaftler dem Gehirn bei der Arbeit zuschauen und deshalb auch gut sehen, welche Hirnregionen unter welchen Bedingungen besonders aktiv sind. Dabei zeigt sich, dass die Nervenzellen der Amygdala als Sitz unserer Emotionen unter Schlafmangel viel stärker reagieren als im Normalzustand. Wenn sich Menschen verstörende Bilder ansehen, zum Beispiel solche von verstümmelten Körpern oder von krebskranken Kindern, feuern die Nervenzellen bis zu 60 Prozent mehr Signale ab als ausgeschlafene Amygdala-Zellen.

Offenbar wird dann auch die Verbindung von Gefühl und

Verstand unterbrochen, genauer: die von der Amygdala zum hochentwickelten mittleren präfrontalen Cortex. In dieser Region der Vernunft werden die Reaktionen der Amygdala normalerweise moduliert, so als würde der vernünftige Kortex der leicht in Wallung zu bringenden Amygdala sagen: Nun reg dich mal wieder ab, das ist ja alles nicht so schlimm. Doch schon nach nur einer Nacht ohne Schlaf scheint das nicht mehr zu funktionieren, stattdessen ist die Amygdala dann stärker mit dem evolutionär ältesten Teil des Gehirns verbunden, dem Locus caeruleus, der Stresshormone ausschüttet. Die Gefühle geraten außer Kontrolle.

»Ohne Schlaf ist es ein bisschen so, als würde das Gehirn zurück in primitivere Muster fallen«, sagt Matthew Walker. Zurück in Zeiten also, als es noch nicht in der Lage war, »emotionale Erfahrungen in einen Kontext zu packen und kontrollierte, angemessene Antworten zu produzieren«. Dann würden auch die Gehirne von gesunden Menschen die gleichen pathologischen Muster zeigen wie die von psychisch kranken Menschen, sagt Walker. »Das Ergebnis sehen wir leider jeden Tag, wenn zum Beispiel ein Arzt von einem fordernden Patienten genervt ist, eine müde Mutter überreagiert oder ein Polizist einen Zivilisten schlecht behandelt.«

Weshalb auch das Gedächtnis unter Schlafmangel leidet, zeigen Aufnahmen vom Hippocampus. Diese kleine, seepferdchenförmige Hirnregion ist für das Speichern neuer Erinnerungen zuständig. Schon lange ist bekannt, dass Erinnerungen während des Schlafs gefestigt werden; während sich der Mensch scheinbar untätig im Bett herumfläzt, sortiert sein Gehirn Informationen als wichtig oder unwichtig; vieles wird vergessen, anderes in tiefere Hirnwindungen zum Merken verschoben. Für all das sorgt der Hippocampus. Doch auch er wird vom Schlafentzug erheblich mitgenommen. Wenn er nicht schlafen darf, kann der Hippocampus seinen Speicher nicht leeren, wird voller und voller. Neue Informationen können dann nicht mehr abgespeichert werden. Deshalb können Menschen sich schon nach einer Nacht unter Schlafenzug erheblich weniger merken, wenn sie Bilder anschauen und Details im Gedächtnis behalten sollen.

Nicht nur Informationen, auch echter Müll bleibt beim Schlafentzug im Gehirn hängen. Denn normalerweise machen sich die Gehirnzellen im Schlaf klein, sodass die Kanäle zwischen ihnen, die sogenannten interstitiellen Räume, größer werden. Darüber können unbrauchbare Stoffwechselreste abtransportiert werden. Wer seinem Gehirn dafür nicht genug Zeit lässt, sammelt diesen schädlichen biochemischen Müll in seinem Kopf an. Viele Forschungsarbeiten untersuchen bereits, ob Krankheiten wie Alzheimer, Parkinson und Migräne auf solche Dinge zurückzuführen sind. Aber wann fängt der Schlafmangel an? Das ist natürlich für jeden Menschen unterschiedlich. Selbstverständlich gibt es Leute, die weniger Schlaf brauchen als andere. Und wahrscheinlich gehören Barack Obama und Angela Merkel dazu. Das Problem ist nur: Es sind nicht alle, die davon überzeugt sind. Und wer ständig unausgeschlafen ist, merkt das nicht unbedingt. So wie sich Betrunkene oft genug nicht als betrunken wahrnehmen, sondern als tolle Typen, gilt das auch für Schlafmangeltrunkene. »Wer sich mit wenig Schlaf fit und leistungsfähig fühlt«, sagt der Chronobiologe Cajochen, »der sollte sich fragen, wie viel fitter und leistungsfähiger er wäre, wenn er ausgeschlafen wäre.«

Genau das hat Arianna Huffington getan. Die Gründerin der Huffington Post, die viele Jahre lang ihre Leistungsfähigkeit trotz weniger Stunden Schlaf wie einen Orden vor sich hergetragen hat, brach 2007 vor Müdigkeit am Schreibtisch zusammen. Dabei schlug ihr Kopf auf, sie brach sich das Jochbein. Seither hat Huffington ihre Arbeitszeit heruntergefahren, geht regelmäßig früher ins Bett und hat ihr Buch ›Die Schlaf-Revolution‹ geschrieben. »Ich habe die schlechtesten Entscheidungen im Leben getroffen, wenn ich zu wenig Schlaf hatte, man stellt dann die falschen Leute ein und heiratet die falsche Person«, warnt sie. Sie hat daher einen alten Tipp, den sie jetzt aber ganz anders meint: »Schlaf dich nach oben.«

Selbsterfindung statt Selbstfindung

»Ich bin das Ergebnis von all dem,
was ich mir vorgestellt, vorgemalt, ausgedacht habe.
Was ich beschlossen habe zu sein.«
Karl Lagerfeld (1933–2019)

Vorhang auf für Brian Little! Wenn der Professor von der University of Cambridge die Bühne betritt, sind die Studierenden plötzlich hellwach. Sie bekommen dann nämlich eine Vorlesung zu hören, die mit Vorlesen ebenso wenig zu tun hat wie mit professoraler Getragenheit. Little unterhält seine Zuhörer wie ein Entertainer zur besten Sendezeit, mit charmanter Selbstironie und treffsicherem Witz. Sein Vortragsstil ist wirklich hinreißend, die Zeit ist um, ohne dass die Studierenden auch nur einmal auf die Uhr geguckt hätten. Bevor der gebürtige Kanadier nach Cambridge kam, hat er schon an der McGill University in Montreal, an der amerikanischen Elite-Universität Harvard und im britischen Oxford gelehrt. Stets wirbelte er auf der Bühne herum, erzählte einen Witz nach dem anderen und manchmal sang er sogar. Zur Belohnung wählten sie ihn in Harvard in drei aufeinanderfolgenden Jahren zu ihrem Lieblingsprofessor, und er erhielt das 3M Teaching Felloswhip, die höchste Ehrung für Lehrende in Kanada. Am Ende seiner Vorlesungen bereiteten ihm die Studierenden oft stehende Ovationen.

Statt Psychologieprofessor hätte Little genauso gut Schauspieler oder Alleinunterhalter werden können, denkt man.

Der Mann hat das im Blut. Doch weit gefehlt. Hinter Littles mitreißenden Vorträgen steckt keineswegs ein angeborener Drang zur unterhaltenden Bühnendarbietung oder eine tief verwurzelte Extrovertiertheit. Er ist nicht als Rampensau geboren. Little strengt sich einfach wahnsinnig an, um so gut rüberzukommen.

»In Wahrheit bin ich sehr, sehr introvertiert«, sagt der Psychologe von sich selbst, »ich bin im Grunde sogar der Inbegriff des Introvertierten.« Wenn er nicht gerade unterrichtet, ist er demnach extrem ruhig und nach innen gewandt. Er zieht sich gerne mit seiner Frau in sein Haus in den kanadischen Wäldern zurück. Er liest, hört Musik, und statt auf Partys zu gehen, führt er lieber Vieraugengespräche am Kaminfeuer. »Ich brauche weniger Reize als andere Menschen, ich brauche viel Ruhe und ich kann nicht mal mehr Kaffee trinken nach 15 Uhr.« Ein typischer Intro eben. Die vertragen das nämlich alle nicht, nachmittags oder abends noch eine Dosis Koffein, meint Little.

In seinen Vorlesungen aber, da ist der Professor ein anderer. Da geht er aus sich heraus wie sonst nie im Leben. (Außer damals vielleicht, als er seine Frau kennenlernte und sie unbedingt beeindrucken wollte.) Aber weshalb ist er im Audimax eigentlich so anders? Weil ihm die Vorlesungen so wichtig sind. So wichtig wie damals die Verabredungen mit der Frau, die er mal heiraten würde. »Ich bin ein Introvertierter. Aber ich habe ein Herzensprojekt«, sagt Little, »und das ist das Lehren.«

Er liebt seine Studierenden und sein Fachgebiet. Deshalb kann er es kaum erwarten, ihnen sein Wissen um die Seele des Menschen zu vermitteln und sie mit den neuesten Forschungsergebnissen auf dem Laufenden zu halten. Und weil die Studenten nun einmal morgens um neun ein bisschen Humor brauchen, damit sie gerne zuhören, ein bisschen Engagement, ein bisschen Unterhaltung, macht er seine Wissensvermittlung zur Show. Danach, das räumt er ein, braucht er erst mal seine Ruhe. Er will dann eine Weile alleine sein. »Nach so einem öffentlichen Auftritt ziehe ich mich manchmal auf die Herrentoilette zurück, um den Extrovertierten zu entkommen«, sagt er.

Theater spielen ist erlaubt

Brian Little setzt also absichtlich Eigenschaften ein, die eher nicht zu seinen vorherrschenden gehören. Er kann das, weil er ein Ziel hat. Seine Verwandlung dient einem Zweck, er will damit etwas erreichen. Aber auch jenseits der großen Bühne agieren Menschen immer wieder »out of character«, wie Little das nennt, sie legen uncharakteristisches Verhalten an den Tag. Und jeder Mensch hat das Potenzial dazu. Dass die Persönlichkeitspsychologie einen Menschen mit den »Big Five« beschreibt und sein Wesen damit in fünf große Schubladen packt, hält Little für zu stark vereinfacht. Grundsätzlich erkennt er an, dass jeder Mensch mit den fünf großen Persönlichkeitsdimensionen ganz gut beschrieben werden kann. Aber er hält das System für zu starr: »Ist das etwa alles, was wir sind? Ein Bündel Eigenschaften?«, fragt er und gibt gleich selbst die Antwort. »Nein, natürlich nicht.« Jeder Mensch sei ab und an ein anderer. Und überhaupt gebe es außerhalb von Offenheit, Gewissenhaftigkeit, Extrovertiertheit, Verträglichkeit und Neurotizismus noch viele weitere individuelle Züge in einem Menschen – die Brian-haften, die Elisabeth-ianischen, die Peter-igen oder die Sophie-mäßigen. »Ich fühle mich nicht wohl dabei, Menschen in Schubladen zu stecken, sie gehören einfach nicht dahin«, sagt Little, »wir sind wie manch anderer und zugleich wie kein anderer.«

Was nämlich macht die Menschen am Ende unterschiedlich? Es ist das, was sie tun. Vor allem sind es die Dinge im Leben, die ihnen wirklich wichtig sind. »Unsere persönlichen Projekte« nennt Little das. Die Themen, für die wir uns mit ganzer Kraft einsetzen, unsere Herzensangelegenheiten, die Tops auf unserer Prioritätenliste. Wenn wir diese Ziele verfolgen, treten unsere »freien Charaktereigenschaften« zutage, die »Free Traits«, über die wir neben unseren vorherrschenden Merkmalen eben auch verfügen und auf die wir zugreifen können, wenn wir sie gerade dringend brauchen. Dann mobilisiert der Introvertierte seine extrovertierten Anteile, und der Schludrige wird plötzlich ordentlich und zielstrebig. Eine freundliche Frau, so erläutert Little seine »Free Trait Theory«, die schon drei Mal ergebnislos mit ihrer Mutter im Krankenhaus war und weder eine Diagnose erfahren hat noch einen Arzt fand, der Zeit für sie hatte, wird nun vielleicht ausfallend. »Sie mag normalerweise sehr verträglich sein, aber jetzt nicht, weil sie etwas für ihre Mutter erreichen will«, sagt Little. Diese freien, mobilisierbaren Eigenschaften seien das wirklich Wichtige in einem Menschen, nicht die großen Persönlichkeitsdimensionen, die uns zu sehr kategorisieren. Weil die Momente, in denen die freien Eigenschaften zutage treten, die entscheidenden Momente sind, sagt Little. »Sie sind das, was zählt!«

Das gilt zum Beispiel, wenn sich ein schüchterner Professor zum Clown macht, um jungen Menschen etwas über Persönlichkeitspsychologie zu vermitteln. Aber eben auch, wenn sich ein im Grunde extrovertierter Student wochenlang in der Bibliothek vergräbt und sich nur am Samstagabend erlaubt, mit Freunden einen draufzumachen, weil er sich ordentlich auf sein Examen vorbereiten will. Oder wenn das zurückhaltende zehnjährige Mädchen beherzt einschreitet, um seine kleine Schwester gegen andere Kinder zu verteidigen, die es ärgern.

Es ist ja keine Frage, dass etwa 50 Prozent der Unterschiede zwischen Menschen genetisch bedingt sind – und damit reichlich stabil, das weiß auch Brian Little. Aber 50 Prozent sind eben nur die Hälfte. Weiteren Einfluss auf die Individualität eines Menschen haben die frühen Resonanzerfahrungen, die uns schon als Kinder gelehrt haben, welches Verhalten unsere Umgebung richtig findet und welche Persönlichkeitseigenschaften in uns bitteschön besonders hervorzutreten haben (*siehe Resonanz, S. 104*). Je empfänglicher wir für die Wünsche der anderen sind, für ihre Forderungen und ihr Lob, für die Resonanz also, die wir aus unserer Umwelt erhalten, desto mehr können die Ideen und Vorstellungen der anderen als unsere vermeintlich eigenen uns in Fleisch und Blut übergehen und uns zur zweiten Natur werden. Aber auch damit ist unsere Persönlichkeit noch nicht vollendet. Denn dann kommt sie erst, die Krönung: die bewusste Individuation. Dann strengen wir uns an. Auf der Grundlage aller genetisch bedingten Veranlagungen und aller Resonanzerfahrungen, die wir in unserem Leben angesammelt haben, entfalten wir uns. Am meisten geschieht das, wenn wir Dinge erreichen wollen, die uns wichtig sind, auch wenn die Voraussetzungen, die wir dafür erfüllen müssen, mit unserer charakterlichen Grundausstattung Spitz auf Knopf stehen.

So wird die zurückhaltende Frau, die im Grunde ihres Herzens Angst vor Menschen hat, aber unbedingt Ärztin sein will, sich in ihrem Beruf täglich neu auf eine Vielzahl von Unbekannten einlassen. Sie wird sie berühren und mit ihnen über intime Dinge sprechen. Weil sie es will. Und die junge Klimaschutzaktivistin kann, wenn sie durch die positive Resonanz ihrer Umgebung erst einmal Mut gefasst hat, sogar die tief in ihr verwurzelten autistischen Züge überwinden. Es sind die freien Eigenschaften, die uns Möglichkeiten zu persönlichem Wachstum eröffnen.

Dazu muss man keinesfalls an seinem genetischen Code basteln. Die Persönlichkeit besteht nun einmal aus Denken, Fühlen und Verhalten. Wenn sich dieser Dreiklang ändert, wird die Persönlichkeit eine andere.

Wer sich dagegen auf seine Grundausstattung beschränkt, die er mit seinen Genen und mit seiner Erziehung mitbekommen hat, der nimmt sich Entwicklungschancen. Ich bin eben so! Manche Menschen sagen das in voller Überzeugung, und in Bayern trägt man das »Mia san mia« sogar mit stolzer Brust vor sich her. Aber eigentlich sind solche Statements Ausdruck von Stillstand, einer großen Unflexibilität, eines sich nicht Einlassenwollens. Das mag zwar im ersten Moment bequem sein, den Glauben an die eigene Authentizität befördern und damit Sicherheit geben, aber um im Leben zurechtzukommen, dafür ist das keine gute Strategie. Denn wer sich selbst zwanghaft treu bleibt, verpasst die Gelegenheit, sich durch Veränderung zu entwickeln.

»Ich bin jedes Mal bestürzt, wenn ich höre, dass Leute anderen raten: ›Sei einfach du selbst!‹«, sagt der Organisations- und Gesundheitspsychologe Ben Fletcher. Schließlich passen die Gewohnheiten eines Menschen nicht immer zu den Aufgaben, die sich ihm gerade stellen. Deshalb ist es keineswegs vorteilhaft, sich immer nach dem gleichen Muster zu verhalten, insbesondere in einer so dynamischen Welt wie der heutigen. Je statischer die Persönlichkeit eines Menschen ist, umso schwerer wird er es finden, sich an neue Umstände anzupassen, und umso stressanfälliger wird er sein. Daher ist es manchmal besser, das zu tun, was einem gerade nicht »im Blut liegt«. Auch Fletcher ist überzeugt, dass jeder Mensch die Kapazität hat, unterschiedliche Personen zu sein: »Inwieweit man diese Fähigkeit entwickelt, bestimmt darüber, wie erfolgreich man im Leben ist.«

Bleibt die Frage, wie gut einem Menschen dieses Verhalten außerhalb seines Urcharakters gelingt. Und wie häufig er seine freien Eigenschaften nutzt? Das Talent dazu sei natürlich unterschiedlich ausgeprägt, sagt Ben Fletcher, »aber man kann es trainieren«. Schließlich nutzt der Mensch nur ein Fünftel der ihm eigentlich möglichen Verhaltensweisen und auch nur ein Zehntel seiner Persönlichkeit. »90 Prozent warten darauf, erschlossen zu werden.«

Die Autorin Susan Cain, die in ihrem Buch ›Still. Die Bedeutung von Introvertierten in einer lauten Welt‹ auch Brian Little porträtiert hat, geht davon aus, dass es gerade in Führungspositionen viele eigentlich introvertierte Menschen gibt, die als Extrovertierte auftreten. Im Beruf legen sie das Verhalten an den Tag, das ihnen dort abverlangt wird, aber im Privatleben meiden sie weiterhin Partys und verbringen die Zeit am liebsten mit engen Vertrauten. So wie Alex, der Leiter einer Finanzdienstleistungsfirma, der als Kind zu den Schüchtern-Netten gehörte. Regelmäßig wurde er von seinen Klassenkameraden gehänselt und geärgert. Als er etwa zwölf Jahre alt war, beschloss Alex, sein Leben zu ändern. Er beobachtete, wie sich andere Jungs verhielten, wenn sie zu den angesehenen Jungs in der Klasse gehören wollten, und tat es ihnen, so gut er konnte, gleich. Im Arbeitsleben setzte er diesen Weg fort und brachte es tatsächlich bis in die höchste Führungsetage seiner Firma.

Mal was anders machen

Auch wenn man gerade nicht auf der großen Bühne tanzen will und auch kein anderes Herzensprojekt verfolgt, kann man seine freien Eigenschaften hervorkitzeln. Es ist sogar sinnvoll, das zu tun. Denn wenn man im Training ist, ist man für den Fall der Fälle vorbereitet. Dann gelingt es einem leichter, flexibel auf eine neue Situation zu reagieren. »Eigentlich hat der Mensch einen ganzen Werkzeugkasten voller nützlicher Verhaltensweisen«, sagt die Psychologin Karen Pine, die lange Zeit gemeinsam mit Ben Fletcher an der University of Hertfordshire geforscht hat. »Aber wir nehmen immer dasselbe Werkzeug und nutzen es immer auf die gleiche Weise.« Dabei gäbe es Myriaden von Wegen, auf Situationen zu reagieren. Ihr Tipp: Wir sollten häufiger auf ein anderes Werkzeug zurückgreifen, also einen anderen Weg beschreiten oder eine für uns ungewohnte Reaktion testen und nicht immer das tun, was wir schon immer getan haben. Nur wenn wir in unserem Verhalten flexibel bleiben, können wir Neues in uns entdecken und vielleicht sogar manch verborgenes Talent. Wenn man zum Beispiel in seiner Freizeit immer nur zum Minigolfen geht und Kreuzworträtsel löst, kann man nicht merken, dass man großen Spaß am gemeinsamen Ballspiel hat; und wer nie ausprobiert hat, wie es ist, in einer Diskussion einfach mal zuzuhören, statt das Gespräch zu dominieren, kann diese stille Seite, die in ihm steckt, nicht wahrnehmen.

Menschen werden mit Talenten geboren. Aber manchmal verkümmern diese einfach oder sie kommen gar nicht erst zum Tragen. Es gibt sicher unzählige große Musikertalente in armen Familien, die nie ein Instrument in die Hand bekamen und sich damit auch nicht verwirklichen konnten. Ein Talent prägt somit erst die Persönlichkeit, wenn ein

Mensch dieses auch nutzt – wenn er seiner musikalischen Begabung nachgeht, seine Zeit in seinen Lieblingssport investiert oder sich auf der Bühne erprobt. So ist es auch mit unseren Free Traits. Wenn wir sie nutzen, werden sie uns verändern.

Damit das leichter gelingt, haben Ben Fletcher und Karen Pine gemeinsam ein Trainingsprogramm entwickelt. »Do Something Different« heißt es. Im Klartext: Mach mal was anders! So lernt man, auch die anderen neun Zehntel seiner Persönlichkeit zu aktivieren. Mit der Zeit sind die verborgenen Eigenschaften dann immer leichter abrufbar. Das Geheimnis, weshalb das funktionieren kann, liegt in der Macht des Handelns.

Selbstverständlich kommt unseren Gedanken eine wichtige Rolle bei der Entwicklung unserer Persönlichkeit zu, das haben wir schon bei der Entstehung der Persönlichkeit und der Authentizität gesehen: Was wir über uns selbst denken, wirkt sich darauf aus, wie wir uns verhalten. Unsere tief verinnerlichten »Glaubenssätze«, die uns sagen, dass wir nun einmal schüchtern oder faul seien, schlecht in Mathe oder dass wir nicht einparken könnten, beeinflussen uns so sehr, dass wir sehr wahrscheinlich wirklich nicht in die Parklücke kommen, Mühe mit algebraischen Aufgaben haben, selten unseren Papierkram sortieren und uns sowieso nicht an fremde Menschen herantrauen (*siehe Resonanz, S. 104*).

Aber dass die Gedanken unser Verhalten beeinflussen, ist nur ein Teil der Wahrheit. Auch das Umgekehrte ist der Fall: Ebenso stark prägt unser Verhalten unsere Gedanken – und damit unser Wesen. Das funktioniert im Kleinen, wenn man sich einen Bleistift quer zwischen die Mundwinkel klemmt, auf diese Art ein Lächeln erzwingt und dann tatsächlich besserer Stimmung ist. Das ist das Geheimnis des

Lachyoga, bei dem man auf Kommando rumalbert und merkt, wie sich die Laune hebt und einen durch den Rest des Tages trägt. Es wirkt, wenn man sich aufrichtet, den Rücken gerade macht und die Schultern nach hinten streckt – schon geht man nicht nur mit erhabener Haltung, sondern auch einem gestärkten Selbstbewusstsein durch die Welt. Und wenn man die Muskeln anspannt, fühlt man sich gleich kräftiger.

Die Wirkung des Verhaltens auf unsere Seele ist Bestandteil jeder Verhaltenstherapie, in der Menschen durch Handlungen versuchen, aus ihren negativen Gedankenkreisen auszubrechen. Die Therapien können – ebenso wie Antidepressiva – über die Behandlung der Krankheit hinaus bei Patienten mit schwerer Depression Persönlichkeitsveränderungen auslösen. Zum Beispiel werden Personen, die eine Psychotherapie machen, in der Regel emotional stabiler.

Somit ist unser Verhalten neben unseren Gedanken die zweite Säule unseres Ichs. Und oft ist es leichter, sein Leben zu verändern, indem man etwas anders macht, als an der Theorie herumzuschrauben. »Man kann einem Menschen nicht einfach sagen, er solle sich verändern«, sagt Ben Fletcher. Auch sich etwas vorzunehmen, reicht oft nicht. »Ein Mensch muss ein anderes Verhalten austesten, um Veränderung möglich zu machen.«

Oft probieren und probieren wir, wenn etwas nicht klappt. Wir versuchen es immer wieder aufs Neue, üben und üben. Aber stattdessen sollten wir eine neue Strategie einschlagen. Wenn man sich während der Arbeit an einem Problem festbeißt, reicht es oft schon, aufzustehen und einen kurzen Plausch mit einem Kollegen einzulegen – bei der Rückkehr ins eigene Büro sieht man die Dinge ganz anders. Das funktioniert auch im Großen: Albert Einstein, dessen Geist offen für die Entwicklung von Theorien war, die ihm anfangs keiner glauben wollte, sagte einmal: Die Definition von Irrsinn sei es, immer wieder das Gleiche zu tun und zu glauben, dass man ein anderes Ergebnis erhalten würde. Schlau ist demnach: Wenn man ewas anderes erreichen will, muss man etwas anders machen. Der Weg nach draußen führt nun einmal durch die Tür, lautet eine buddhistische Weisheit.

Sich einfach nur zu überlegen, wer man sein möchte, hilft in der Regel wenig. Schon an den Priesteranwärtern, denen in der Hektik ihres Alltags die Hilfsbedürftigkeit von Menschen am Wegesrand völlig egal war, zeigte sich: Der Wertekanon, dem man sich zugehörig fühlt, macht einen nicht unbedingt zu einem besseren Menschen. Das gilt auch für Berufsethiker, wie die beiden Psychologen Philipp Schönegger und Johannes Wagner gerade in einer schönen Analyse dargelegt haben: Das Verhalten von Moralphilosophen ist im Alltag auch nicht besser als das von Menschen, deren Tagesgeschäft nichts mit Ethik und Moral zu tun hat. »Selbst wenn man sich über Jahrzehnte auf theoretischer Basis mit ethischen Fragestellungen beschäftigt«, sagt Schönegger, »hat das wohl kaum Einfluss auf Haltung und Handeln.« Die Forscher hatten Ethikprofessoren von deutschsprachigen Universitäten mit Professoren anderer Fachgebiete verglichen. Auffallend positiv aus moralischer Sicht war lediglich, dass die Ethiker häufiger auf Fleisch verzichteten. Aber sie spendeten zum Beispiel nicht mehr als die anderen Professoren, obwohl sie eine hohe Spendenbereitschaft wichtig und positiv fanden.

Ähnliche Diskrepanzen findet der kundige Beobachter überall auf der Welt – da muss man gar nicht erst die Anzugetiketten sozialdemokratischer Politiker wie des »Brioni-Kanzlers« Gerhard Schröder kennen. Genügend ambitionierte Umweltschützer drücken für sich selbst ein Auge zu, wenn es sie nach Thailand oder Brasilien zieht. Lehrer sind im Umgang mit ihren eigenen Kindern nicht unbedingt Leuchttürme der Pädagogik. Psychotherapeuten streiten mit ihren Partnern oft genauso gemein wie Menschen, die nie etwas davon gehört haben, dass man statt Vorwürfe zu machen lieber Ich-Botschaften senden, also über die eigenen Empfindungen reden soll. Und Ärzte sind ohnehin die schlechtesten Patienten, das wissen ihre Kollegen aus leidvoller Erfahrung: Nur selten halten sich Mediziner selbst an die Ratschläge, die sie ihren Patienten geben.

Trotzdem können all diese Leute mit ihrem Faktenwissen und ihrer Professionalität in ihren Berufen natürlich ausgesprochen hilfreich für andere Menschen sein. So sah es auch der deutsche Moralphilosoph Max Scheler, der nach einem Bordellbesuch einmal nonchalant gesagt haben soll: »Der Wegweiser geht auch nicht den Weg, den er weist.«

Ein theoretischer Überbau hilft also wenig auf dem Weg zu einem anderen, sinnvolleren Verhalten. Dagegen kann die Wirkung von Verhaltensänderungen auf unseren Geist enorm sein, wie Fletcher und Pine in Studien dargelegt haben. Flexibel reagieren zu können, ist demnach ein Riesengewinn im Leben. Denn mit unserer Unflexibilität, mit unserem Verharren in festen Strukturen, stehen wir uns ständig selbst im Weg. Unflexibilität macht uns schon deshalb das Leben schwer, weil das Leben selbst wirklich flexibel ist: Es bietet jeden Tag Überraschungen. Deshalb sind Menschen, die allzu sehr in ihren Routinen feststecken, auch besonders leicht gestresst: Wenn wir alles so haben wollen, wie wir es gewöhnt sind, macht es uns schon nervös, wenn wir nicht unseren angestammten Parkplatz finden oder wenn unsere Freunde plötzlich die Pläne für den gemeinsamen Abend ändern. Der Stress ist in uns, er steckt oft gar nicht so sehr in der Situation.

Fletcher hat sich früher viel mit Stress am Arbeitsplatz beschäftigt. Schon da war ihm aufgefallen, dass sich Gewohnheitstiere besonders leicht gestresst fühlen. Menschen also, denen es wichtig ist, dass die Dinge immer nach demselben Schema ablaufen und die deshalb mit Herausforderungen nicht so gut umgehen können. Wer sich dagegen leicht auf eine neue Situation einstellen kann, der gerät nicht so schnell unter Druck.

Das müsste doch auch zur aktiven Veränderung taugen, dachte Fletcher sich. Wenn man übt, flexibler zu reagieren, dann gelingt das mit der Zeit immer besser. Und dann kann man seine neu erworbene Flexibilität zunehmend auf Situationen anwenden, in denen man gerne ein anderer wäre. Man muss nur die Jacke ablegen, die einem die eigenen Gewohnheiten und Vorlieben gestrickt haben.

Unser innerer Schweinehund, den wir beim Abnehmen so gerne überwinden würden, beim Erfüllen unseres Fitnessprogramms oder immer dann, wenn wir doch wieder ins Auto statt aufs Fahrrad steigen, er wird gefüttert durch unser Unvermögen, uns auf neue Situationen einzulassen. Stets steckt die Macht der Gewohnheit dahinter. Es gibt sogar einen Zusammenhang zwischen Flexibilität und Body-Mass-Index: Schlankere Menschen, so hat Fletchers Doktorandin Jill Hanson einmal entdeckt, sind in ihrem Verhalten flexibler und können sich im Durchschnitt leichter auf neue Situationen einstellen als fülligere Menschen. Womöglich könnte es also Menschen nicht nur bei der Stressbewältigung, sondern auch beim Abnehmen helfen, wenn sie mal was anders machen.

Aus dieser Idee haben Fletcher und Pine ein Diätprogramm entwickelt, die »No Diet Diet«. Der Trick: Menschen, die gerne abnehmen möchten, deren Undiszipliniertheit oder, positiver ausgedrückt, Hang zum Hedonismus und zum Lustgewinn sie aber immer wieder daran hindert, sollen dazu angehalten werden, ungewohnte Dinge zu tun. Oder sie sollen vertraute Dinge auf ungewohnte Art machen. »Das bringt nicht nur Gewichtsverlust, die Leute, die teilnehmen, genießen das auch noch«, sagen Fletcher und Pine. Denn zu viel zu essen ist ja ebenso wie andere Laster meist eingesponnen in ein Netz von Routinen. Die meisten Verhaltensweisen haben wir so verinnerlicht, dass sie automatisiert ablaufen, sie werden durch Gewohnheiten getrieben und durch Kontext, nicht durch rationale Entscheidungen. Dazu gehört die Lust auf Süßes nach dem Essen ebenso wie die auf eine Zigarette nach dem Kaffee, das Verlangen nach Chips zum Fernsehen und die Gewohnheit, immer wieder in seine Mails zu schauen und sich so selbst von der Arbeit abzuhalten. Das »Do Something Different«-Programm, kurz DSD, soll diese Gewohnheitsmuster zerreißen: Wer ein bisschen was ändert, so die Hoffnung dahinter, wird mit der Zeit zu immer größeren Änderungen fähig sein – etwa auch dazu, endlich abzunehmen.

In einer Studie testeten Fletcher und Pine ihre »No Diet Diet« im Vergleich mit anderen Abnehmversuchen. Menschen, die an dem DSD-Programm teilnahmen, bekamen Tipps, die auf sie zugeschnitten waren. Wenn jemand angab, niemals still zu sitzen, lautete der Auftrag: Sitze heute 15 Minuten lang einfach nur da; höre dabei den Vögeln beim Singen zu, lausche friedlicher Musik. Wenn jemand dagegen in seinem Beruf ständig sitzen musste, lautete der Ratschlag: Lauf beim nächsten Meeting herum, während du sprichst, führe Telefonate im Stehen. Die Teilnehmer der Vergleichsgruppe bekamen gar keine Vorgaben und durften sich selber eine Diät aussuchen.

Im Rahmen des Programms erhielten die Teilnehmer zudem regelmäßig einen Motivationsschub per SMS. »Denk dran, große Veränderungen beginnen mit kleinen Schritten«, hieß es da. »Tu was anderes heute, egal wie klein es ist.« Oder, konkreter: »Man fühlt sich schnell hungrig, wenn man in Wahrheit Durst hat« und »Oft essen wir aus Gewohnheit oder Langeweile. Mach was anderes. Laufen, reden, Wasser trinken, den Abwasch machen, lachen!« Hinweise zum Abnehmen bekamen die Teilnehmer dagegen nicht. Niemand forderte sie auf »Ernähre dich gesünder«, »Trink keine Softdrinks« oder »Bewege dich täglich mindestens 30 Minuten«. Sie sollten lediglich eingefleischte Handlungsabläufe variieren: »Geh eine Stunde eher schlafen« oder »Lass einen Tag lang dein Handy oder den Fernseher aus«.

Am Ende des Monats hatte die DSD-Gruppe deutlich mehr abgespeckt als die Kontrollgruppe; ihr Vorsprung hielt auch die nächsten Monate an. Je flexibler das Verhalten eines Teilnehmers geworden war, umso größer war sein Gewichtsverlust. Dabei hatten die Verhaltensänderungen gar nichts mit Ernährung oder Gewichtsabnahme zu tun. Die DSD-Leute mussten nicht einmal eine Diät machen, sie nahmen einfach so ab. Sie fingen von sich aus an, gesünder zu essen und sich mehr zu bewegen, weil das ja eigentlich ihr Wunsch war, der nur immer wieder von ihren Gewohnheiten torpediert wurde. Ähnliches kann das »Do-Something-Different«-Programm auch bei Rauchern bewirken und bei Menschen, die einen Job suchen.

Die Erklärung dafür? Wer starre Verhaltensmuster durchbricht, beginnt sich mit völlig neuen Augen zu sehen. Er ist nicht mehr von seinem Alltag und den Ansprüchen der anderen gesteuert, sondern merkt, dass er sein Leben wieder stärker selbst in der Hand hat. Dadurch wird die so wichtige Selbstwirksamkeitserwartung erhöht. Das Verhalten verändert also die Gedanken. Letztlich erkennt man: Es klappt, sich an neue Umstände anzupassen. Also wird es auch gelingen, eigene Ziele zu erreichen.

Einfach so tun, als ob

Im Grunde greift die Strategie auf die klugen Erkenntnisse eines der Gründerväter der modernen wissenschaftlichen Psychologie zurück, auf William James: Der Philosoph und Harvard-Professor hatte Ende des 19. Jahrhunderts in seiner Emotionstheorie die bis dahin geltende These in Frage gestellt, wonach Ereignisse zuerst Emotionen auslösen und dann Verhalten. Das Gegenteil sei der Fall, sagte James: Die Emotion entstehe aus dem Verhalten. Wir weinen nicht, weil wir traurig sind. Vielmehr reagiert der Körper zuerst, und dann schließt der Geist aus der Reaktion des Körpers, dass wir traurig sind. Das Gleiche gilt für Angst: Wenn wir einen Bären sehen, laufen wir sofort weg, dann erst haben wir Angst, weil unser Gehirn die Fluchtreaktion einordnet. Auch der amerikanische Risikoforscher Peter Sandman sagt: »Meistens regen sich die Menschen nicht auf, weil etwas gefährlich ist, sie denken eher, dass etwas gefährlich ist, weil sie sich aufregen.«

So entwickelte William James das »Als-ob-Prinzip«. Sein daraus folgender Leitspruch: »Wünschst du dir eine bestimmte Eigenschaft, dann handle so, als ob du sie schon hättest.« In modernem, markigem Englisch könnte man sagen: »Fake it, till you make it!«

Wenn man sich darauf einlässt, mal etwas ein bisschen anders anzugehen, dann macht man im Grunde ständig Mini-Experimente. So sammelt man neue Erfahrungen und stellt fest: Die Welt ist ja gar nicht so schlimm. Man hat Spaß, erlebt neue Dinge. Und man schult seine Neugier, eine durch und durch hilfreiche Eigenschaft, wenn sie positiv im Sinne einer fröhlichen Begegnung mit dem Leben und nicht negativ als Einmischung in das Leben der anderen gemeint ist. Noch dazu kann man diese Mini-Experimente mit Freude und Lust beginnen, weil niemand erwartet, dass man sie von nun an ständig unternimmt, nicht einmal man selbst. »So ein Erproben kann nur fünf Minuten dauern, aber es führt dazu, dass man aus dem Trott rauskommt«, sagt Ben Fletcher. So schafft man Raum für unerwartete Dinge, die einem sonst entgehen würden. Und man lernt mit der Zeit, mit Situationen umzugehen, die eben noch beängstigend wirkten.

Wenn man sich umgekehrt von seinen Ängsten und Gefühlen leiten lässt, gleitet man zwangsläufig in eine Abwärtsspirale. Der Stress, den man in ungewohnten Situationen empfindet, verstärkt sich noch. Wer wegen seiner festgelegten Verhaltens- und Denkmuster Stress erlebt und den natürlich unangenehm findet, der vermeidet künftig erst recht solche ungewohnten Situationen, wird noch unflexibler und am Ende womöglich depressiv.

Sein Verhalten zu variieren, bedeutet dagegen, die eigene Komfortzone wachsen zu lassen. Schließlich fühlt man sich in mehr Situationen wohl als bisher. Die Welt wird größer. Man schüttelt Gewohnheiten ab, die einen davon abhalten, Erfahrungen zu machen. Man entwickelt mehr Coping-Mechanismen – also Verhaltensweisen, die einem helfen, mit Schwierigkeiten umzugehen. Man kann, wenn es gut läuft, Neuerungen mehr als Gelegenheit denn als Bedrohung wahrnehmen. Es ist das, was der Dalai Lama »Geschmeidigkeit« nennt: »Eine körperliche und geistige Formbarkeit aufgrund der Tatsache, dass unsere natürliche Trägheit abgebaut wird.«

Die Mini-Experimente, die man dazu machen kann, sind erstaunlich einfach:

▷ Hören Sie eine andere Art von Musik als sonst oder schauen Sie ein anderes Fernsehprogramm.

▷ Lesen Sie eine andere Zeitschrift – und lesen Sie sie anders: Beginnen Sie mit dem letzten Artikel. Drehen Sie die Seiten vor dem Lesen auf den Kopf. Tragen Sie Lösungen im Kreuzworträtsel von hinten nach vorne ein.

▷ Nehmen Sie einen anderen Weg zur Arbeit. Wechseln Sie das Transportmittel oder laufen Sie (eine Teilstrecke) zu Fuß. Gehen Sie dabei ein kurzes Stück rückwärts.

▷ Besuchen Sie erstmals (oder wieder einmal) ein Museum oder eine kulturelle Veranstaltung.

▷ Kaufen Sie in einem unbekannten Laden ein. Wählen Sie ein ungewohntes Produkt, eine andere Marke oder eine neue Geschmacksrichtung.

▷ Benutzen Sie für leichte Tätigkeiten Ihre »andere«, nicht-dominante Hand: zum Beispiel für kurze Notizen (Einkaufsliste) oder zum Tür-Öffnen.

▷ Steigen Sie mit dem »falschen Bein« zuerst in Ihre Hose. Setzen Sie den »falschen Fuß« auf die erste Treppenstufe.

▷ Stehen Sie mit dem »falschen Fuß« auf und lachen Sie!

▷ Verlegen Sie Ihre Aufsteh- und/oder Schlafenszeit um eine Stunde. Schlafen Sie mit dem Kopf am Fußende.

- ▷ Duschen Sie mit geschlossenen Augen. Putzen Sie sich die Zähne, indem Sie auf einem Bein balancieren.

- ▷ Probieren Sie ein neues Gericht. Kochen Sie mit einer Zutat, die Sie noch nie verwendet haben, zum Beispiel mit Buchweizen statt Reis oder Hirse statt Kartoffeln.

- ▷ Tauschen Sie am Familientisch die Plätze. Essen Sie von bunt zusammengewürfeltem Geschirr. Nutzen Sie Kuchengabeln und Kaffeelöffel statt Messer und Gabel. Kauen Sie mit geschlossenen Augen.

- ▷ Rühren Sie Ihren Kaffee in die andere Richtung um.

- ▷ Schnuppern Sie an jedem Lebensmittel, das Sie verspeisen oder verarbeiten wollen.

Das mag jetzt lustig und vor allem ziemlich simpel klingen. Und das darf es auch. »Es sagt ja keiner, dass es kompliziert sein müsste, seine Persönlichkeit zu ändern«, sagt Ben Fletcher. Es erfordert nur: Action! Diese Action kann ruhig einfach sein. Sogar babyleicht.

Selbsteinschätzung und selektive Wahrnehmung

Flexibilität und Neugier sind in jedem Fall gut für die Psyche. Zielgerichtet aber ist das »Mach-mal-was-anders«-Programm nicht. Es wird nicht systematisch aus einem Introvertierten einen leutseligeren Menschen machen oder aus einem Ängstlichen einen Wagemutigeren.

Genau das aber wünschen sich viele Menschen. Umfragen zufolge ist nur etwa jeder Zehnte mit seinen Persönlichkeitseigenschaften zufrieden. »In manchen Studien geben sogar mehr als 90 Prozent der Befragten an, ihre Persönlichkeit verändern zu wollen – und zwar fast alle in die gleiche Richtung«, sagt Jule Specht. Die meis-ten wollen extrovertierter und emotional stabiler werden. Schließlich sind extrovertierte Menschen in unserer Gesellschaft höher angesehen als die stillen. Sie finden leichter Freunde, Partner und soziale Anerkennung. Das sei übrigens ganz anders in traditionellen asiatischen Kulturen, sagt Jens Asendorpf. In China hatte bescheidenes Auftreten von jeher einen sehr hohen Wert. »Da galt der Trumpf der Extrovertiertheit sicher nicht«, so der Psychologe. Aber das wandele sich gerade, wie Studien zeigen, die Shanghai mit der kanadischen Region Ontario verglichen: Anfang der 1990er-Jahre bewerteten die chinesischen Kinder ihre schüchternen Klassenkameraden noch positiv, während die Scheuen in Kanada negativ beurteilt wurden. Gut 20 Jahre später war der Unterschied dahin. Auch die zweite Wunscheigenschaft, die emotionale Stabilität, hat in unserer Hochdruckgesellschaft einen großen Wert. Sie schützt nun einmal vor Stress, Angst und anderen unangenehmen Zuständen. Außerdem führen emotional stabile Menschen erfüllendere und belastbarere partnerschaftliche Beziehungen und sind auch mit sich selbst und ihrem Leben zufriedener. Nicht so leicht in Stress zu geraten und aus sich herausgehen zu können, ist also zweifelsohne attraktiv.

Das Problem ist nur: Wir wissen in der Regel nicht so genau, wie wir eigentlich sind. Wir haben viele blinde Flecken, was unseren Blick auf uns selbst betrifft. Und wenn wir uns einmal eine Meinung gebildet haben, leugnen wir hartnäckig sämtliche Indizien, die das Gegenteil belegen. Bevor wir meinen, dass wir uns unbedingt ändern müssten, sollten wir uns also klarmachen, dass die eigenen Annahmen über uns und die Welt nicht unbedingt etwas mit der Realität zu tun haben.

Der Autor, Redner und Coach Thomas Koulopoulos kann davon ein Lied singen. Sein Job ist es, Menschen auf öffentliche Reden vorzubereiten. Dafür macht er regelmäßig Trainings vor der Kamera – in einer eigenlich harmlosen Situation also. Da sitzen dann sechs bis zehn Menschen in einem Raum und lassen sich bei ihren Reden filmen. An einen seiner Klienten erinnert sich Koulopoulos besonders lebhaft. Der Mann, nennen wir ihn Arthur, hielt eine Rede, die den anderen Kursteilnehmern nicht weiter negativ auffiel, aber er stoppte plötzlich mittendrin und rief: »Ich kann das einfach nicht! Ich will aufhören!« Arthurs Sparringspartner waren erstaunt. Er sei doch gut gewesen, versicherten sie ihm. Doch Arthur entgegnete nur: »Ihr wollt mich ja bloß aufbauen. Ich kann einfach nicht vor Leuten sprechen.« Von seiner Meinung brachte ihn nicht einmal das Video seines Auftritts ab, das er im Anschluss gemeinsam mit den anderen ansah. Seine Rede war gut. Er sprach ruhig, sauber, überzeugend, die Rede war schlüssig komponiert, nichts war falsch. »Aber er war unerbittlich«, sagt Koulopoulos. Arthur blieb dabei, dass er einfach kein Talent zum Reden hätte. Ihm war nicht zu helfen.

Für Koulopoulos belegt der Fall, was er in der Arbeit mit seinen Klienten immer wieder feststellen muss: »Es ist faszinierend zu beobachten, wie wir die Realität verbiegen, damit sie unsere Glaubenssätze erfüllt, selbst wenn die Wahrheit uns direkt ins Gesicht schaut.« Wie ein Mensch mit Magersucht, der sich trotz seiner 40 Kilogramm immer noch zu dick findet, sehen wir uns in einem Spiegel, der durch unsere Erwartungen, Haltungen und Meinungen verkrümmt ist und in dem wir deshalb nicht die Wahrheit über uns selbst erkennen können.

Dabei ignorieren wir vollkommen schamlos all jene Ereignisse, die uns eines Besseren belehren könnten, wenn wir sie nur wahrnehmen würden. Stattdessen verengen wir unseren Fokus auf jene neuen Informationen, die uns in den Kram passen – oder biegen unsere Interpretation so zurecht, dass sie zu unserer bisherigen Ansicht passt. Hauptsache, wir finden unser Urteil immer wieder bestätigt. Das tun wir nicht nur bei der nachträglichen Beurteilung wesentlicher Lebensentscheidungen – etwa welchen Partner wir gewählt haben oder dass es richtig war, in diese oder jene Stadt zu ziehen. Wir machen das eben auch bei unseren Glaubenssätzen über uns selbst und sogar, wenn es um läppische Dinge geht. Um Entscheidungen also, die letztlich völlig unbedeutend für unser weiteres Leben sind und die wir sogar aus dem Bauch heraus getroffen haben. Zum Beispiel die Entscheidung darüber, wie groß der Durchschnitt ist, der sich aus einer Reihe von Zahlen errechnen lässt.

Die Sache mit dem Zahlendurchschnitt hat die Arbeitsgruppe um Tobias Donner vom Institut für Neurophysiologie und Pathophysiologie des Universitätsklinikums Hamburg-Eppendorf in frappierenden Experimenten herausgearbeitet. Im ersten Versuch forderten die Wissenschaftler ihre Testpersonen auf, sich eine Meinung zu bilden zum Thema »Ist der Durchschnitt der acht Zahlen, die Sie gleich nacheinander auf dem Computerbildschirm sehen werden, größer oder kleiner als 50?«. Nachdem die Probanden ihr Urteil abgegeben hatten, bekamen sie weitere acht Zahlen zu sehen und sollten am Ende noch einmal den Durchschnitt aller 16 Zahlen angeben. Das Ergebnis: Die Testpersonen blieben sich in ihrer Einschätzung treu, sie pickten sich vor allem jene Informationen heraus, die ihr ursprüngliches Urteil bestätigten. Wenn sie nach den ersten acht Zahlen »größer als 50« gewählt hatten, dann lagen sie am Ende mit ihrer Schätzung nach oben daneben, bei »kleiner als 50« wichen ihre Schätzungen nach unten ab. Andere Probanden, die von Anfang an 16 Zahlen sahen und erst dann ein Urteil abgeben mussten, kamen dagegen zu einem viel genaueren Ergebnis.

Ein zweites Experiment mit visuellen Reizen zeigte ein ähnliches Muster. Diesmal sollten sich die Teilnehmer überlegen, ob sich eine Wolke von Punkten auf einem Bildschirm inmitten vieler weiterer herumflirrender Punkte rechts oder links herum bewegt. Wenn sie nach einem ersten Video ein Urteil gefällt hatten, waren sie nach einem zweiten Video tendenziell der gleichen Meinung. »Wir fanden das wirklich bemerkenswert«, sagt Tobias Donner. Zwar ist es grundsätzlich bekannt, wie selektiv Menschen mit Informationen umgehen. Aber angesichts von Durchschnittswerten und wandernden Punkten dachten die Wissenschaftler, dass »die Präferenzen der Teilnehmer für sie persönlich doch eher neutral sein würden« und sie deshalb offener dafür wären, ihre Entscheidung zu revidieren. Deshalb schließt Donner, dass unserer Ignoranz ein tiefgreifender Mechanismus in unseren Gehirnen zugrunde liegt. Dass wir also von Natur aus zur selektiven Wahrnehmung neigen.

Wenn wir uns gerne ändern wollen, sollte demnach Folgendes unsere erste Aufgabe sein: Dass wir zumindest mal in Zweifel ziehen, ob die Art, wie wir uns selbst und die Welt einschätzen, überhaupt richtig ist. Denn oft genug suchen wir im Leben nur nach Indizien, die uns in unserer Meinung bestärken. Oder wir lösen mit unserem selbst gewählten Verhalten Reaktionen aus, die unser Bild von uns selbst festigen. Dabei könnten wir es genauso gut erschüttern. Um den verbogenen Spiegel geradezuziehen, hilft nur eines: Wir sollten raus in die Welt gehen und Erfahrungen machen. Wir sollten offen sein für die Dinge, die wir da sehen. Und wir sollten auf unsere Stärken blicken, auf das, was funktioniert.

Innere Motivation und Ziele in Einklang bringen

Ähnlich wankelmütig sind wir bei der Frage, was wir eigentlich ändern wollen. Und was lieber so lassen? Was brauche ich, damit es mir besser geht? Wenn es sich nicht gerade um so konkrete Projekte wie Abnehmen oder Stress reduzieren handelt, dann ist das recht schwer zu ergründen. Oft genug überlagern externe Wünsche die eigenen – und man hat nicht einmal eine Ahnung davon. Man meint vielleicht, dass es logisch und richtig ist, zu einer Führungsposition aufzustreben und endlich mal nach Neuseeland zu fliegen. Aber ist die Führungsposition in der Firma für mich als Person, für mein Leben wirklich so attraktiv? Möchte ich wirklich eine Fernreise machen oder plane ich die nur, weil meine Freunde auch alle um die halbe Welt fliegen, und bin doch in Wahrheit gar nicht aus auf Abenteuer?

Wünsche kommen oft gar nicht aus dem Inneren, sondern entstehen durch den Freundeskreis, durchs Elternhaus oder durch gesellschaftliche Normen, erklärt der Psychologe Oliver Schultheiss von der Universität Erlangen-Nürnberg, der seit vielen Jahren zum Thema Motivation forscht. Und sie widersprechen oft den inneren Bedürfnissen. Was kommt von außen? Was wirklich aus mir selbst? »Für viele Menschen ist das kaum zu unterscheiden«, sagt Schultheiss. Auch der Psychologe Sam Sommers weiß: Fast nie überprüfen wir, woher eigentlich unsere Überzeugung rührt, wer wir sind und was wir wollen. »Wir halten diese Informationen in der Regel für gegeben.«

Doch wenn man ständig Dinge tut, die nur lästige Pflichterfüllung sind oder die im Grunde nur den Eltern oder dem Partner gefallen, dann ist das ziemlich ungesund. Ziele zu verfolgen, die quasi das Gegenteil einer Herzensangelegenheit sind, macht unzufrieden und kann auch depressive Symptome hervorrufen, warnt Oliver Schultheiss. Es wäre also gut, die Menschen würden ihre innere Motivation kennen und möglichst solche Ziele wählen, die damit übereinstimmen. Aber weder das eine noch das andere findet statt. In Studien versucht Schultheiss, Menschen auf diese Inkongruenz aufmerksam zu machen – und sie dabei zu unterstützen, wie sie die Ziele, die sie tagtäglich im Beruf und im Privatleben verfolgen, mit ihren tiefsten inneren Bedürfnissen in Einklang bringen können, mit ihrer impliziten Motivation. Das Gegenteil zu tun, nämlich Menschen von ihren äußeren Zielen abzubringen, wenn diese ihrer inneren Motivation zuwiderlaufen, das traut er sich nicht. Das sei im Rahmen von nicht-therapeutischen Studien aus ethischen Gründen nicht zu rechtfertigen, meint der Psychologe. Wer weiß, was das am Ende mit dem Leben der Menschen anrichtet? Es ist ja nun mal so, dass es im Leben nicht immer nur um Lust geht. Etliche Ansprüche von außen kann man nicht abwehren – viele während der Arbeit nicht, wenn man den Job behalten will, und viele zu Hause auch nicht, wenn man sich nun einmal dafür entschieden hat, Kinder großzuziehen, einen Hund zu haben oder das Reihenhaus mit Garten im Beobachtungskreis rasenmäherverliebter Nachbarn. Dann ist es mit den Freiheitsgraden nicht so weit her. Man muss also Kompromisse zwischen seinen tiefen Bedürfnissen, seinen Zielen und den aktuellen Zwängen machen, sie dürfen nur nicht überhandnehmen.

Schultheiss hat deshalb gemeinsam mit Kollegen Übungen entwickelt, wie man seine innere Motivation den gegebenenen Zielen anpassen kann, ohne sich zu verbiegen. In einer Studie hat er getestet, wie effektiv das ist. Er teilte 74 Studierende in drei Gruppen ein. Die einen bekamen einfach nur motivierendes Feedback, damit sie die Aufgaben erledigten, die ihnen eigentlich nicht am Herzen lagen. Die zweite Gruppe erhielt ein Training, um mit ihren Zielen besser in Einklang zu gelangen, und die dritten machten einfach so weiter wie bisher.

Das Training nutzte folgende Strategie: Wenn es mein Ziel ist, den Rasen zu mähen, weil das nun einmal wichtig fürs soziale Klima in meiner Nachbarschaft ist, ich aber als wahnsinnig geselliger Typ dieses Rumgeschiebe bei lauter Knatterei einsam und allein in meinem Garten hasse, dann gelingt mir das vielleicht mit folgendem Einfall leichter: Ich kombiniere das Rasenmähen mit meinen tieferen Bedürfnissen, indem ich mich mit einem Freund dazu verabrede, mit dem ich dann in der kommenden Woche gemeinsam bei ihm mähe. Das wirkt umso besser, wenn ich mir vorher noch einmal bewusst mache, weshalb das Rasenmähen für mich jetzt eigentlich auch wichtig ist: weil ich hinterher ein gutes Gefühl habe, weil sich die Nachbarn freuen und ich wieder entspannter ein Pläuschchen mit ihnen halten kann, weil ich auf dem Rasen eine Party geben kann, weil ich Fußball spielen kann. Und es hilft, mir die Stärke meines inneren Motivs, meiner Geselligkeit also, zu vergegenwärtigen. Zum Beispiel, indem ich mich an ein sehr bewegendes Gespräch mit diesem Freund erinnere oder an einen ausgelassenen Abend mit ihm.

Nach neun Wochen solchen Trainings war in Schultheiss' Studie die Schere zwischen Motivation und Zielen unter den Studierenden deutlich kleiner geworden. Aber nicht nur das: Die jungen Leute fühlten sich auch wohler und zeigten weniger depressive Symptome. Die Alternsforscherin und Entwicklungspsychologin Ursula Staudinger hat noch einen weiteren Tipp: Oft empfinden wir Dinge, die zu unserem Leben dazugehören, als Zwang, obwohl wir uns doch einst dafür entschieden haben, so leben zu wollen, und diese Dinge auch gar nicht aufgeben wollen. Das Reihenhaus etwa mit dem zugehörigen Rasenmäher. »Man sollte sich die eigenen Interpretations- und Denkmuster bewusst machen« sagt Staudinger. Wenn man feststellt, dass man sich oft ausgeliefert fühlt, kann man versuchen, sich mit Zetteln am Spiegel daran zu erinnern, dass man mitentscheidet, wie man die Welt sieht. Man kann innerlich Sätze umformulieren, zum Beispiel von »Ich muss noch den Rasen mähen« in »Ich entscheide mich, den Rasen zu mähen«. »Das ist ein Perspektivwechsel, den man trainieren kann«, sagt die Professorin von der Columbia University in New York.

Der Schweizer Kinderarzt und Eltern-Ratgeber Remo Largo erzählt in seinem jüngsten Buch ›Das passende Leben‹ von einem Rechtsanwalt, mit dem er befreundet ist. Der Mann sei in seinem Beruf höchst unglücklich, sagt Largo, aber er hat ein Hobby, das er liebt: das Töpfern. Da er mit dem Töpfern kaum seinen Lebensunterhalt verdienen kann, macht er eben Kompromisse: Tagsüber quält er sich durch seine Akten und schreibt seine Plädoyers, abends gleiten seine Finger über den Ton. »Viele Menschen müssen solche Kompromisse machen«, sagt Largo.

Aber natürlich kann man auch zu dem Schluss kommen, dass man manche Kompromisse nicht mehr schließen will. Man kann seine Ziele ganz grundsätzlich in Frage stellen. Und man kann sich dafür entscheiden, das Ziel aufzugeben und neue Wege einzuschlagen, statt an seiner Motivation oder seiner Perspektive zu arbeiten. Nicht von ungefähr kommt die Angst, am Ende des Lebens festzustellen, dass man gar nicht sein eigenes Leben gelebt hat, sondern nur die Erwartungen anderer erfüllen wollte.

Es sei ein großer Irrtum zu glauben, dass die Welt einem Menschen irgendwann zeigt, was sinnvoll ist, sagt der Berliner Psychotherapeut und Buchautor Jan Kalbitzer. »Das muss ich selbst bestimmen.« Jeder Mensch kann Dingen in seinem Leben eine Bedeutung geben, die niemand anders darin sieht. Wenn man nicht weiß, was Fußball ist, mag einem das extrem sinnlos vorkommen, was da auf dem Platz passiert. »Aber weil Menschen sich entschieden haben, es nicht sinnlos zu finden, sondern großartig, ist es das für sie auch«, sagt Kalbitzer. »Ich kann ein Leben führen, in dem ich nur verzweifelt bin, weil ich nichts einen Sinn gebe. Oder ich kann Dingen in meinem Leben einen Sinn geben – dann wird es ein wunderbares Leben.«

Training fürs Selbst

Was ein Mensch wirklich braucht, kann er mit Hilfe seiner Erfahrungen feststellen. Im Laufe des Lebens kristallisiert sich immer mehr heraus, was einem wirklich entspricht. Schließlich hat man schon genügend Situationen erprobt und am Ende erkannt, dass viele davon nicht passten. Deshalb ist es wichtig, sich zu überlegen: In welchen Lebenssituationen war ich glücklich – und in welchen unglücklich? »Dann beginnt man zu spüren, warum das so war«, sagt Remo Largo. »Was da zusammengepasst hat und was nicht. Und dann kann man daraus Konsequenzen ziehen.« Persönlichkeitsentwicklung, Individuation, hat daher auch viel mit Entscheidungen zu tun. Sie stehen am Ende über den Genen, dem Elternhaus, der Umgebung und der Kultur. »Zu einem gewissen Grad formen wir uns stets auch selbst«, sagt Brian Little.

Vieles geschieht dabei zweifelsohne unbewusst. Etwa die Persönlichkeitsveränderung, die junge Menschen durchlaufen, wenn sie eine Zeit lang ins Ausland gehen. »Es ist ja nicht so, dass diese Menschen im Ausland sind und denken, ach, das wäre echt gut, wenn ich ein bisschen offener für neue Erfahrungen wäre, ich fange dann morgen mal damit an«, sagt Jule Specht. Vielmehr lernt man im Ausland ganz automatisch unterschiedliche Leute kennen und gerät in Situationen, die man in Deutschland vielleicht nicht so erleben würde. Dann stellt man fest, dass diese neuen Erlebniswelten spannend und bereichernd sind und dass man dafür belohnt wird, wenn man sich ihnen öffnet – etwa weil man etwas lernt, Anerkennung erhält, Spaß hat. So wird man offener für die nächste neue Erfahrung.

Aber kann man auch bewusst die Entscheidung treffen, seine Persönlichkeit zu verändern? Es sieht ganz so aus. Nachdem Persönlichkeitspsychologen inzwischen von der alten These lassen mussten, dass der Charakter des Menschen spätestens ab dem 30. Geburtstag vollendet ist, wackelt bereits ein weiteres Dogma. Anders als lange angenommen, scheint es tatsächlich möglich zu sein, mit Willen und Training eine andere Persönlichkeit werden zu können. Man kann sich bewusst und zielgerichtet verändern – wenn man es wirklich will. Die Grundlage bildet die Anwendung der freien Eigenschaften, wie Brian Little sie propagiert. Das Geheimnis des Erfolgs: immer wieder gegen seine natürlichen Tendenzen gehen und sich anders zeigen. Mit der Zeit wird sich unser ungewohntes Verhalten dann auf unseren Geist auswirken – und damit auf unsere Persönlichkeit. »Das Selbst kann so letztlich trainiert werden wie ein Muskel – oder eben, wenn niemand seine Kraft fördert, immer schlaffer werden und verkümmern«, sagt der Psychologieprofessor Sam Sommers. Auch Jule Specht ist überzeugt:

»Man kann seinen Charakter bewusst verändern, indem man neue Erfahrungen macht.«

Ursula Staudinger ist sogar der Meinung, dass die Persönlichkeitsveränderungen hin zum Verträglicheren und weniger Neurotischen, die offenbar alle Menschen im Laufe ihres Lebens machen (*siehe Die Reifung der Persönlichkeit, S. 67*), womöglich gar keine automatischen Reifungsprozesse sind, sondern durchaus das Ergebnis harter Arbeit. Weil jeder Mensch in seinem Leben Erfahrungen macht und dadurch lernt, dass manche der eigenen Verhaltensweisen eher nicht so geschickt sind. Dass man besser ruhiger reagiert, statt so aufbrausend, wenn man Ärger mit Arbeitskollegen hat. Oder dass man keine Lust mehr hat, wegen einer Spinne schreiend aus dem Raum zu laufen und sich zwingt, gelassener mit den nützlichen Tieren umzugehen. Man gibt sich also einen Ruck und tut systematisch Dinge, die man als junger Mensch womöglich ganz anders gemacht hat. Weil man gelernt hat, dass es wichtig sein kann, sich zu entwickeln. Dass man mit seinen bisherigen Verhaltensweisen nicht weiterkommt. Und dass es gut wäre, sich zu verändern. Den »Weisheitsweg« nennt Ursula Staudinger das – im Gegensatz zum bequemeren »Wohlbefindensweg«, auf dem man sich nicht groß anstrengt, etwas anderes zu machen, und dadurch auch länger derselbe Charakter bleibt.

Beispiel Ängstlichkeit: Wer sich vornimmt, keine Angst mehr vor Spinnen zu haben, kann ja mal mit einer ganz kleinen anfangen. In die Hände nehmen, raus mit ihr in den Garten. Bald funktioniert es auch mit größeren. »Wenn eine ursprünglich ängstliche Person in einer Situation, die bislang immer Angst bei ihr ausgelöst hat, erfolgreich ist, wird das ihre Ängstlichkeit auf lange Sicht mindern«, sagt Jule Specht. Die Erfahrungen überschreiben dann alte Ängste oder bieten neue Verlockungen.

Ähnliches gilt auch fürs Introvertiertsein, das so viele Menschen gerne ablegen würden und das ja häufig nichts anderes als eine Sozialangst ist. Deshalb kann man auch hier wie bei der Spinnenangst im Kleinen anfangen, mit kleinen Begegnungen statt kleinen Achtbeinern. Ein solches Training brauchen aber nur Menschen, die wirklich schüchtern sind; das ist nämlich mehr als nur introvertiert zu sein, wie der Psychologe Nick Haslam erklärt. Bei Schüchternen kommt zum In-sich-gekehrt-Sein noch eine neurotische, also emotional instabile Komponente hinzu, die Angst vor der Begegnung. Kein Training brauchen dagegen die stabilen Introvertierten, die sich aus Überzeugung und mit Begeisterung nach innen wenden: Sie sind einfach gerne allein und verbringen Zeit mit sich selbst.

Es gibt hier kein Muss

Es wird jetzt mal Zeit für einen Zwischenruf: Natürlich sind beide Wege legitim, der Weisheitsweg genauso wie der Wohlbefindensweg! Wer sich wohlfühlt, so wie er ist, der kann sich ganz ohne Zweifel guten Gewissens sagen: Weiter so, lass alles, wie es ist. »Wenn es mir gut geht, gibt es keinen Anlass, etwas zu ändern«, betont Ursula Staudinger. »Auch dann nicht, wenn ich mich schon genügend anstrengen muss, überhaupt mein Wohlbefinden in den Anforderungen des Alltags und des Lebens zu erhalten. Wieso dann noch über dieses Ziel hinausdenken? Verharrungstendenzen haben ihre eigene, gute Logik.« Aber wenn der Leidensdruck zu groß ist oder Lust und Neugier locken, gibt es eben die Chance auf Veränderungen.

Und überhaupt: Persönlichkeitseigenschaften an sich sind erst einmal keine Schwächen. Es ist ja ohnehin niemand zu 100 Prozent introvertiert oder zu 100 Prozent extrovertiert. Wir bewegen uns irgendwo dazwischen, der eine weiter hier, der andere weiter dort, und man muss auch keines der Extreme gut oder schlecht finden. Jede Ausprägung ist irgendwann im Leben mal von Vorteil. »Der erste Schritt sollte daher immer sein, sich selbst wertzuschätzen und anzuerkennen, dass es gut ist, so zu sein, wie man ist, weil die Persönlichkeit auch positive Aspekte hat, auch wenn die einem jetzt gerade nicht bewusst sind«, sagt Jule Specht.

Genauso gewiss ist aber auch: Viele Menschen leiden darunter, allzu oft auf eine bestimmte Art zu reagieren. Und sie wären froh, wenn sie das besser unter Kontrolle hätten. Introvertierte können, sofern sie das möchten, ihren allzu vorsichtigen Umgang mit anderen Menschen überwinden. Wenn sie andere Leute ansprechen und dabei die Erfahrung machen, dass diese durchaus positiv darauf reagieren, dann macht ihnen das auf Dauer Mut. »Dann fühlt man sich bestärkt und merkt, ich muss da gar nicht so zurückhaltend sein, dann lernt man, das in den Alltag zu übernehmen«, sagt Jule Specht.

Leider befinden sich Introvertierte schnell in einem Teufelskreis. Sie haben es tatsächlich oft besonders schwer, ihre Scheu zu überwinden. Denn sie halten sich meist für weniger anziehend, als sie es sind, und erkennen die positiven Signale der anderen nur schwer. Die Zuneigung, die uns andere Menschen entgegenbringen, unterschätzen wir häufig. Das gilt auch für Extrovertierte, wie Wissenschaftler der Cornell University, der Harvard University und der University of Essex in einem Speed-Dating-Experiment nachgewiesen haben. Aber je schüchterner ein Mensch ist, desto stärker ist die Gefahr, dass er die Sympathiebekundungen seines Gegenübers nicht wahrnimmt.

In ihrem Experiment forderten die Wissenschaftler einander unbekannte Menschen auf, fünf Minuten miteinander zu sprechen und danach zu bewerten, wie sympathisch sie den anderen fanden und ob sie ihn gerne näher kennenlernen würden. Außerdem sollten sich die Testpersonen überlegen, was der andere wohl über sie sagen würde. Das Ergebnis: Die Gesprächspartner schätzten ihre Wirkung auf andere systematisch schlechter ein, als diese tatsächlich war. Sie dachten fast immer, weniger gemocht zu werden, als das der Fall war. Unbeteiligte Dritte konnten dagegen, wenn sie Videoaufnahmen der Gespräche sahen, sehr gut erkennen, wer wem sympathisch war. Eigentlich sendeten die Gesprächspartner also genügend Hinweise auf ihre Zuneigung aus. Aber offenbar waren die Menschen zu kritisch mit sich selbst. »Wir sind aus Selbstschutz pessimistisch und möchten nicht annehmen, dass andere uns mögen, bevor wir sicher sind, dass das wirklich wahr ist«, sagt Margaret Clark, eine der Wissenschaftlerinnen. Vor allem die Introvertierten unterschätzten ihre Wirkung – womöglich sind sie deshalb eher scheu. Wüssten sie um ihre Wirkung, wäre das wahrscheinlich ein Ansporn, öfter mal auf andere zuzugehen.

Die Illusion vom Ende

Fehlender Ansporn – das könnte insgesamt ein Grund dafür sein, weshalb wir allzu oft in vertrauten Verhaltensweisen und alten Strukturen verharren. Wenn es sich mehr lohnen würde, würden sich Menschen im Laufe ihres Lebens noch viel mehr verändern – davon ist Ursula Staudinger überzeugt. Wir bleiben oft, wer wir sind, weil es bequem ist oder weil wir Angst davor haben, etwas Neues zu testen. Es könnte ja schlechter sein als das, was uns vertraut ist. Und weil wir so wenig ausprobieren, merken wir auch nicht, wie gut uns ein Wandel in unserem Verhalten, unserem Denken und unseren Reaktionen bekommen würde. Die Gesellschaft täte deshalb gut daran, den Wandel attraktiver zu machen, meint Staudinger. Vor allem für Ältere gebe es »einfach zu wenige Anreize, sich noch zu entwickeln«, beklagt sie. Die Alternsforscherin und Entwicklungspsychologin ist sich sicher: Wenn wir es im Beruf und in der Gesellschaft für den Einzelnen auch in der zweiten Lebenshälfte attraktiv machen, sich mit neuen Dingen zu beschäftigen, und gleichzeitig die dafür nötigen Fähigkeiten vermitteln, dann werden künftige Forscher noch viel mehr Persönlichkeitentwicklung bei Menschen jenseits des jungen Erwachsenenalters finden.

Wie sehr die Persönlichkeit formbar ist, hat Staudinger selbst in Studien mit über 60-Jährigen gezeigt, die an einem Programm des Bundessozialministeriums teilnahmen. Es ging darum, ein Ehrenamt zu übernehmen. Die Probanden wurden dreimal drei Tage lang geschult. Sie lernten dabei, sich selbst zu reflektieren und sich mit der neuen Identität auseinanderzusetzen, die ihnen ihre Rolle im Ehrenamt bieten würde. Die Teilnehmer wurden also ermutigt, über sich selbst nachzudenken, ihre Schwächen und Stärken zu erkennen und sich auf ihre Erwartungen zu fokussieren. Am Ende des Trainings und auch noch ein Jahr danach war die Persönlichkeit der Rentner in puncto Offenheit deutlich gewachsen.

Offen für Veränderungen zu sein, kann man aber auch zu Hause im stillen Kämmerlein üben. Der eine Weg ist es, frei nach Fletcher, Pine und Little, im Alltag bewusst mit Gewohnheiten zu brechen und mal neue Wege zu beschreiten. Womöglich kann es sogar mit erstaunlich einfachen Übungen gelingen – indem man sich zum Beispiel auf Unerwartetes auf einem Stück Zeitungspapier einlässt. Der Persönlichkeitspsychologe Joshua Jackson von der Washington

University in St. Louis hat ältere Menschen jeden Tag kognitive Aufgaben in Form von Kreuzworträtseln und Sudokupuzzles lösen lassen. Auch das veränderte ihre Offenheit für neue Erfahrungen.

Wichtig für die Entwicklung seien ungewohnte Aufgaben, Anreize, diese auch zu bewältigen – und natürlich, dass man überhaupt über die entsprechenden Kompetenzen für diese konkreten Aufgaben verfügt. Die Menschen brauchen die Überzeugung der Selbstwirksamkeit oder auch internale Kontrollüberzeugung – das Gefühl also, ihr Schicksal selbst in der Hand zu haben und sich neuen Anforderungen nicht ausgeliefert zu fühlen.

Das Problem ist nur: Mit dem »So bin ich eben« im Kopf glauben Menschen oft zu wenig an die Kraft der Veränderung. Die Möglichkeiten zur eigenen Entwicklung gehen gegen null, wenn man meint, dass man so ist, wie man ist, und das auch für alle Zeiten bleiben wird. Zwar ist Menschen mitunter bewusst, dass sie sich in den letzten Jahren verändert haben. Aber für die Zukunft können sie sich das trotzdem nicht vorstellen. Das hat Jordi Quoidbach, Professor für Organisationsverhalten an der ESADE Business School in Barcelona, in einem unterhaltsamen Experiment herausgearbeitet. Er ließ insgesamt 19 000 Menschen zwischen 18 und 68 Jahren einen Persönlichkeitstest ausfüllen. Dann sollte sich die Hälfte der Probanden in die Person hineinversetzen, die sie vor zehn Jahren war; die andere Hälfte sollte sich vorstellen, wer sie in zehn Jahren sein würde. Aus dieser Perspektive füllten alle Testpersonen den Persönlichkeitstest noch einmal aus. Das Ergebnis war ziemlich erheiternd: Gleichgültig, wie alt die Befragten waren – aus ihren Antworten gingen für die vergangenen zehn Jahre immer deutliche Veränderungen hervor. Aber weitere Entwicklungen in den kommenden zehn Jahren? Daran glaubten sie eher nicht. Sie würden im Prinzip die bleiben, die sie heute sind, ergab sich aus den Antworten der meisten Probanden. Schmunzelnd nannte Jordi Quoidbach das Phänomen »Die Illusion vom Ende der Geschichte«.

Dabei wäre es gut, wenn wir beim Imaginieren unseres zukünftigen Ichs offener wären, sagt Quoidbach. Wir stehen uns sonst bei unserer Entwicklung nur selber im Weg. Und wir können uns auch ganz schön verkalkulieren. In einem zweiten Experiment fragte er die Hälfte seiner Probanden nämlich, welche Lieblingsband sie vor zehn Jahren hatten und wie viel Geld sie heute für ein Konzert dieser Band ausgeben würden. Die übrigen Teilnehmer sollten dagegen sagen, wer gerade ihre Lieblingsband ist und wie viel ihnen wohl in zehn Jahren ein Konzert dieser Band wert sein würde. Egal, wie alt die Probanden waren: Im Durchschnitt waren sie bereit, in zehn Jahren deutlich mehr Geld für das Konzert auszugeben, als ihnen die Musik einer zehn Jahre alten Lieblingsband tatsächlich wert war. Für den Blick auf die eigene Persönlichkeit gilt Ähnliches, sagt der Hildesheimer Entwicklungspsychologe Werner Greve: »Im Rückblick stellen wir oft fest, dass wir uns mehr verändert haben, als wir das erwartet haben.«

Veränderung durch Challenges

Aber wie viel Veränderung kann man denn nun gezielt erreichen? Mit dieser Frage beschäftigt sich Nathan Hudson von der Southern Methodist University in Dallas seit vielen Jahren. Und ebenso wie Brian Little stellt er fest: »Menschen scheinen in der Lage zu sein, ihre Persönlichkeitseigenschaften zu verändern, wenn sie motiviert sind und wenn sie an Programmen teilnehmen, die ihnen dabei helfen.« Hudsons Ziel ist es, eben diese Programme zu entwickeln. Gerade hat er wieder eine Studie publiziert, mit der er die Aufmerksamkeit auf sich gezogen hat und die all den Menschen, die noch fest an die Stabilität der Persönlichkeit glauben, eine gehörige Portion Offenheit für Unerwartetes abverlangt.

Mit der ersten großen Überraschung wartete Hudson im Jahr 2015 auf. Damals hatte er in einer Doppelstudie mit insgesamt knapp 300 Studierenden wissen wollen, ob eine willentliche Änderung der Persönlichkeit möglich ist. Dazu teilte er seine Probanden in mehrere Gruppen ein. Er fragte 131 von ihnen, inwieweit sie ihre Persönlichkeit verändern wollten, und ließ sie einen »Change Plan« erarbeiten. Ob ihnen gelang, was sie sich vorgenommen hatten, wurde mit 16 wöchentlichen Persönlichkeitstests überprüft. Tatsächlich zeigte sich, dass sich ihr Wesen in die gewünschte Richtung veränderte.

Allerdings half es den Studierenden überhaupt nichts, sich eine Änderung einfach nur vorzunehmen oder vage aufzuschreiben, wie sie ihr Ziel erreichen könnten – etwa »geselliger zu sein«, wenn sie an Extrovertiertheit zulegen wollten. Sie mussten schon konkreter werden. Zum Beispiel sollten sie ganz spezifische Pläne schmieden (»Julie fragen, ob sie am Donnerstagnachmittag einen Kaffee mit dir trinkt«), und sie sollten »Wenn ..., dann ...«-Überlegungen anstellen. Zum Beispiel: »Wenn ich mich über etwas ärgere, das mein Mitbewohner sagt, dann werde ich ihm erzählen, wie ich mich damit fühle.« Das konnte den Erfolg des Programms erheblich vergrößern, zum Teil sogar verdoppeln. Gigantisch waren die Änderungen insgesamt nicht. »Aber man würde in der Kürze der Zeit auch keine dramatischen Persönlichkeitsveränderungen erwarten«, sagt Hudson.

Inzwischen hat Hudson ein regelrechtes »Change-Programm« entwickelt, das er mit 377 Psychologiestudenten auch schon getestet hat. 15 Wochen lang nahmen die Studierenden daran teil, von denen die meisten emotional stabiler oder extrovertierter werden wollten. Am wenigsten attraktiv erschien es ihnen, verträglicher zu werden. Jede Woche wählten sie aus seiner Liste von 50 Challenges vier Herausforderungen aus, die ihnen helfen sollten, ihre Ziele zu erreichen. Und jede Woche füllten sie einen Persönlichkeitstest aus.

Bei den Challenges handelte es sich jeweils um ganz konkrete Aufgaben – und sie waren nach Schweregrad eingeteilt. Wer extrovertierter werden wollte und dies zunächst mit einer leichten Aufgabe versuchen wollte, der konnte zum Beispiel die Challenge wählen, »Hallo« zur Kassiererin im Supermarkt zu sagen. Eine schwierigere Challenge für mehr Extraversion hingegen war es, den Kaffee für eine andere Person in der Schlange zu bezahlen oder, noch herausfordernder, sich freiwillig als Anführer zu melden – in einem beruflichen Projekt etwa oder auch bei einer Freizeitaktivität in der Gruppe, etwa eine Wandertour zu planen. Wer sich wünschte, an Offenheit zuzulegen, das aber erst einmal vorsichtig probieren wollte, der hatte die Aufgabe, einen Zeitungstext über ein fremdes Land zu lesen. Schwieriger war es da schon, einen Menschen, der zu einem Thema eine andere Meinung hatte, ausfindig zu machen und ihm dann Fragen zu stellen, um seine Perspektive besser zu verstehen.

Am Ende jeder Woche sollten die Menschen sagen, ob sie diese Veränderung erreicht hatten. Wer erfolgreich war, bekam erstens positives Feedback und zweitens für die kommende Woche eine härtere Aufgabe.

Tatsächlich änderte sich die Persönlichkeit umso stärker, je mehr Challenges eine Person bestanden hatte – und das auch noch in die gewünschte Richtung. Wer also zuverlässiger werden wollte, der wurde es auch. Der Schwierigkeitsgrad der Herausforderungen war dabei gar nicht so wichtig. Offenbar verändern sich die Muster von Denken, Fühlen und Verhalten – kurz, die Persönlichkeit – so sehr, wahrscheinlich bilden sich sogar neue Wege im Gehirn. »Es gibt zunehmend Belege dafür, dass sich Nervenzellen im Gehirn neu ordnen«, sagt Brian Little. Deshalb sei es auch möglich, dass Veränderungen in den neuronalen Mechanismen, die der Persönlichkeit unterliegen, neu geordnet werden. Ein positiver Kreislauf wurde angeregt: Die Ziele führten zu Verhaltensänderungen; das veränderte Verhalten beeinflusste das Selbstkonzept; das veränderte Selbstkonzept bewirkte wiederum weitere Verhaltensänderungen. Und so ging es immer weiter. Am Ende hörte sogar der Wunsch auf, sich verändern zu wollen. Die Studierenden waren zufrieden.

Es sind nur erste Ergebnisse einer spannenden neuen Forschungsrichtung, keine Frage. Und die Studien müssen auch noch besser werden, um verlässlichere Ergebnisse zu liefern. Zum Beispiel berichten die Studierenden in Hudsons Studien nur über sich selbst. Womöglich geben sie Veränderungen an, weil sie diese erwarten oder weil sie sich dazu verpflichtet fühlen. Ob auch andere die Persönlichkeitsveränderungen erkennen würden? Und ob sie dauerhaft sind? »Das wissen wir nicht«, sagt Brian Little, der Hudsons Arbeiten mit großer Neugier verfolgt. Aber eines ist schon mal sehr überzeugend: wie zufrieden die Teilnehmer am Ende des Programms sind. Schon deshalb lohnt es sich, die Variabilität seines Verhaltens auszuspielen und zu prüfen, wie es einem damit geht.

Und hier kommen die Challenges zum Nachmachen:

Persönlichkeitsdimension	Schwierigkeitsgrad	Herausforderung
Extraversion	1	Sagen Sie »Hallo« zu einem Verkäufer in einem Geschäft.
	2	Fragen Sie einen Verkäufer in einem Laden, wie es so läuft.
	3	Stellen Sie sich jemand Neuem vor.
	4	Machen Sie eine Liste von Gedanken oder Ansichten, die Sie niemals jemandem erzählt haben. Teilen Sie mindestens einen dieser Gedanken mit einem/r Freund/in.
	5	Verabreden Sie sich mit jemandem, mit dem Sie noch keinen Kontakt hatten, und stellen Sie ihm mindestens zwei Fragen zu seiner Person, zum Beispiel: »Was studierst du, was arbeitest du?« Fühlen Sie sich nicht unter Druck, mehr zu fragen.
	6	Öffnen Sie sich und erzählen Sie einem/r engen Freund/in ehrlich von Ihren Hoffnungen und Träumen für die Zukunft. Fragen Sie ihn/sie nach seinen.
	7	Laden Sie eine/n Kollegen/in oder Nachbarn/in zu einem Kaffee ein. Sorgen Sie sich nicht, wenn er/sie sagt, er/sie habe keine Zeit.
	7	Öffnen Sie sich und erzählen Sie einem/r engen Freund/in ehrlich von einem Problem, das Sie gerade haben.
	8	Planen Sie ein Event mit Freunden (zum Beispiel Spiele, Filme, Mahlzeiten). Treffen Sie jemand Neues und laden Sie ihn/sie ein, dazuzustoßen.
	9	Übernehmen Sie freiwillig eine Führungsrolle. Für ein Projekt. Für ein soziales Ereignis.
Verträglichkeit	1	Lächeln Sie jemanden an, den Sie nicht kennen.
	2	Schreiben Sie etwas Nettes auf, was jemand heute für Sie getan hat.
	3	Nehmen Sie sich ein paar Minuten Zeit, um aufzuschreiben, was die guten Eigenschaften von Menschen sind, die Sie lieben.

Persönlichkeitsdimension	Schwierigkeitsgrad	Herausforderung
Verträglichkeit	4	Bezahlen Sie jemandem in der Schlange den Kaffee.
	5	Denken Sie an jemanden, den Sie nicht mögen, und konzentrieren Sie sich 5 Minuten nur auf seine guten Eigenschaften.
	6	Machen Sie jemandem ein Kompliment über seine Persönlichkeit (nicht über sein Aussehen!), indem Sie ihm/ihr erzählen, was Sie an ihm/ihr mögen.
	7	Wenn jemand Sie irritiert, denken Sie in diesem Moment mindestens 30 Sekunden lang über seine guten Eigenschaften statt über seine schlechten nach.
	8	Wenn Sie mit jemandem nicht einer Meinung sind, versuchen Sie ernsthaft, seine Perspektive einzunehmen und zu verstehen, warum er fühlt, was er fühlt.
	8	Wenn Sie mit jemandem in eine Auseinandersetzung geraten, sagen Sie dem anderen, dass es Ihnen leid tut, auch wenn der andere das seinerseits nicht sagen wird.
	9	Entscheiden Sie sich, jemandem etwas zu vergeben, was Sie in der Vergangenheit verletzt hat. Immer wenn Sie an das denken, was damals passiert ist, sagen Sie sich einfach: »Ich habe mich entschieden, ihm zu vergeben; er ist mir nichts mehr schuldig.«
	10	Wenn jemand Sie irritiert, verbringen Sie 30 Sekunden damit, über die Umstände nachzudenken, die zu seinem Verhalten geführt haben.
Gewissenhaftigkeit	1	Stecken Sie Ihr Handy in Ihre Tasche, während Sie sich mit jemandem treffen, und schauen Sie während der ganzen Zeit nicht drauf.
	2	Fangen Sie an, sich 10 Minuten früher auf einen Termin vorzubereiten als üblich.
	3	Lesen Sie eine Mail sorgfältig Korrektur, bevor Sie sie abschicken.
	3	Legen Sie die Kleidung für den nächsten Tag schon am Abend raus.
	4	Bezahlen Sie eine Rechnung, sobald Sie sie erhalten.

Persönlichkeitsdimension	Schwierigkeitsgrad	Herausforderung
Gewissenhaftigkeit	5	Erstellen Sie eine To-do-Liste für den nächsten Tag, bevor Sie ins Bett gehen.
	6	Legen Sie auf Ihrem Kalender Erinnerungshinweise für künftige Ereignisse an.
	6	Nehmen Sie sich 30 Minuten für eine produktive Aktivität (Aufräumen, Lernen …), ohne sich ablenken zu lassen. Machen Sie Ihr Handy aus und surfen Sie nicht im Internet, reden Sie nicht, schauen Sie nicht Fernsehen. Fokussieren Sie sich nur auf die Aktivität.
	7	Wenn Sie merken, dass Sie mitten in einer Aufgabe aufgeben, legen Sie eine Pause von ein paar Minuten ein, um Ihren Kopf freizubekommen (machen Sie zum Beispiel einen kurzen Spaziergang). Aber danach kehren Sie zu Ihrer Aufgabe zurück und beenden Sie sie.
	8	Überlegen Sie sich feste Schlafenszeiten und gehen Sie jeden Tag zu der entsprechenden Zeit ins Bett, stehen Sie jeden Tag zu dieser Zeit auf.
	9	Denken Sie an eine bestimmte Aufgabe, die Sie vollenden müssen. Tun Sie das, aber machen Sie es besser, als Sie es eigentlich tun würden.
	10	Denken Sie an eine Aufgabe, die Sie kürzlich erledigt haben, von der Sie aber glauben, dass Sie das besser hätten machen können. Erledigen Sie diese Aufgabe noch einmal und seien Sie diesmal gründlicher.
Emotionale Stabilität	1	Wenn Sie aufwachen, sagen Sie laut zu sich selbst: »Ich möchte heute glücklich sein.«
	2	Wenn Sie ein überwältigendes Gefühl haben, halten Sie inne und atmen mehrere Male tief ein.
	3	Setzen Sie 30 Minuten im Laufe des Tages an, in denen Sie etwas tun, was Ihnen Spaß macht.
	4	Wenn Sie sich Sorgen wegen etwas machen, das passieren könnte: Nehmen Sie sich mindestens 2 Minuten, um sich auszumalen, was die beste Entwicklung in dieser Sache wäre.

Persönlichkeitsdimension	Schwierigkeitsgrad	Herausforderung
Emotionale Stabilität	5	Denken Sie mindestens 5 Minuten an all die guten Dinge in Ihrem Leben. Es gibt immer positive Dinge, auch wenn sie selbstverständlich erscheinen (zum Beispiel saubere Luft, Sonnenschein, Freunde).
	6	Denken Sie mindestens 5 Minuten an Ihre guten Eigenschaften und Stärken. Jeder hat gute Eigenschaften und Stärken!
	7	Machen Sie eine Liste mit drei lustigen Dingen, die Sie gerne tun würden. Realisieren Sie wirklich eins davon.
	8	Wenn Sie einen negativen Gedanken haben, schreiben Sie ihn auf. Nehmen Sie sich mindestens 2 Minuten dafür, die Tatsachen aufzuschreiben, die *gegen* diesen negativen Gedanken sprechen. (Zum Beispiel: »Ich habe das Gefühl, dass mich niemand mag. Das ist aber nicht wahr, weil ich nicht weiß, was andere Menschen fühlen; und es gibt sicherlich mindestens ein paar Bekannte, Lehrer oder Angehörige, die mich aufrichtig mögen.«)
	9	Denken Sie an jemanden, der Sie in der Vergangenheit verletzt hat, und entscheiden Sie, ihm zu vergeben.
Offenheit	2	Lesen Sie einen Zeitungsartikel über ein fremdes Land oder über wissenschaftliche Entdeckungen.
	3	Bestellen Sie in einem Restaurant, das Ihnen gefällt, eine Vorspeise, die Sie dort noch nie hatten.
	3	Lesen Sie einen Zeitungsartikel mit einer politischen Meinung, die anders ist als Ihre.
	4	Notieren Sie eine Frage über etwas in Ihrem täglichen Leben, deren Antwort Sie nicht kennen (zum Beispiel: »Wie viel weniger Kalorien hat eigentlich fettarme Milch?«).
	5	Fahren Sie in eine Gegend Ihrer Stadt, wo Sie noch nie waren, oder besichtigen Sie etwas in Ihrer Stadt.
	6	Wenn Sie etwas Schönes sehen (zum Beispiel in der Natur, in einem Museum), äußern Sie das gegenüber jemandem, der in der Nähe ist, egal ob Bekannter oder Fremder.

Persönlichkeitsdimension	Schwierigkeitsgrad	Herausforderung
Offenheit	7	Hören Sie ein Lied, das Sie *nicht* mögen. Nehmen Sie sich ein paar Minuten Zeit, um über die *guten* Eigenschaften dieses Lieds nachzudenken.
	8	Finden Sie einen Freund oder Bekannten aus einer anderen Kultur und fragen Sie ihn nach seiner Kultur. Versuchen Sie ihn besser zu verstehen.
	9	Denken Sie an Ihre Meinung zu einem kontroversen Thema. Nehmen Sie sich mindestens fünf Minuten Zeit, darüber nachzudenken, weshalb andere Leute, die die gegenteilige Meinung haben, Recht haben könnten.

Zurückweisung einkalkulieren

Aber Achtung! Wer eine Herausforderung annahm, sie aber nicht schaffte, der entwickelte sich in Hudsons Experimenten in die gegenteilige Richtung. Man sollte sich also nicht übernehmen, warnt der Psychologe. Es ist vielmehr wichtig, sich realistische Ziele zu setzen, denn Scheitern erhöht den Frust und senkt die Selbstwirksamkeitserwartung. Außerdem zementiert es unsere negativen Glaubenssätze. Wer sich einem Fremden vorstellen sollte und sich das nicht getraut hat, der hält sich hinterher oft für noch introvertierter, als er das vorher schon von sich dachte. »Womöglich sind die Menschen dann so demoralisiert, dass sich ihre Persönlichkeit in einem noch stärkeren Licht zeigt«, sagt Nathan Hudson. »Nur Veränderung zu wünschen und Pläne zu schmieden, reicht nicht. Man muss sie auch umsetzen.«

Zur Sicherheit steht bei den Challenges deshalb immer dabei: Sorgen Sie sich nicht, »don't worry«, wenn derjenige, dem Sie zuwinken, nicht zurückwinkt. Macht nichts, »no matter«, wenn niemand in der Kantine will, dass Sie seinen Kaffee bezahlen. Es geht nur um einen selbst und um die

Erkenntnis, wie groß die Klaviatur von Verhaltensweisen ist, auf denen wir spielen können.

Ohnehin gibt es Tricks, wie man außer mit dieser kognitiven Strategie (»Bleib cool, reg dich nicht auf!«) negativen Erlebnissen begegnen kann. Eine mutige Überlegung kann dabei sein: das Scheitern einzukalkulieren. Oder es sogar gezielt herauszufordern, um sich an das schreckliche Gefühl zu gewöhnen. So jedenfalls hat es Jason Comely in einem Selbstversuch durchgezogen. Der kanadische Webdesigner hatte genug von seiner Angst. Er fand sich viel zu schüchtern – und nachdem er nun schon Jahrzehnte als gehemmter Zeitgenosse auf dem Planeten unterwegs war, hatte er irgendwann kurz nach seinem 40. Geburtstag auch herausgefunden, weshalb: Er mochte nicht gerne mit Menschen in Kontakt treten, weil er sich so sehr vor Zurückweisung fürchtete. Seine große Angst war es, dass Menschen unfreundlich auf ihn reagierten. Das beeinträchtigte sein Leben so stark, dass er eines Tages beschloss, keine Angst mehr haben zu wollen. Und er gab es sich richtig. Comely machte eine radikale Konfrontationstherapie: Er suchte quasi die Zurückweisung, jeden Tag aufs Neue. Am Anfang fragte er einen Fremden, der in ein parkendes Auto einstieg, ob er ihn ein Stück mitnehmen würde. Später bat er Verkäufer, ihm die Dinge, die er kaufen wollte, billiger zu überlassen, und forderte wildfremde Frauen auf, mit ihm auszugehen.

Überrascht stellte er fest: Je häufiger er die Zurückweisung der oft irritierten Fremden ertrug und je mehr er angesichts seiner etwas ungewöhnlichen Bitten damit rechnete, desto weniger taten ihm die Absagen weh. Dadurch wurde er immer mutiger. Und er machte noch eine Entdeckung: Je extrovertierter er sich verhielt, desto häufiger gingen die Menschen auf seine Bitten ein, sogar auf die wirklich abgefahrenen. »Die Leute waren viel häufiger dazu bereit, das zu tun, wonach ich sie fragte, als ich das je erwartet hätte«, sagt Comely. »Ich stellte fest, dass meine Komfortzone viel zu klein war. Sie war wie ein Käfig, der mich davon abhielt, eine Menge Möglichkeiten zu erproben.« Diesen Käfig weitete er mehr und mehr. Indem er Zurückweisungen zu etwas machte, was er haben wollte, statt es zu fürchten, veränderte Comely sich.

Das wichtigste Hemmnis aber für eine positiv reifende Persönlichkeit ist außer unserer Angst und unserer Bequemlichkeit: Pessimismus. Je mehr wir von der Unabänderlichkeit unseres Schicksals überzeugt sind, desto schwerer fällt es uns, unser Schicksal selbst in die Hand zu nehmen. Umso wichtiger ist es daher, das Wissen um die Veränderlichkeit der Persönlichkeit zu verbreiten. Zu lange haben uns unsere Eltern, Freunde und eben auch die Psychologen erzählt, dass wir in unserem Wesen festgelegt sind. Sigmund Freud hat viel Gutes für die Welt getan. Aber seitdem er die bis heute kolportierte These von der alles bestimmenden frühen Kindheit unters Volk gebracht hat, wagen wir es kaum, diese frühe Kindheit nicht mehr so wichtig zu nehmen und uns von ihr zu befreien. Wenn wir anders sein wollen, haben wir aber das Potenzial dazu.

»Da ist vieles möglich«, sagt Werner Greve. Wenn ein Mensch entscheidet, dass er gelassener werden möchte, dass er Lob von anderen nicht mehr so wichtig finden will und sich von Kritik nicht mehr so verletzen lassen möchte, dann hat er das ein Stück weit selbst in der Hand. »Das klappt nicht immer sofort, ich kann das nicht plötzlich entscheiden«, sagt Greve. Das sei wie beim Erwachsenwerden. »Ich muss das nur immer wieder probieren. Je öfter ich mich wie ein Erwachsener verhalte, desto eher werde ich einer. Ich tu öfter so, dann wird das schon.« Meist seien die Menschen nur zu verhalten, weil sie selbst nicht an die Veränderung glauben, bedauert der Psychologe. Dabei sei der Spielraum, in dem die eigene Persönlichkeit sich austoben kann, größer als man denkt.

Für Brian Little steht jedenfalls fest: »Wir sind keine Opfer der Umstände oder unserer Gene, wir können in einem gewissen Ausmaß frei wählen, wie wir uns verhalten.« Es lohnt sich auf jeden Fall. Unsere Persönlichkeit hat erheblichen Einfluss auf unsere mentale und körperliche Gesundheit. Am Ende geht es doch darum: Wir wollen uns wohlfühlen mit unserer Persönlichkeit, also unserem Denken, Fühlen und Verhalten. Kurz: mit unseren Reaktionen auf uns und die Welt. Wir wollen uns und anderen Menschen gegenüber Wertschätzung und Respekt empfinden und das möglichst auch ausdrücken können. Und wir wollen zu den Aufgaben und Herausforderungen, die uns das Leben bietet, eine positive Einstellung haben können. Wenn sich die Persönlichkeit wandeln kann und wir auch noch Einfluss darauf haben, in welche Richtung wir uns weiterentwickeln, dann ist das vor allem eines: eine riesige Chance.

Anhang

Verzeichnis der Wissenschaftler

Asendorpf, Jens, Prof. Dr. em., ehem. Institut für Psychologie, Persönlichkeitspsychologie, Humboldt-Universität zu Berlin
Avinun, Reut, Ph. D., Professorin für Psychologie, Department of Psychology and Neuroscience, Duke University, Durham (North Carolina), USA

Baron, Robert, Ph. D., Professor of Management, Spears Chair of Entrepreneurship, Spears School of Business, Oklahoma State University, Stillwater (Oklahoma), USA
Baumeister, Roy, Ph. D., Professor für Psychologie, School of Psychology, University of Queensland, Australien
Bercik, Premsyl, M. D., Professor für Gastroenterology, Department of Medicine, McMaster University, Hamilton, Kanada
Berntsen, Dorthe, Professorin für Psychologie, Department of Psychology and Behavioural Sciences, School of Business and Social Sciences, Aarhus Universitet, Dänemark
Birbaumer, Niels, Prof. Dr. Dr. h. c. mult., ehem. Institut für Medizinische Psychologie und Verhaltensneurobiologie, Universität Tübingen und Wyss Center of Bio- and Neuroengineering, Genf
Bleidorn, Wiebke, Ph. D., Professorin für Psychologie, Department of Psychology, University of California in Davis (Kalifornien), USA
Block, Jack, Ph. D., ehem. Professor für Psychologie, Institute of Psychology, University of California in Berkeley (Kalifornien), USA, 2010 verstorben
Block, Jeanne, Ph. D., ehem. Prof. für Psychologie, Institute of Psychologie, University of California in Berkeley (Kalifornien), USA, 1981 verstorben
Bohórquez, Diego, Ph. D., Professor für Neurobiologie und Pathologie, Institute for Brain Sciences, Duke University, Durham (North Carolina), USA
Boutwell, Brian, Ph. D., Professor für Kriminologie und Strafrecht, Department of Epidemiology, School of Social Work and School of Medicine, Saint Louis University, St. Louis (Missouri), USA
Boyce, Christopher, Ph. D., Honorary Research Fellow, Biological and Environmental Sciences, University of Stirling, Stirling, Großbritannien

Brandtstädter, Jochen, Prof. Dr. em., Fachbereich Psychologie, Abteilung Entwicklungspsychologie, Universität Trier
Breithaupt, Fritz, Ph. D., Professor für Literaturwissenschaften, Department of Germanic Studies, Indiana University, Bloomington (Indiana), USA
Burger, Jerry, Ph. D., Professor für Sozialpsychologie, Department of Psychology, College of Arts and Sciences, Santa Clara University, Santa Clara (Kalifornien), USA

Cajochen, Christian, Prof. Dr., Zentrum für Chronobiologie, Universitäre Psychiatrische Kliniken Basel
Caspi, Avshalom, Ph. D., Professor am Department of Psychology and Neuroscience, Psychiatry & Behavioral Sciences, Duke Center for Genomic and Computational Biology, Duke University, Durham (North Carolina), USA
Chee, Michael, Ph. D., Professor in Psychiatry and Behavioral Sciences, Department of Psychiatry & Behavioral Sciences, Translational Neuroscience, School of Medicine, Duke University, Durham (North Carolina), USA
Clark, Margaret, Ph. D., Professor of Psychology, Clark Relationship Science Laboratory, Yale University, New Haven (Connecticut), USA
Costa, Paul, Ph. D., Scientist Emeritus, Laboratory of Behavioral Neuroscience, National Institute on Aging, National Institutes of Health, Bethesda (Maryland), USA

Denissen, Jaap, Prof. Dr., Department of Developmental Psychology, Tilburg School and Behavioral Sciences, Universiteit van Tilburg, Tilburg, Niederlande
Dijk, Derk-Jan, Ph. D., Professor of Sleep and Physiology, Surrey Sleep Research Centre, University of Surrey, Guildford, Großbritannien
Dinan, Timothy, M. D., Ph. D., Professor of Psychiatry, Clinic for Treatment Refractory Depression, University College Cork, Großbritannien
Donner, Tobias, Prof. Dr., Zentrum für Experimentelle Medizin, Institut für Neurophysiologie und Pathophysiologie, Universitätsklinikum Eppendorf, Hamburg
Duñabeitia, Jon Andoni, Ph. D., Professor für Kognitionswissenschaften, Centro de Ciencia Cognitiva, Universidad Antonio de Nebrija, Madrid, Spanien

Eagleman, David, Ph. D., Professor für Neurowissenschaften, Department of Psychiatry & Behavioral Sciences, Stanford University School of Medicine, Stanford (Kalifornien), USA
Egloff, Boris, Prof. Dr., Professor für Persönlichkeitspsychologie und psychologische Diagnostik, Psychologisches Institut, Johannes-Gutenberg-Universität Mainz

Ettinger, Ulrich, Prof. Dr., Abteilung für Allgemeine Psychologie I, Institut für Psychologie, Rheinische Friedrich-Wilhelms-Universität Bonn

Falkai, Peter, Prof. Dr., Klinik für Psychiatrie und Psychotherapie, Klinikum der Ludwig-Maximilians-Universität München
Finegold, Sydney, Ph. D., Professor für Mikrobiologie und Immunologie, University of California in Los Angeles (Kalifornien), USA, 2018 verstorben
Fleeson, William, Ph. D., Professor of Psychology, Department of Psychology, Wake Forest University, Winston-Salem (North Carolina), USA
Fletcher, Ben, Ph. D., Professor of Psychology and Sports Sciences, University of Hertfordshire, Hatfield, Großbritannien
Freisleder, Franz Joseph, Prof. Dr., Ärztlicher Direktor des Heckscher-Klinikum für Kinder- und Jugendpsychiatrie, Psychosomatik und Psychotherapie, München
Freud, Sigmund, österreichischer Neurologe und Psychologe, 1939 verstorben
Freund, Alexander, Prof. Dr., Professur für Differentielle Psychologie und Psychologische Diagnostik, Institut für Psychologie, Leuphana-Universität Lüneburg

Gabriel, Markus, Prof. Dr., Lehrstuhl für Erkenntnistheorie, Philosophie der Neuzeit und Gegenwart, Institut für Philosophie, Rheinische Friedrich-Wilhelms-Universität Bonn
Galinsky, Adam, Ph. D., Professor für Betriebswirtschaft, Columbia University, New York (NY), USA
Gilbert, Jack, Ph. D., Professor in der Abteilung für Chirurgie, Direktor des Microbiome Center, University of Chicago, Chicago (Illinois), USA
Goldman, Brian, Ph. D., Professor of Psychology, Clayton State University, Morrow (Georgia), USA
Gosling, Samuel, Ph. D., Professor of Psychology, Department of Psychology, University of Texas, Austin (Texas), USA
Greve, Werner, Prof. Dr., Institut für Psychologie, Bereich für Erziehungs- und Sozialwissenschaften, Universität Hildesheim

Hannover, Bettina, Prof. Dr., Arbeitsbereich Schul- und Unterrichtsforschung, Freie Universität Berlin
Harris, Judith, Ph. D., US-amerikanische Psychologin, 2018 verstorben
Haslam, Nick, Ph. D., Professor of Psychology, University of Melbourne, Australien
Holzer, Peter, Prof. Dr., Lehrstuhl für Pharmakologie, Medizinische Universität Graz, Österreich
Hsiao, Elaine, Ph. D., Professor of Integrative Biology and Physiology, Brain Research Institute, University of California in Los Angeles, Los Angeles (Kalifornien), USA

Hudson, Nathan, Ph. D., Professor of Psychology, Dedman College of Humanities & Sciences, Southern Methodist University, Dallas (Texas), USA
Hutteman, Roos, Ph. D., Department of Psychology, Universiteit Utrecht, Niederlande

Jackson, Joshua, Ph. D., Professor in Personality Science, Personality Measurement and Development Lab, Washington University, St. Louis (Missouri), USA
Jaeggi, Eva, Prof. Dr. em., ehem. Abteilung für Klinische Psychologie, Institut für Psychologie, Technische Universität Berlin
James, William, US-amerikanischer Psychologie und Philosoph, 1910 verstorben
Jaursch, Stefanie, Prof. Dr., ehem. Professorin für Entwicklungspsychologie, Institut für Psychologie, Philosophische Fakultät, Universität Passau
John, Oliver, Ph. D., Professor für Persönlichkeitspsychologie, Berkeley Personality Lab, University of California in Berkeley (Kalifornien), USA
Johnson, Cheryl, Ph. D., US-amerikanische Autorin und Psychologin, Raleigh (North Carolina), USA
Johnson, John A., Ph. D., ehem. Professor of Psychology, Institute of Psychology, Pennsylvania State University, State Collage (Pennsylvania), USA
Jung, Carl Gustav, Schweizer Psychiater und analytischer Psychologe, 1961 verstorben

Kalbitzer, Jan, Dr., Autor und Facharzt für Psychiatrie und Psychotherapie, Berlin
Kernis, Michael, Ph. D., Professor of Psychology, University of Georgia, Athens (Georgia), USA, verstorben 2006
King, Marcie, Department of Psychological and Brain Sciences, College of Liberal Arts and Sciences, University of Iowa, Iowa City (Iowa), USA
King, Margaret, Ph. D., Center for Cultural Studies & Analysis, Philadelphia (Pennsylvania), USA
Knight, Rob, Ph. D., Professor of Pediatrics and Computer Science & Engineering, Center for Microbiome Innovation, University of California in San Diego (Kalifornien), USA
Kocher, Martin, Prof. Dr., Institut für Höhere Studien, Universität Wien, Österreich
Köhler-Forsberg, Ole, M. D., Department of Clinical Medicine, Psychosis Research Unit, Universitet Aarhus, Aarhus, Dänemark
Kosinski, Michal, Ph. D., Graduate School of Business, Centre for Psychometrics, Stanford University, Stanford (Kalifornien), USA
Kröber, Hans-Ludwig, Prof. Dr. em., ehem. Professor für Forensische Psychiatrie und Direktor des Instituts für Forensische Psychiatrie an der Charité, Berlin

Largo, Remo, Buchautor und ehem. Leiter der allgemeinen Poliklinik an der Universitätskinderklinik Zürich

Leary, Mark, Ph. D., Professor Emeritus of Psychology and Neuroscience, Duke University, Durham (North Carolina), USA
Lesch, Harald, Prof. Dr., Institute für Astronomie und Astrophysik, Ludwig-Maximilians-Universität München
LeVine, Robert, Ph. D., Professor Emeritus of Education and Human Development an der Harvard Graduate School of Education, Boston (Massachusetts), USA und aktuell Professor of Social Psychology, California State University, Fresno (Kalifornien), USA
LeVine, Sarah, Ph. D., Anthropologin an der Harvard Graduate School of Education, Boston (Massachusetts), USA
Lieb, Klaus, Prof. Dr., Deutsches Resilienz Zentrum und Klinik für Psychiatrie und Psychotherapie, Universitätsmedizin Mainz
Little, Brian, Ph. D., Well-Being Institute and Social Ecology Research Group, Department of Psychology, Cambridge University, Cambridge, Großbritannien
Lowery, Brian, Ph. D., Professor of Organizational Behavior, Stanford Graduate School of Business, Stanford University, Stanford (Kalifornien), USA
Lüdtke, Oliver, Prof. Dr., Direktor der Abteilung Pädagogisch-Psychologische Methodenlehre, Leibniz-Institut für die Pädagogik der Naturwissenschaften und Mathematik, Universität Kiel
Maslow, Abraham, Ph. D., ehem. Professor für Psychologie, Brandeis University, Boston (Massachusetts), USA, 1970 verstorben
Mayer, Emeran, M. D., Professor of Medicine, Physiology and Psychiatry und Member of the Brain Research Institute, University of California in Los Angeles (Kalifornien), USA
Mazmanian, Sarkis, Ph. D., Professor of Microbiology, California Institute of Technology, Pasadena (Kalifornien), USA
McCrae, Robert, Ph. D., Research Psychologist am Gerontology Research Center of the National Institute on Aging, Bethesda (Maryland), USA
McFarland, Cathy, Ph. D. Cathy McFarland, Professor in the Psychology Department, Simon Fraser University, Burnaby (British Columbia), USA
Mehra, Ajay, Ph. D., Gatton College of Business and Economics, University of Kentucky, Lexington (Kentucky), USA
Metzinger, Thomas, Prof. Dr., Philosophisches Seminar, Johannes-Gutenberg-Universität Mainz
Milgram, Stanley, Ph. D., ehem. Professor am Graduate Center der City University New York (New York), USA, 1984 verstorben

Neyer, Franz, Prof. Dr., Institut für Psychologie, Persönlichkeitspsychologie und Psychologische Diagnostik, Friedrich-Schiller-Universität Jena

Nyström, Fredrik, M. D., Department of Medical and Health Sciences, Division of Cardiovascula Medicine, Linköpings Universitet, Linköping, Schweden

O'Boyle, Jamie, Ph. D., Center for Cultural Studies & Analysis, Philadelphia (Pennsylvania), USA

Petterson, Sven, M. D., Ph. D., Professor in der Abteilung für Neurogeriatrie, Department of Neurobiology, Care Sciences and Society, Karolinska-Institut, Strockholm, Schweden
Pine, Karen, Ph. D., ehem. Professorin an der University of Hertfordshire, Hatfield, Großbritannien
Pinker, Steven, Ph. D., Department of Psychology, Harvard University, Boston (Massachusetts), USA
Polderman, Tinca, Ph. D., Professorin am Center of Neurogenomics and Cognitive Research, Department of Complex Trait Genetics, Vrije Universiteit Amsterdam, Niederlande

Quoidbach, Jordi, Ph. D., Professor of People Management and Organisation, Escuela Superior de Administración y Dirección de Empresas, Barcelona

Raes, Jeroen, Ph. D., Professor am Center for Microbiology, Universiteit Leuven, Belgien
Rahman, Qazi, M. D., Senior Lecturer in der Abteilung für Health Psychology, Department of Psychology, King's College London, Großbritannien
Reheis, Fritz, Prof. Dr. em., Autor und Sozialwissenschaftler, ehem. Lehrstuhl für Politische Theorie, Otto-Friedrich-Universität Bamberg
Rosa, Hartmut, Prof. Dr., Professor für Allgemeine und Theoretische Soziologie, Institut für Soziologie, Friedrich-Schiller-Universität Jena
Ross, Michael, Ph. D., Professor Emeritus of Psychology, University of Waterloo, Waterloo (Kanada)
Rubin, David, Ph. D., Professor of Psychology and Neuroscience, Center for Cognitive Neuroscience, Duke Institute for Brain Sciences, Duke University, Durham (North Carolina), USA

Sánchez-Villegas, Almuenda, Ph. D., Department of Clinical Sciences, Universidad de Las Palmas de Gran Canaria, Spanien
Sandler, Richard, M. D., Kindergastroenterologe am Rush Medical Center der University of Chicago (Illinois), USA
Sandman, Peter, Ph. D., US-amerikanischer Risikoforscher, Begründer des Environmental Communication Research Program (ECRP) an der Rutgers University, New Brunswick (New Jersey), USA
Schachter, Stanley, Ph. D., ehem. Professor für Sozialpsychologie, Columbia University, New York City (New York), USA, 1997 verstorben

Schmukle, Stefan, Prof. Dr., Institut für Psychologie, Abteilung für Persönlichkeitspsychologie und Psychologische Diagnostik, Universität Leipzig
Schönegger, Philipp, Department of Philosophy, University of St. Andrews, St. Andrews, Großbritannien
Schultheiss, Oliver, Prof. Dr., Lehrstuhl für Allgemeine Psychologie II, Friedrich-Alexander-Universität Erlangen
Selhub, Eva, M. D., ehem. Instructor of Medicine an der Harvard Medical School und ehem. Direktorin am Benson Henry Institute for Mind-Body Medicine des Massachusetts General Hospital, Boston (Massachusetts), USA
Sheldon, Kennon, Ph. D., Professor for Psychological Sciences, Department of Psychology, University of Missouri, Columbia (Missouri), USA
Silva, Phil, Ph. D., Gründer und Director Emeritus der Dunedin Multidisciplinary Health & Development Research Unit, Department of Psychology, University of Otago, Neuseeland
Simon, Eti Ben, Ph. D., Department of Psychology, University of California, Berkeley (Kalifornien), USA
Singer, Jerome, Ph. D., ehem. Medical and Clinical Psychology Department, Uniformed Services University, Bethesda (Maryland), USA, 2010 verstorben
Sommers, Sam, Ph. D., Professor of Psychology, School of Arts and Sciences, Tufts University, Medford and Somerville (Massachusetts), USA
Specht, Jule, Prof. Dr., Lebenswissenschaftliche Fakultät, Institut für Psychologie, Abteilung für Persönlichkeitspsychologie, Humboldt-Universität zu Berlin
Spinath, Frank, Prof. Dr., Lehrstuhl für Differentielle Psychologie und psychologische Diagnostik, Institut für Psychologie, Universität des Saarlandes, Homburg
Staudinger, Ursula, Prof. Dr., Columbia Aging Center, Columbia University, New York City (New York), USA
Strüber, Nicole, Dr., Neurobiologin, Psychologin und Autorin, ehem. Institut für Hirnforschung, Universität Bremen
Sudo, Nobuyuki, M. D., Professor für Innere Medizin, Graduate School of Medicine, Universität Kyushu, Fukuoka, Japan

Taylor, Shelley, Ph. D., Professorin für Psychologie, Social Neuroscience Lab, University of California, Los Angeles (Kalifornien), USA
Tillisch, Kirsten, M. D., Leiterin der Abteilung für Integrative Medizin, G. Oppenheimer Center for Neurobiology of Stress and Resilience, University of California, Los Angeles (Kalifornien), USA
Turkle, Sherry, Ph. D., Professor for Science, Technology and Society, Massachusetts Institute of

Technology, Cambridge (Massachusetts), USA

Verhaeghe, Paul, Prof. Dr., Fakultät für Psychologie und Erziehungswissenschaften, Abteilung für Psychoanalyse und klinisches Consulting, Universiteit Gent, Belgien

Wagner, Johannes, Prof. Dr., Abteilung für Philosophie, Institut für Psychologie, Universität Graz, Österreich

Walker, Matthew, Ph. D., Sleep and Neuroimaging Laboratory, University of California, Berkeley (Kalifornien), USA

Williams, Todd, Ph. D., Professor am Department of Psychology, Grand Valley State University, Allendale (Michigan), USA

Wolfe, Michael, Ph. D., Direktor des Department of Psychology, Grand Valley State University, Allendale (Michigan), USA

Zulley, Jürgen, Prof. Dr. em, ehem. Leiter des Schlafmedizinischen Zentrums am Universitätsklinikum Regensburg und außerplanmäßiger Professor für Biologische Psychologie an der Universität Regensburg

Literaturverzeichnis

Was alles möglich ist

▷ Total authentisch sein

Guldner J (2017): Sei alles, nur nicht du selbst. *Wirtschaftswoche*, 7. Dezember.

Verhaeghe P (2013): Und ich? Identität in einer durchökonomisierten Gesellschaft. Kunstmann Verlag, München.

▷ Das Gehirn: ein großer Erzähler

Wolfe MB und Williams TJ (2018): Poor metacognitive awareness of belief change. *Quarterly Journal of Experimental Psychology*, Bd. 71, Nr. 9, S. 1898–1910.

McFarland C und Ross M (1987): The relation between current impressions and memories of self and dating partners. *Personality and Social Psychology Bulletin*, Bd. 13, Nr. 2, S. 228–238.

Furnham A, Moutafi J und Chamorro-Premuzic T (2005): Personality and intelligence: Gender, the Big Five, self-estimated and psychometric intelligence. *International Journal of Selection and Assessment*, Bd. 13, S. 11–24.

Freund PA und Kasten N (2012): How smart do you think you are? A meta-analysis on the validity of self-estimates of cognitive ability. *Psychological Bulletin*, Bd. 138, Nr. 2, S. 296–321.

Taylor, SE und Brown J (1988): Illusion and well-being: A social psychological perspective on mental health. *Psychological Bulletin*, Bd. 103, Nr. 2, S. 193–210.

Zell E und Krizan Z (2014): Do people have insight into their abilities? A metasynthesis. *Perspectives on Psychological Science*, Bd. 9, Nr. 2, S. 111–125.

Borkenau P und Liebler A (1993): Convergence of stranger ratings of personality and intelligence with self-ratings, partner ratings, and measured intelligence. *Journal of Personality and Social Psychology*, Bd. 65, Nr. 3, S. 546–553.

Guenther CL und Alicke MD (2010): Deconstructing the better-than average effect. *Journal of Personality and Social Psychology*, Bd. 99, S. 755–770.

Heck PR, Simons DJ und Chabris CF (2018): 65% of Americans believe they are above average in intelligence: Results of two nationally representative surveys. *Public Library of Science*, Bd. 13, Nr. 7, S. e0200103.
Alem Y et al. (2018): Why (field) experiments on unethical behavior are important: Comparing stated and revealed behavior. *Journal of Economic Behavior and Organization*, Bd. 156, S. 71–85.

▷ Alles eine Frage der Interpretation

Brandtstädter J (2015): Positive Entwicklung: Zur Psychologie gelingender Lebensführung, Springer Spektrum, Heidelberg.
Breithaupt F (2014): Vom Ich-Zwang zum Ausreden-Ich. In: Kaufmann V, Schmid U und Thomä D (Hrsg.): Das öffentliche Ich: Selbstdarstellungen im literarischen und medialen Kontext, transcript Verlag, Bielefeld, S. 25–38.
King M und O'Boyle J (2001): Basic characteristics of life development stages, Center for Cultural Studies & Analysis, Philadelphia, USA.

▷ Das biegsame Ich

Sommers S (2011): Situations matter: Understanding how context transforms your world. Riverhead Books, New York, NY.
Toosi NR et al. (2012): Dyadic interracial interactions: A meta-analysis. *Psychological Bulletin*, Bd. 138, Nr. 1, S. 1–27.
Darley JM und Batson D (1973): From Jerusalem to Jericho: A study of situational and dispositional variables in helping behavior. *Journal of Personality and Social Psychology*, Bd. 27, S. 100–108.
Burger JM (2009): Replicating Milgram: Would people still obey today? *The American Psychologist*, Bd. 64, Nr. 1, S. 1–11.
Baron RA (1997): The sweet smell of … helping: Effects of pleasant ambient fragrance on prosocial behavior in shopping malls. *Personality and Social Psychology Bulletin*, Bd. 23, Nr. 5, S. 498–503.
Hannover B und Kühnen U (2002): »The clothing makes the self« via knowledge activation. *Journal of Applied Social Psychology*, Bd. 32, Nr. 12, S. 2513–2525.

▷ Typisch untypisch

Fleeson W (2001): Toward a structure- and process-integrated view of personality: Traits as density distribution of states. *Journal of Personality and Social Psychology*, Bd. 80, Nr. 6, S. 1011–1027.
Fleeson W (2007): Situation-based contingencies underlying trait-content manifestation in behavior. *Journal of Personality*, Bd. 75, Nr. 4, S. 825–861.

Schachter S und Singer J (1962): Cognitive, social, and physiological determinants of emotional state. *Psychological Review*, Bd. 69, Nr. 5, S. 379–399.

▷ **Das große Konstrukt**

Kernis MH und Goldman BM (2006): A multicomponent conceptualization of authenticity: Theory and research. *Advances in Experimental Social Psychology*, Bd. 38, S. 283–357.
Mehra A, Kilduff M und Brass DJ (2001): The social networks of high and low self-monitors: Implications for the workplace performance. *Administrative Science Quarterly*, Bd. 46, Nr. 1, S. 121–146.
Fleeson W und Wilt J (2010): The relevance of Big Five trait content in behavior to subjective authenticity: Do high levels of within-person behavioral variability undermine or enable authenticity achievement? *Journal of Personality*, Bd. 78, Nr. 4, S. 1353–1382.
Sheldon KM et al. (1997): Trait self and true self: Cross-role variation in the Big Five personality traits and its relations with psychological authenticity and subjective well-being. *Journal of Personality and Social Psychology*. Bd. 73, Nr. 6, S. 1380–1393.

▷ **Das Ich als Lotse**

Goldman BM und Kernis MH (2002): The role of authenticity in healthy psychological functioning and subjective well-being. *Annals of the American Psychotherapy Association*, Bd. 5, Nr. 6, S. 18–20.
Berndt C (2016): Zufriedenheit – Wie man sie erreicht und warum sie lohnender ist als das flüchtige Glück. dtv Verlagsgesellschaft, München.
Berndt C (2013): Resilienz – Das Geheimnis der psychischen Widerstandskraft. Was uns stark macht gegen Stress, Depressionen und Burn-out. dtv Verlagsgesellschaft, München.
Kernis MH und Goldman BM (2006): A multicomponent conceptualization of authenticity: Theory and research. *Advances in Experimental Social Psychology*, Bd. 38, S. 283–357.
Wickham RE (2013): Perceived authenticity in romantic partners. Journal of Experimental Social Psychology, Bd. 49, S. 878–887.
Brown KW und Ryan RM (2003): The benefits of being present: Mindfulness and its role in psychological well-being. *Journal of Personality and Social Psychology*, Bd. 84, S. 922–948.
Cohen S, Kamarck T und Mermelstein R (1983): A global measure of perceived stress. *Journal of Health and Social Behavior*, Bd. 24, S. 385–396 sowie Brown KW und Ryan RM (2003): The benefits of being present: Mindfulness and its role in psychological well-being. *Journal of Personality and Social Psychology*, Bd. 84, S. 922–948.

Leary, M (2007): The curse of the self: Self-awareness, egotism, and the quality of human life. Oxford University Press, New York, NY.

▷ **Test: Wie authentisch bin ich?**
Kernis MH und Goldman BM (2006): A multicomponent conceptualization of authenticity: Theory and research. *Advances in Experimental Social Psychology*, Bd. 38, S. 283–357. Auszug mit freundlicher Genehmigung von © Elsevier Inc. Übersetzt von der Autorin.

Die Reifung der Persönlichkeit

▷ **Wie man die Persönlichkeit bestimmt**
McCrae RR und Costa PT (1987): Validation of the five-factor model of personality across instruments and observers. *Journal of Personality and Social Psychology*, Bd. 52, Nr. 1, S. 81–90.
Gosling SD, Kwan VSY und John OP (2003): A dog's got personality: A cross-species comparative approach to personality judgments in dogs and humans. *Journal of Personality and Social Psychology*, Bd. 85, Nr. 6, S. 1161–1169.
Caspi A und Silva PA (1995): Temperamental qualities at age three predict personality traits in young adulthood: Longitudinal evidence from a birth cohort. *Child Development*, Bd. 66, Nr. 2, S. 486–498.
Specht J, Egloff B und Schmukle SC (2013): Everything under control? The effects of age, gender, and education on trajectories of perceived control in a nationally representative German sample. *Developmental Psychology*, Bd. 49, S. 353–364.
Specht J, Luhmann M und Geiser C (2014): On the consistency of personality types across adulthood: latent profile analyses in two large-scale panel studies. *Journal of Personality and Social Psychology*, Bd. 107, S. 540–556.
Robins RW et al. (1996): Resilient, overcontrolled, and undercontrolled boys: Three replicable personality types. *Journal of Personality and Social Psychology*, Bd. 70, S. 157–171.
Polderman TJ et al. (2015): Meta-analysis of the heritability of human traits based on fifty years of twin studies. *Nature Genetics*, Bd. 47, S. 702–709.
Bleidorn W et al. (2009): Patterns and sources of adult personality development: Growth curve analyses of the NEOPI-R scales in a longitudinal twin study. *Journal of Personality and Social Psychology*, Bd. 97, S. 142–155.

▷ Die Summe unserer Entscheidungen

Specht J, Egloff B und Schmukle SC (2011): Stability and change of personality across the life course: The impact of age and major life events on mean-level and rank-order stability of big five. *Journal of Personality and Social Psychology*, Bd. 101, S. 862–882.

Specht J (2017): Personality Development Across the Lifespan. Academic Press. Elsevier, Cambridge.

▷ Bis ins hohe Alter

Sussman AF et al. (2014): Tenure in current captive settings and age predict personality changes in adult pigtailed macaques. *Animal Behaviour*, Bd. 89, S. 23–30.

Eckardt W et al. (2015): Personality dimensions and their behavioral correlates in wild Virunga mountain gorillas (*Gorilla beringei beringei*). *Journal of Comparative Psychology*, Bd. 129, S. 26–41.

Berg AI und Johansson B (2014): Personality change in the oldest-old: Is it a matter of compromised health and functioning? *Journal of Personality*, Bd. 82, Nr. 1, S. 25–31.

Specht J (2015): Psychologie des hohen Lebensalters. In: *Aus Politik und Zeitgeschichte*, Bd. 38/39, S. 3–10.

▷ Die »Big Five«

McCrae RR und Costa PT (1987): Validation of the five-factor model of personality across instruments and observers. *Journal of Personality and Social Psychology*, Bd. 52, Nr. 1, S. 81–90.

Borkenau P und Ostendorf F (2008): NEO-Fünf-Faktoren-Inventar nach Costa und McCrae (NEO-FFI). Verlag Hogrefe, Göttingen. 2. Auflage.

Die Vermessung der Seele

Kosinski M, Stillwell D und Graepel T (2013): Private traits and attributes are predictable from digital records of human behavior. *Proceedings of the National Academy of Sciences of the* USA, Bd. 110, Nr. 15, S. 5802–5805.

Youyou W, Kosinski M und Stillwell D (2015): Computer-based personality judgments are more accurate than those made by humans. *Proceedings of the National Academy of Sciences of the* USA, Bd. 112, Nr. 4, S. 1036–1040.

Grassegger H und Krogerus M (2016): Ich habe nur gezeigt, dass es die Bombe gibt. Das Magazin, 3. Dezember: https://www.dasmagazin.

ch/2016/12/03/ich-habe-nur-gezeigt-dass-es-die-bombe-gibt/ (Zuletzt abgerufen am 31.07.2019).
Matz SC et al. (2017): Psychological targeting as an effective approach to digital mass persuasion. *Proceedings of the National Academy of Sciences of the USA*, Bd. 114, Nr. 48, S. 12714–12719.
Wang Y und Kosinski M (2018): Deep neural networks are more accurate than humans at detecting sexual orientation from facial images. *Journal of Personality and Social Psychology*, Bd. 114, Nr. 2, S. 246–257.

▷ Test: Welche Persönlichkeit habe ich?

Costa PT und McCrae RR (1992). Neo PI-R professional manual. *Psychological Assessment Resources*, **Odessa (Florida), USA.**
Costa PT und McCrae RR (1992): Revised NEO Personality Inventory (NEO-PI-R) and NEO Five-Factor Inventory (NEO-FFI) manual. *Psychological Assessment Resources*, Odessa (Florida), USA.
Borkenau P und Ostendorf F (2008): NEO-Fünf-Faktoren-Inventar nach Costa und McCrae (NEO-FFI). Verlag Hogrefe, Göttingen. 2. Auflage.
Johnson JA (2014): Measuring thirty facets of the five factor model with a 120-item public domain inventory: Development of the IPIP-NEO-120. *Journal of Research in Personality*, Bd. 51, S. 78–89. Zu finden unter: https://www.personal.psu.edu/~j5j/IPIP/ (Zuletzt abgerufen am 31.07.2019).

Resonanz – oder die wichtigen Entscheidungen

Strittmatter K (2019): Reifeprüfung, *Süddeutsche Zeitung*, 27. April.
Thunberg G und S, Ernman B und M (2019): Szenen aus dem Herzen. Unser Leben für das Klima. S. Fischer Verlag, Frankfurt am Main.

▷ Eingebunden in ein Resonanzsystem

Reheis F (2019): Die Resonanzstrategie. Warum wir Nachhaltigkeit neu denken müssen. Oekom-Verlag, München.
Pérez A, Carreiras M und Duñabeitia JA (2017): Brain-to-brain entrainment: EEG interbrain synchronization while speaking and listening. *Scientific Reports*, Bd. 7, Nr. 4190.
Verhaeghe P (2013): Und ich? Identität in einer durchökonomisierten Gesellschaft. Kunstmann Verlag, München.

▷ **Die frühen Jahre und der Einfluss der Erziehung**

Stahl S (2015): Das Kind in dir muss Heimat finden. Der Schlüssel zur Lösung (fast) aller Probleme. Kailash Verlag, München.

Berntsen D und Rubin DC (2002): Emotionally charged autobiographical memories across the life span: The recall of happy, sad, traumatic and involuntary memories. *Psychology and Aging*, Bd. 17, Nr. 4, S. 636–652.

Berntsen D, Rubin DC und Siegler IC (2011): Two versions of life: Emotionally negative and positive life events have different roles in the organization of life story and identity. *Emotion*, Bd. 11, S. 1190–1201.

LeVine S und LeVine RA (2016): Do parents matter?: Why Japanese babies sleep soundly, Mexican siblings don't fight, and American families should just relax, Public Affairs, New York, NY.

Scarr S und McCartney K (1983): How people make their own environments: A theory of genotype environment effects. *Child Development*, Bd. 54, Nr. 2, S. 424–435.

Barnes JC et al. (2014): Demonstrating the validity of twin research in criminology. *Criminology*, Bd. 52, S. 588–626.

Barnes JC et al. (2013): Analyzing the origins of childhood externalizing behavioral problems. *Developmental Psychology*, Bd. 49, S. 2272–2284.

Barnes JC et al. (2014): On the consequences of ignoring genetic influences in criminological research. *Journal of Criminal Justice*, Bd. 42. S. 471–482.

Boutwell BB und White MA (2019): Gene regulation and the architecture of complex human traits in the genomics era. *Current Opinion in Psychology*, Bd. 27, S. 93–97.

Avinum R und Knafo A (2013): The Longitudinal Israeli Study of Twins (LIST) – An integrative view of social development. *Twin Research and Human Genetics*, Bd. 16, Nr. 1, S. 197–201.

▷ **Wer prägt wen wie stark?**

Avinum R und Knafo A (2014): Parenting as a reaction evoked by children's genotype: a meta-analysis of children-as-twins studies. *Personality and Social Psychology Review*. Bd. 18, Nr. 1, S. 87–102.

Harris JR (1998): The nurture assumption: Why children turn out the way they do. Bloomsbury, London.

▷ **Das Zusammenspiel all unserer Beziehungen**

Manstead ASR (2018): The psychology of social class: How socioeconomic status impacts thought, feelings, and behaviour. *British Journal of Social Psychology*, Bd. 57, S. 267–291.

Sinclair S et al. (2005): Social tuning of automatic racial attitudes:

The role of affiliative motivation. *Journal of Personality and Social Psychology*, Bd. 89, Nr. 4, S. 583–592.
Greenwald AG, McGhee DE und Schwartz JLK (1998): Measuring individual differences in implicit cognition: The implicit association test. *Journal of Personality and Social Psychology*, Bd. 74, Nr. 6, S. 1464–1480.

▷ Positive und negative Einflüsse von außen

Specht J, Egloff B und Schmukle SC (2011): Stability and change of personality across the life course: The impact of age and major life events on mean-level and rank-order stability of the big five. *Journal of Personality and Social Psychology*, Bd. 101, Nr. 4, S. 862–882.
Finn C, Mitte K. und Neyer FJ (2015): Recent decreases in specific interpretation biases predict decreases in neuroticism: Evidence from a longitudinal study with young adult couples, *Journal of Personality*, Bd. 83, S. 274–286.
Lüdtke O et al. (2011): A random walk down university avenue: Life paths, life events, and personality trait change at the transition to university life. *Journal of Personality and Social Psychology*, Bd. 101, S. 620–637.
Golle J et al. (2019): School or work? The choice may change your personality. *Psychological Science*, Bd. 30, Nr. 1, S. 32–42.
Niehoff E, Petersdotter L und Freund PA (2017): International sojourn experience and personality development: Selection and socialization effects of studying abroad and the big five. *Personality and Individual Differences*, Bd. 112, S. 55–61.
Berndt C (2016): Zufriedenheit – Wie man sie erreicht und warum sie lohnender ist als das flüchtige Glück. dtv Verlagsgesellschaft, München.
Berndt C (2013): Resilienz – Das Geheimnis der psychischen Widerstandskraft. Was uns stark macht gegen Stress, Depressionen und Burn-out. dtv Verlagsgesellschaft, München
Lu JG et al. (2017): The dark side of going abroad: How broad foreign experiences increase immoral behavior. *Journal of Personality and Social Psychology*, Bd. 112, S. 1–16.
Boyce CJ et al. (2015): Personality change following unemployment. *Journal of Applied Psychology*, Bd. 100, S. 991–1011.

▷ Die Summe unserer Erfahrungen

Specht J, Egloff B und Schmukle SC (2013): Everything under control? The effects of age, gender, and education on trajectories of perceived control in a nationally representative German sample. *Developmental Psychology*, Bd. 49, S. 353–364.

Specht J im Gespräch mit Pritlove T (2018): Über unsere Persönlichkeit und den Wert der Unterschiede. Forschergeist – Horizonte für Bildung und Forschung (Podcast).
Acker-Palmer A er al. (2016): Neurobiologie der Resilienz gegenüber stressinduzierter psychischer Dysfunktion: Mechanismen verstehen und Prävention fördern. Sonderforschungsbereich 1193.
Briley DA, Tucker-Drob EM (2017): Comparing the developmental genetics of cognition and personality over the life span. *Journal of Personality*, Bd. 85, S. 51–64.
Kandler C et al. (2011): Life events as environmental states and genetic traits and the role of personality: A longitudinal twin study. *Behavior Genetics*, Bd. 42, S. 57–72.
Srivastava S et al. (2003): Development of personality in early and middle adulthood: Set like plaster or persistent change? *Journal of Personality and Social Psychology*, Bd. 84, S. 1041–1053.

Erstaunliche Einflüsse

Souza Moura AM de et al. (2015): Comparison among aerobic exercise and other types of interventions to treat depression: A systematic review. *CNS & Neurological Disorders – Drug Targets*, Bd. 14, Nr. 9, S. 1171–1183.

▷ Wenn man ganz plötzlich ein anderer wird

Grattan LM (2001): Empirical study of personality change after stroke. *Stroke*, Bd. 32, S. 318–319.
King ML et al. (2017): Neural correlates of improvements in personality and behavior following a neurological event. *Neuropsychologia*, S0028-3932(17)30445-1.

▷ Ungeahnte Vorlieben

Rolff M (2014): Auf einen Schlag. *Süddeutsche Zeitung*, 7. Juni.
Lythgoe MFX et al. (2005): Obsessive, prolific artistic output following subarachnoid hemorrhage. *Neurology*, Bd. 64, Nr. 2, S. 397–398.

▷ Die Neuordnung der Seele

Bunzel B et al. (1992): Does changing the heart mean changing personality? A retrospective inquiry on 47 heart transplant patients. *Quality of Life Research*, Bd. 1, Nr. 4, S. 251–256.
Svenaeus F (2012): Organ transplantation and personal identity: How

does loss and change of organs affect the self? *Journal of Medicine and Philosophy*, Bd. 37, Nr. 2, S. 139–158.
Pearsall P, Schwartz GE und Russek LG (1999): Changes in heart transplant recipients that parallel the personalities of their donors. *Integrative Medicine*, Bd. 2, Nr. 2/3, S. 65–72.

▷ Mikroben gegen Depressionen

Köhler-Forsberg O et al. (2019): A nationwide study in Denmark of the association between treated infections and subsequent risk of treated mental disorders in children and adolescents. *JAMA Psychiatry*, Bd. 76, Nr. 3, S. 271–279.
Kechagias S et al. (2008): Fast-food-based hyper-alimentation can induce rapid and profound elevation of serum alanine aminotransferase in healthy subjects. *Gut*, Bd. 57, S. 649–654.
Blomkvist M (2006): Only another 5,500 calories to go .. . *Guardian*, 7. September.
Tillisch K et al. (2013): Consumption of fermented milk product with probiotic modulates brain activity. *Gastroenterology*, Bd. 144, Nr. 7, S. 1394–1401.
Reynolds CF III et al. (2014): Early intervention to preempt major depression in older black and white adults. *Psychiatry Services*, Bd. 65, Nr. 6, S. 765–773.
Sánchez-Villegas A et al. (2013): Mediterranean dietary pattern and depression: The PREDIMED randomized trial. *BMC Medical*, Bd. 11, S. 208.
Bercik P et al. (2011): The anxiolytic effect of *Bifidobacterium longum* NCC3001 involves vagal pathways for gut–brain communication. *Neurogastroenterology & Motility*, Bd. 23, Nr. 12, S. 1132–1139.
Sudo N et al. (2004): Postnatal microbial colonization programs the hypothalamic-pituitary-adrenal system for stress response in mice. *Journal of Physiology*, Bd. 558, Nr. 1, S. 263–275.
Cryan JF und Dinan TG (2012): Mind-altering microorganisms: The impact of the gut microbiota on brain and behaviour. *Nature Reviews Neuroscience*, Bd. 13, Nr. 10, S. 701–712.
Cryan JF und Dinan TG (2019): Talking about a microbiome revolution. *Nature Microbiology*, Bd. 4, Nr. 4, S. 552–553.

▷ Das Gehirn: ein besonders geschützter Ort

Hsiao EY et al. (2013): Microbiota modulate behavioral and physiological abnormalities associated with neurodevelopmental disorders. *Cell*, Bd. 155, Nr. 7, S. 1451–1463.

Braniste V et al. (2014): The gut microbiota influences blood-brain barrier permeability in mice. *Science Translational Medicine*, Bd. 6, Nr. 263, S. 263ra158.
Yano JM et al. (2015): Indigenous bacteria from the gut microbiota regulate host serotonin biosynthesis. *Cell*, Bd. 161, Nr. 2, S. 264–276.
Valles-Colomer M et al. (2019): The neuroactive potential of the human gut microbiota in quality of life and depression. *Nature Microbiology*, Bd. 4, Nr. 4, S. 623–632.
Kaelberer MM et al. (2018): A gut-brain neural circuit for nutrient sensory transduction. *Science*, Bd. 361, Nr. 6408, S. eaat5236.

▷ **Du bist, was du isst**
Selhub EM, Logan AC und Bested AC (2014): Fermented foods, microbiota, and mental health: Ancient practice meets nutritional psychiatry. *Journal of Physiological Anthropology*. Bd. 33, Nr. 1, S. 2.

▷ **Im Schlaf verändert**
Roll E (2014): Na dann gute Nacht. *SZ Magazin*, 11. April.
Möller-Levet CS et al. (2013): Effects of insufficient sleep on circadian rhythmicity and expression amplitude of the human blood transcriptome. *Proceedings of the National Academy of Sciences of the USA*, Bd. 110, Nr. 12, S. E1132–E1141.
Minkel JD et al. (2012): Sleep deprivation and stressors: Evidence for elevated negative affect in response to mild stressors when sleep deprived. *Emotion*, Bd. 12, Nr. 5, S. 1015–1020.
Venkatraman V et al. (2011): Sleep deprivation biases the neural mechanisms underlying economic preferences. *Journal of Neuroscience*, Bd. 31, Nr. 10, S. 3712–3718.
Lejuez CW et al. (2002): Evaluation of a behavioral measure of risk taking: The Balloon Analogue Risk Task (BART). *Journal of Experimental Psychology*: Applied, Bd. 8, S. 75–84.
White TL, Lejuez CW und de Wit H (2008): Test-retest characteristics of the Balloon Analogue Risk Task (BART). *Experimental and Clinical Psychopharmacology*, Bd. 16, S. 565–570.
Petrovsky N et al. (2014): Sleep deprivation disrupts prepulse inhibition and induces psychosis-like symptoms in healthy humans. *Journal of Neuroscience*, Bd. 34, Nr. 27, S. 9134–9140.
Simon EB und Walker MP (2018): Sleep loss causes social withdrawal and loneliness. *Nature Communications*, Bd. 9, S. 3146.

▷ **Schlafentzug stoppt die Müllabfuhr im Gehirn**
Yoo SS et al. (2007): The human emotional brain without sleep – a prefrontal amygdala disconnect. *Current Biology*, Bd. 17, Nr. 20, S. 877–878.
Yoo SS et al. (2007): A deficit in the ability to form new human memories without sleep. *Nature Neuroscience*, Bd. 10, Nr. 3, S. 385–392.

Selbsterfindung statt Selbstfindung

▷ **Theater spielen ist erlaubt**
Little BR (2014): Me, Myself, and us. The science of personality and the art of well-being. Public Affairs, New York, NY.
Cain S (2011): Still. Die Bedeutung von Introvertierten in einer lauten Welt, Riemann Verlag, München.

▷ **Mal was anders machen**
Fletcher B und Pine K (2012): Flex. Do something different. How to use the other 9/10ths of your personality. University of Hertfordshire Press, Hatfield.
Tang TZ et al. (2009): A placebo-controlled test of the effects of paroxetine and cognitive therapy on personality risk factors in depression. *Archives of General Psychiatry*, Bd. 66, Nr. 12, S. 1322–1330.
Schönegger P und Wagner J (2019): The moral behavior of ethics professors: A replication-extension in German-speaking countries. *Philosophical Psychology*, Bd. 32, Nr. 4, S. 532–559.
Fletcher B, Pine K und Penman D (2007): The no diet diet: Do something different. Orion, London.
Fletcher B et al. (2011): FIT – Do Something Different: A new psychological intervention tool for facilitating weight loss. *Swiss Journal of Psychology*, Bd. 70, Nr. 1, S. 25–34.

▷ **Einfach so tun, als ob**
James W (1884): What is an emotion? *Mind*, Bd. 9, S. 188–205.

▷ **Selbsteinschätzung und selektive Wahrnehmung**
Hudson NW und Roberts BW (2014): Goals to change personality traits: Concurrent links between personality traits, daily behavior, and goals to change oneself. *Journal of Research in Personality*, Bd. 53, S. 68–83.
Liu J, Chen X, Coplan RJ, Ding X, Zarbatany L und Ellis W (2015):

Shyness and unsociability and their relations with adjustment in Chinese and Canadian children. Journal of Cross-Cultural Psychology, Bd. 46, Nr. 3, S. 371–386.
Bronfman ZZ et al. (2015): Decisions reduce sensitivity to subsequent information. *Proceedings of the Royal Society B*, Bd. 282, S. 20150228.
Talluri B et al. (2018): Confirmation bias through selective overweighting of choice-consistent evidence. *Current Biology*, Bd. 28, S. 31283135-e8.

▷ Innere Motivation und Ziele in Einklang bringen

Schultheiss OC und Brunstein JC (Hrsg., 2010): Implicit motives, Oxford University Press, New York, NY.
Roch R, Rösch A und Schultheiss O (2017): Enhancing congruence between implicit motives and explicit goal commitments: Results of a randomized controlled trial. *Frontiers in Psychology*, Bd. 8, Nr. 1540.
Largo R (2017): Das passende Leben: Was unsere Individualität ausmacht und wie wir sie leben können. S. Fischer Verlag, Frankfurt am Main.
Kalbitzer J (2018): Das Geschenk der Sterblichkeit: Wie die Angst vor dem Tod zum Sinn des Lebens führen kann. Blessing Verlag, München.
Specht J im Gespräch mit Pritlove T (2018): Über unsere Persönlichkeit und den Wert der Unterschiede. Forschergeist – Horizonte für Bildung und Forschung (Podcast).

▷ Es gibt hier kein Muss

Boothby EJ et al. (2018): The liking gap in conversations: Do people like us more than we think? *Association for Psychological Science*, Bd. 29, Nr. 11, S. 1742–1756.

▷ Die Illusion vom Ende

Mühlig-Versen A, Bowen CE und Staudinger UM (2012): Personality plasticity in later adulthood: Contextual and personal resources are needed to increase openness to new experiences. *Psychology and Aging*, Bd. 27, Nr. 4, S. 855–866.
Jackson JJ et al. (2012): Can an old dog learn (and want to experience) new tricks? Cognitive training increases openness to experience in older adults. *Psychology and Aging*, Bd. 27, Nr. 2, S. 286–292.
Quoidbach J, Gilbert DT und Wilson TD (2013): The end of history illusion. *Science*, Bd. 339, S. 96–98.

▷ **Veränderung durch Challenges**
Hudson N und Fraley R (2015): Volitional personality trait change: Can people choose to change their personality traits? *Journal of Personality and Social Psychology*, Bd. 109, Nr. 3, S. 490–507.
Hudson NW et al. (2019): You have to follow through: Attaining behavioral change goals predicts volitional personality change. *Journal of Personality and Social Psychology* (im Druck).

Personenregister

Sachregister

U

V

W

Z